W0333439

PIERRE PERRET

Les Grandes Pointures de l'histoire

Direction éditoriale : **Arnaud Hofmarcher**

Coordination éditoriale : **Marie Misandeau et Philippe Léon Robert**

Conception graphique, création de la couverture, mise en pages et dessins additionnels sur « Clotilde » et « Brunehaut et Frédégonde » : **Thomas Pontois**

Photos de Pierre Perret utilisées pour les photomontages : **Éric Robert**

© le cherche midi, 2015

DU MÊME AUTEUR AU CHERCHE MIDI :

Les Pensées

Le Café du Pont

Le Perret gourmand

A cappella

Tous toqués

Les Poissons et moi

Mon Almanach

PIERRE PERRET

LES GRANDES POINTURES
DE L'HISTOIRE

Dessins de **Loup**

SOMMAIRE

AVANT-PROPOS

Traversant joyeusement l'heureux temps de mes vertes années, rien ne m'amusait plus que les leçons d'histoire. Ce sont elles que j'attendais impatiemment sur les bancs de l'école communale. Retrouver les valeureux exploits de Charlemagne, de Vercingétorix, ou ceux encore perpétrés par le bras vaillant de la Pucelle d'Orléans, me faisait à l'évidence jubiler à l'avance.

Ce que j'en ai retenu ne correspond sans doute pas à l'inébranlable réalité certifiée que l'on vous a apprise, certes, mais si comme moi vous admettez que l'on peut prendre certaines libertés avec l'histoire – tout comme ceux qui l'ont écrite –, alors ces récits « légèrement interprétés » s'accorderont sans doute avec ces versions que je vous offre « revisitées » comme l'on dit aujourd'hui. On peut les qualifier d'humour déjanté. Il n'est pas déraisonnable d'imaginer que Mark Twain ou Alphonse Allais eussent pu les imaginer eux aussi de manières encore plus folles...

Ce sont ici « Brunehaut et Frédégonde », ou encore « Clotilde », qui sont venues grossir les rangs de ces « portraits atypiques » publiés déjà il y a plus de vingt ans... lorsque vous étiez encore dans vos langes. Alors, éclatez-vous, jeunes « futurs historiens », je serai mille fois remboursé de ces folles digressions qui, je vous l'avoue, ont souvent fortement fait trembler le couvercle de ma théière !

Pierre Perret

CÉSAR BORGIA
(1476-1507)
ET
LUCRÈCE BORGIA
(1480-1519)

Tous les samedis soir, après le turbin, César Borgia passait deux bonnes plombes à se confesser. C'était pas de trop pour soulager sa conscience qui était chargée comme le radeau de la Méduse.

En fait, d'aucuns le trouvaient parfois infréquentable. Il détestait les filles vierges, son boulanger franc-maçon, les cadeaux de moins de mille pièces d'or, les chocolats à la liqueur, le vieux parmesan, la pizza margherita et les grands blonds avec des longues jambes, vu que les siennes étaient courtes avec des poils noirs. Il avait donc la manie de se débarrasser en priorité de tout ce qui lui filait des boutons. C'est ainsi qu'il dut souvent changer de boulanger ou attendre que les nanas qu'il convoitait fussent au préalable déflorées par d'autres, qu'il payait un max pour ne pas avoir à s'acquitter de cette corvée. Hormis ces petits traits de caractère qui finalement attestaient de sa forte personnalité, il était plutôt enjoué quand il allait à la chasse aux escargots ; il adorait la rigolade. Il empoisonnait lui-même ses goûteurs de plats, simplement pour voir leur changement d'expression quand ils se rendaient compte qu'ils venaient de s'embourber du cyanure avec la béchamel. Ça le faisait hurler de rire[1]. C'était une âme simple. Il portait des grosses bagues creuses autour de ses petits doigts boudinés. Il avait les jambes et les bras courts, un ventre de sénateur, le nez gras et épaté. Dans sa bouche gourmande aux babouines épaisses, il enfournait des tonnes de gibier, de semoule au safran, de steak de baleine haché avec des câpres, de mûres, de gorgonzola et de spaghettis aux calamars dans leur encre, ce qui fait que tous les perchoirs de son poulailler[2] étaient plus noirs que les nougats de son palefrenier[3]. Certes, sa parole était d'or, mais il avait une haleine à flinguer les mouches au vol. Ses interlocuteurs se tenaient toujours scrupuleusement à trois pas de lui. Il prenait ça pour du respect. Et puis, il

1. Faut dire qu'il avait un sacré sens de l'humour.

2. Ses dents.

3. Il vaut mieux que vous n'ayez pas connu son palefrenier !

adorait sa frangine, ce bon César. On ne peut guère affirmer que ce fut réciproque. Le moins qu'on puisse dire, c'est que les Borgia furent une drôle de famille.

D'abord, le papa. C'était lui aussi une grande pointure qui aurait certes pu prendre sa place dans cet ouvrage, qui témoigne fidèlement des vicissitudes des grands de ce monde.

Papa Borgia n'était autre que le pape Alexandre VI, de son vrai blase Rodrigo Borgia, « haut de taille, toujours souriant, aux lèvres vermeilles, à la santé robuste, infatigable... », voilà comment l'histoire le décrit. Il est ajouté, et cela ne peut être passé sous silence, que « ce fut certainement le pape le plus dévergondé de l'histoire de la papauté ». N'est-ce pas un peu exagéré ? D'accord, il fit sept enfants naturels à sa maîtresse, la jolie Vannozza Cattanei, mais ce n'étaient après tout que des enfants naturels[(4)]. Puis, il eut ensuite la belle Giulia Farnèse à qui il en fit d'autres... tout ça n'est pas bien méchant, comme vous pouvez le constater. Dieu a bien dû s'en accommoder[(5)]. César et Lucrèce Borgia n'avaient respectivement que seize et douze ans lorsque leur papa devint pape. Le jour de son couronnement, César fut nommé archevêque de Valence, pistonné par son vieux bien sûr, puis cardinal l'année suivante pour faire bon poids.

Bien qu'il n'aimât pas tuer, il fut dit-on un remarquable chef de guerre[(6)]. Il fut de même un administrateur hors pair. Ambitieux, énergique. Il faut bien avouer, cependant, qu'il se tamponnait allègrement le scapulaire des lois divines et humaines. On en déduisit donc facilement qu'il trempa dans l'assassinat de son frelot Giovanni, à qui il succéda comme capitaine général de l'Église après s'être défroqué[(7)]. On ne trouva jamais l'assassin,

4. Nul n'ignore, de plus, qu'un pape n'a le droit de faire que des enfants naturels. Alors où est le problème ?

5. Dieu est souvent arrangeant avec les gens qui travaillent pour lui.

6. César ne fut pas vraiment un sanguinaire. Il ne tuait que lorsqu'il ne pouvait pas faire autrement. Comme vous et moi.

7. « Ne te bile pas, Giovanni, avait-il écrit à son frère, si on t'assassine, ton boulot sera fait quand même. Je serai triste mais je te remplacerai. » C'était la générosité même.

évidemment, et ce pauvre César fut heureusement pour lui lavé de cette ignoble accusation.

Ses multiples qualités et mérites lui valurent ensuite d'être nommé duc de Valentinois, en 1498, par Louis XII. Vu qu'il continuait d'administrer comme un dieu et de tuer de temps en temps, juste ce qu'il fallait, son papa-pape en remit une deuxième couche en le nommant duc de Romagne, en 1501.

Sûr de l'impunité [1], il put alors se débarrasser de ses principaux ennemis en les faisant assassiner [2]. La mort dans l'âme, il dut virer son ami Malatesta, en 1500, pour lui chouraver la Romagne et le duché d'Urbino en 1502 [3]. Quant aux autres, il les invita à une bamboula dans son château de Senigallia. Là, pour être plus sûr, il en profita pour essayer un poignard tout neuf qui ne lui fit pas regretter le prix qu'il y avait mis, avant de les étrangler. César était aussi, il faut bien le souligner, un remarquable préparateur en pharmacie. Il vous réussissait des mélanges de poudres et de potions à base de ciguë, de belladone, de morelle, de colchique, d'euphorbe ou d'aconit, qui laissaient sa petite sœur Lucrèce pantoise d'admiration et ses « ennemis » plus raides que le sceptre de son papa. Malheureusement pour lui, encore une fois, ses orgies de spaghettis, cannellonis, macaronis et *tutti frutti* arrosés à l'arsenic millésimé ne durèrent qu'un temps. Malgré son éclatante réussite, César restait un incompris. La mort du pape, son cher vieux daron, qui s'éteignit en odeur de sainteté en 1503, lui fut fatale [4].

Il pauma non seulement sa puissance, mais le pape Pie III, qui succéda à son papa, lui interdit désormais de jouer avec ses

---

1. Évidemment, l'impunité, c'est pas désagréable…

2. Ne perdons pas de vue qu'ils étaient tout de même ses ennemis. De plus, il ne les assassinait pas LUI-MÊME ! Il en chargeait un certain Micheletto qui accomplissait un véritable travail d'artiste.

3. Ce n'était pas de gaieté de cœur, car il adorait Malatesta qui était vraiment son pote. Mais enfin, vous savez ce que c'est, on se marie, on a des enfants… il faut bien s'agrandir !

4. On dut ouvrir toutes grandes les fenêtres tellement ça sentait la sainteté.

poudres, ses fioles et ses poignards. Il finit d'ailleurs par le faire enchrister et le força à restituer toutes les forteresses qu'il avait piquées à ses ennemis. César se sentit abandonné comme un croûton dans la poche d'un curé de campagne.

À peine sorti de prison où il n'avait pas réussi à empoisonner les gaspards qui pullulaient dans sa cellule, le pauvre César fut à nouveau arrêté sous un prétexte futile[5]. Un envoyé du roi d'Espagne, Gonzalve de Cordoue, dit Gonso les castagnettes, qui ne pouvait pas blairer les tagliatelles à la tomate, remit ce malheureux César au trou avec une écuelle de paella. César, qui détestait la paella, parvint à s'arracher du lieu et se réfugia auprès du roi de Navarre, dont il épousa la sœur sans doute pour le remercier de lui avoir offert une femme et des nouilles à sa sortie de prison.

Lucrèce Borgia, elle, eut malgré tout un peu plus de chance que son malheureux frangin. Elle semble, hélas, avoir été victime d'une campagne de pub mensongère depuis cette époque. Honte à ce diable de Victor Hugo[6], qui lui tailla quelques siècles plus tard un costard pas possible en la chargeant de tous les vices de la terre[7]. On a dit, depuis, que Lucrèce empoisonnait elle aussi un tant soit peu ses amants, entre autres… Mais, à vrai dire, en était-elle réellement capable ? Elle était si douce… et d'apparence si innocente, que cela paraît impensable. Elle avait de doux yeux verts taillés en amande, les ailes du nez palpitantes lorsqu'elle récitait des poèmes, un cou si gracieux, une taille si bien faite au tour et des nibards si fermes et si ronds qui posaient tant de questions, qu'on avait forcément envie de leur trouver tout de suite une réponse. De plus, elle était blonde de partout[8]. Elle se trimballait une paire de miches fermes et rebondies qui affolaient tous les passants quand elle allait acheter du beurre chez l'épicier.

---

5. On croit savoir que c'est pour un « défaut d'éclairage arrière de son véhicule » !

6. Qui n'était pas dépourvu de qualités, par ailleurs.

7. Sa biographie laisse à penser que ce bon vieux Victor n'en était pas dépourvu lui non plus.

8. Tous ses maris en ont attesté.

Ce dernier ne manquait d'ailleurs jamais de lui offrir une sucette tant il était fasciné par la grâce de ses gestes lorsqu'elle lui ouvrait tout grand son porte-monnaie. Tout cela n'en fait pas pour autant une empoisonneuse. Elle avait, bien sûr, aux doigts, de jolies bagues creuses, avec de l'arsenic à l'intérieur. Du moins c'est ce que l'on prétend. Ces bagues ne contenaient-elles pas plutôt de la poudre bleue pour ses paupières, de la rose pour ses joues ou de l'écarlate pour ses adorables lèvres ? Vous me direz bien sûr qu'il était possible que ce tordu de César ou que son vieux bandeur de papa-pape échangeassent la nature de ses poudres sans qu'elle s'en aperçût (1).

Là, je vous dis bravo, car ces vicelards en eussent été largement capables. Vous ajouterez sans doute qu'ils auraient bien pu aussi guider sa menotte au-dessus d'une infusion, surtout si la tasse était celle de son mari. Je ne puis que clore mon bec devant de telles hypothèses... Il est vrai qu'avec son vieux ou avec César, Lucrèce était indéniablement obéissante. On peut même dire qu'elle filait doux. Elle ne fut autre que l'innocent instrument des machinations des mâles de sa famille tant que ces salopards ne furent pas crounis (2).

Contrairement à la réputation qu'on lui a faite, Lucrèce n'était pas du tout portée sur le zizi-pan-pan (3). Un médecin moderne cité par l'historien américain Will Cuppy a écrit que Lucrèce était « le type de femme neurasthénique, viscéroptotique à chair faible ». Et Will de conclure : « Je n'en serais pas surpris le moins du monde ! » Donc, chaque fois que ça arrangeait ses bidons, César mariait Lucrèce. Son premier mari fut Giovanni Sforza, que l'on pourrait qualifier de fils pas tout à fait légitime d'Alessandro Sforza. Sforza possédait des fabriques de pâtes alimentaires et une chaîne de grands magasins. César avait donc décidé que Lucrèce en tombe-

1. La pauvre Lucrèce n'imaginait certainement pas pareille infamie.

2. Morts.

3. Enfin, elle ne crachait pas dessus, bien sûr, mais on ne peut pas dire que c'était une obsédée du pipo indien. Par contre, elle était romantique comme une bonbonnière de loukoums, ce qui lui jouait parfois des tours.

rait amoureuse et l'épouserait. Lucrèce, hélas, ne tombait jamais amoureuse. Obéissante, elle épousait néanmoins. César l'avait suffisamment baratinée pour ça : « Il est plein aux as, ce Sforza. Il a des flopées de magasins. Tu pourras tenir la caisse. »

Elle essayait surtout de tenir le coup, car ce Sforza était excitant comme une portion de blanquette froide. Elle se le goinfra tout de même pendant quatre ans, jusqu'à ce que César et son pape de papa décident que ça allait comme ça[4].

Ils dirent à Giovanni Sforza qu'il était stérile comme une pompe à incendie dans le désert des Tartares, qu'il était bandant comme un calvaire breton et aussi poilant que la porteuse de pain. L'autre hurla au charron, protesta qu'il adorait sa petite Lulu chérie, mais on lui fit vite piger que, s'il voulait pas briffer une polenta au curare, valait mieux qu'il s'écrase.

Il s'aplatit donc comme un étron romain sous la patte d'un éléphant de Hannibal. Enfin... pas tout à fait. Il raconta des trucs pas catholiques sur les Borgia et, vous savez ce que c'est, ce n'est jamais très bon, les racontars, sur une famille honnête. Il en reste toujours quelque chose... Giovanni Sforza demanda à tout le monde autour de lui comment Lucrèce avait pu pondre un lardon, une année tout juste après qu'on l'eut viré de sa couche[5]. Personnellement, je considère que cette inquisition est une insulte à l'honneur de cette pauvre Lucrèce. De plus, c'est faire là beaucoup de remue-ménage pour un enfant si petit qui pesait à peine six livres... César, débarrassé de Sforza, toujours au nom de ses intérêts, voulait marida sa frangine une seconde fois. Il la refila d'occase à Alphonse d'Aragon, fils naturel d'Alphonse II de Naples qui était lui-même le petit-fils naturel d'Alphonse le Magnanime[6]. C'était un joli minet de dix-sept piges, timide comme un catcheur dans un couvent de nonnettes. Il était frisé, une vraie botte de persil, et sa poitrine était lisse comme un cul

4. Les Prisu de Sforza devaient pas marcher terrible !

5. Il avait de ces questions aussi, celui-là !

6. Il était très à la mode d'être enfant naturel en pleine Renaissance italienne. Finalement, cela n'a pas vraiment changé.

de nouveau-né. Pour la première fois de sa vie, Lucrèce enfin tomba raide amoureuse ! Elle lavait son mari trois fois par jour, le bichonnait, lui faisait des tresses, jouait à pigeon-vole en lui arrachant les poils des jambes, le massait, le léchouillait partout et ça finissait toujours de la même façon. Le pauvre ne pouvait guère contrôler ses pulsions amoureuses, et c'est bien là ce que la coquine souhaitait, car elle était cette fois-ci très éprise.

Lui avait tout de même un peu tendance à s'arracher du domicile conjugal pour aller s'acheter des cigarettes, car au petit matin, quand il quittait le pageot, il ne lui restait même plus la force d'enfiler sa tunique. César, qui le ramenait régulièrement à la maison, lui disait : « C'est pas bien, petit, de te tirer comme ça. Tu vas faire de la peine à ma sœur… tu sais bien que j'aime pas ça. » L'autre disait : « D'accord, pardon, m'sieur, je recommencerai plus… » Et il décarrait de nouveau le lendemain. Malgré (ou grâce à) ces incartades bien innocentes, Lucrèce eut très vite un fils. À l'unanimité, tout le monde trouva qu'il ressemblait à tout, sauf à son mari Alphonse. Encore des ragots de concierge. Lucrèce, elle, pourtant, cria son bonheur par-dessus le berceau. Elle mignota son époux de plus en plus. Elle le caressa, l'embrassa, le doucha, le parfuma, et se donna toute à lui durant deux années entières, jusqu'à ce que César le fasse étrangler par le toujours dévoué Micheletto.

Le troisième qui eut le bol fantastique d'épouser Lucrèce fut Alphonse d'Este, l'héritier de son très noble papa le duc de Ferrare. Ce rejeton totalement légitime – perle rare à cette époque – en éprouvait de tels frissons dans le calbute qu'il se fit prier comme une diva pour accorder trois minutes de rendez-vous aux Borgia. Alphonse, plus snob qu'un pou dans la moumoute de Louis XIV, faisait rédiger les invitations à ses cocktails par Machiavel et faisait peindre ses ongles en rose par Léonard de Vinci lui-même. Il fit comprendre à César que la noblesse et la couleur bleu lavande du raisiné des Este s'accordaient mal avec les manières de rustres de la famille Borgia. César, furibard et vexé, fit un forcing d'enfer en portant la dot de sa frelotte à dix mille pièces d'or, ce qui ennoblit considérablement sa demande en mariage. Pour faire bon poids, il ajouta à son chèque mille hectares de vignobles, trois châteaux, un collier en diamants-rubis-saphirs et une chèvre magnifique qui donnait généreusement ses quatre litres de lait tous les jours.

Alphonse, qui était fou du lait de chèvre, épousa aussitôt Lucrèce. Les Este, dont la pureté de la race faisait l'admiration de l'Italie entière, n'étaient pas vraiment rassurés de s'apparenter à cette famille de flingueurs(1). Il est vrai qu'il eût fallu se lever de bonne heure pour trouver plus légitimes que les Este dans toute la péninsule.

Le duc d'Ercole, le papa d'Alphonse, s'occupa de tout, en parfait gentleman légitime qu'il était. Il fit tamponner les papelards à la mairie, acheta les anneaux de mariage qu'il marchanda juste pour la forme. Il déposa lui-même le chèque de la dot à la banque, et s'offrit un chapeau melon tout neuf pour le jour de la cérémonie.

Alphonse et Lulu se marièrent par procuration le 30 décembre 1501. Elle sauta ensuite dans le premier MGV(2), qui l'emporta direct vers la lointaine Ferrare. Au palais d'Alberto Este, le frelot naturel du duc d'Ercole(3), elle fut accueillie par Lucrèce Bentivoglio qui lui dit : « Entre, ma poulette, ne sois pas timide… ton jules n'arrivera que demain car il voulait faire des commissions avant de vous installer dans votre petit nid d'amour. »

Alphonse se pointa donc le lendemain. Il avait dans les bras deux paquets de nouilles au blé dur, une machine à café, un pot de rillettes, trois boîtes de concentré de tomates, un litre d'huile d'olive et une boîte de thon au naturel malgré sa répulsion pour tout ce qui était naturel. Ça fait qu'il ne put embrasser son épouse tant ses bras étaient chargés.

---

1. Il faut bien avouer que l'origine de la fortune des Borgia était un chouïa obscure. D'autre part, les branches de leur arbre généalogique, bourgeonnantes d'enfants naturels, mirent ces pauvres Este dans des états successifs de stupeur et de profond abattement.

2. Mulet à grande vitesse.

3. Il y avait tout de même quelques Este « naturels » considérés comme tout à fait légitimes par la famille, qui se gardait bien d'évoquer jamais cet épineux problème.

Il guida cependant Lucrèce jusqu'à leur propre palais en lui déclarant : « Voilà, ma chère épouse, notre modeste demeure[1]. J'ose espérer qu'elle te plaira, voici la cuisine. Nous ferons la vaisselle chacun à notre tour, cependant que l'autre l'essuiera. Mais ne t'inquiète pas trop, nous dînerons souvent en ville. Tu pourras mettre ta robe bleue transparente de Saint Laurentus et je te prendrai comme une bête dans notre loge de la Scala, pendant qu'Othello s'apprête à filer une beigne à Desdémone. » Ce programme plaisait vachement à Lulu qui se dit : « Chouette, j'aime dix fois mieux avoir ce grand dadais dans mon pieu que César sur le râble à longueur de journée. Pourvu qu'il vienne pas me le rectifier, celui-là aussi ! » Eh bien, non ! Elle connut à Ferrare dix-sept années de bonheur auprès d'un époux délicieux qui n'était jamais là. Elle se débrouilla tout de même pour lui pondre cinq mouflets. Quatre garçons et leur petite sœur. Elle avait des programmes quotidiens ultra-chargés. Cependant qu'elle s'occupait de la broderie, elle faisait faire les travaux ménagers à ses domestiques, briquer chaque matin les deux cent soixante-dix fenêtres du château, laver le linge, passer l'aspirateur partout, bref, le soir elle était sur les rotules. De plus, elle avait ses pauvres, ses œuvres de charité, le vin chaud de la rosière, l'élection du soldat, à moins que ce ne fût le contraire...

En 1505, papa Ercole cassa sa pipe et Alphonse enfourcha le trône. Désormais duchesse de Ferrare, Lucrèce fut au sommet de ses ambitions. À vrai dire, elle n'en avait jamais espéré tant. Le petit père Fonfonse était toujours absent, et le peu de temps qu'il passait à Ferrare, il le consacrait à fondre des canons ou à chasser le chevreuil dans les forêts avoisinantes. De plus, Alphonse rigolait chaque fois qu'il se prenait le doigt dans une porte, et, malheureusement, ça n'arrivait pas tous les jours. C'est le grand maître lui-même, Ludovico Ariosto, auteur de l'immortel *Roland furieux*, qui initia Lucrèce à la poésie. Elle récitait des poèmes à longueur de temps et en apprit au moins deux par cœur. Elle

---

1. C'est vrai que le château ne comportait que quatre-vingt-cinq pièces dont soixante-dix-huit seulement étaient en marbre de Carrare et équipées d'un chauffage à thermostat qui plafonnait à quatorze degrés.

inspira les poètes de la Renaissance qui s'évertuaient à qui mieux mieux à célébrer la beauté de Lucrèce, le nez de Lucrèce, la taille de Lucrèce, sa jambe fine et ses belles doudounes ainsi que sa douceur, ses vertus, sa sagesse et sa... fidélité.

Lucrèce voyait sans doute un peu plus souvent que les autres un certain Pietro Bembo, qui la couvrait d'hommages et qui était beau comme Jésus-Christ à sa résurrection. Comme elle évitait soigneusement de ralléger dans sa piaule aussi bien que lui dans celle de sa muse, il serait hasardeux de tirer des conclusions [2]. Alphonse en tira pourtant, et avec un certain déplaisir. Il se demanda cruellement si ce Bembo de mes deux ne servait pas de temps en temps de bouillotte à sa femme [3]. Ledit Bembo, qui devait avoir la conscience aussi nette que ses chaussettes, se carapata vite fait à l'autre bout du pays, avant qu'Alphonse ne lui trouât légitimement la paillasse [4].

En 1503, souvenez-vous, le papa de Lucrèce, qui exerçait le métier de pape comme chacun sait, était mort empoisonné ! Un comble, pour un type qui était de la partie ! Quelques années plus tard, César, qui s'était rendu en Espagne faire sur le terrain une étude approfondie de l'anatomie des belles Espagnoles, décéda soudain, lui aussi, tragiquement. Il succomba à une maladie qu'on attrape parfois dans les hôtels, sans avoir pour autant absorbé un risotto à la ciguë. Lucrèce, bien sûr, avait pleuré abondamment en apprenant ces malheurs. Pas de chagrin, non, mais nerveusement, tellement elle était heureuse d'être enfin débarrassée de ces deux ostrogoths hystériques et sanguinaires qui avaient gâché sa jeunesse.

Lucrèce s'adonnait plus que passionnément à la poésie et avait à présent oublié les stances flatteuses de ce pauvre Pietro Bembo qui avait décarré comme une fusée vers des lieux moins malsains. Certes, il était beau comme un vélo à dérailleur, mais... il n'était

2. Il n'est pas interdit d'imaginer qu'ils jouaient au poker-menteur dans la campagne environnante.

3. Ces Italiens, ils font un drame de tout !

4. Pietro Bembo n'eut pas tort de mettre les adjas, mais Alphonse pour autant n'était pas un tueur. Il l'aurait châtré tout au plus.

pas le seul. Cet Ercole Strozzi, par exemple, lui, c'en était un vrai poète. Il vous torchait des stances ou des sonnets en latin à faire pâlir de jalousie Virgile et Prévert réunis. Il comparait Lucrèce à la blanche colombe, à la rose et au myosotis. À côté de son corps qu'il habillait de toutes les grâces, Vénus faisait figure de triste cageot. Lulu changeait de plus en plus souvent sa lingerie intime, tellement ce doux langage lui faisait de l'effet.

Un jour qu'ils étaient allés tous les deux tendrement enlacés au stade Alexandre VI assister à la rencontre historique Sochaux-Turin, Ercole dit à Lucrèce : « Bouge pas d'ici, je vais au petit coin, *because* que j'ai un bruitage bizarre dans la tuyauterie[1]. »

La pauvre Lulu l'attendit jusqu'au dernier penalty, mais ce soir-là il demeura aussi introuvable qu'un gauchiste à l'Académie française. On ne le découvrit que le lendemain matin près du château de Lulu (allait-il la retrouver ?), transpercé de trois coups de poignard qui l'avaient laissé aussi mort qu'on peut l'être quand on ne respire plus depuis la veille.

Le duc Alphonse, à nouveau jaloux de Lucrèce, fut bien entendu soupçonné de cette macabre espièglerie. Nul cependant ne s'amusa à proférer la moindre accusation, car c'était lui qui pouvait vous envoyer au ballon et non le contraire. Lucrèce pleura, mais pas trop, juste ce qu'il fallait pour ne pas foutre Alphonse en pétard. Ce dernier, quand on lui apprit la mort de Strozzi, avait dit : « Comment, Ercole, mort ? Oh… pauvre vieux ! Il écrivait de belles poésies, pourtant… pas vrai, Lulu ? » Il avait eu apparemment beaucoup de chagrin[2].

Lucrèce reprit sa broderie. Elle eut par ailleurs une activité artistique intense qui laissa peu de place à l'ennui, pendant que son époux était à la guerre. Contrairement à la légende, nous pouvons constater ici que Lucrèce n'empoisonna jamais personne, hormis peut-être ses invités lorsqu'elle leur récitait des poèmes. Elle encouragea les arts de toutes sortes, la peinture, la sculpture,

1. Tous ses propos étaient de la poésie pure !

2. La comédie italienne était déjà un art en plein épanouissement à Ferrare.

la littérature, le théâtre et la poésie qui ne lui en garda pas rancune. Elle avait aimé ses maris et n'avait pas voulu faire de peine à ses amants. Qui donc peut se permettre de lui jeter la pierre ? Pas moi, parce que je n'en ai pas sous la main, et puis parce que je pense que tout ça n'a pu que lui faire du bien. À trente-neuf balais, la belle Lulu replia définitivement son éventail en déclarant à l'infirmier qui venait lui apporter sa potion : « Foutez-moi la paix à la fin, ce que vous pouvez être empoisonnant ! »

HENRI IV

(1553-1610)

Henri IV et sa poule au pot

Enfin le voilà ! Henri, quatrième de la lignée des Henri. Le plus célèbre ! Le plus populaire des rois de France. Le « Vert Galant », on l'avait surnommé. Parlant un jour de son formidable « joujou des demoiselles », il prétendit sans rire que, jusqu'à l'âge de quarante ans, il avait toujours cru que c'était un os [1] ! Fils d'Antoine de Bourbon, qui adorait le bénitier de calcif, et de Jeanne d'Albret, reine de Navarre et protestante jusqu'en haut des jarretières, Riton fut roi de France de 1589 à 1610. Mais n'anticipons pas. Le Béarnais à sa naissance ne ressemblait en rien aux fils de Henri II. De petits avortons incapables de soulever eux-mêmes leur biberon ! Le papa de sa maman, Jeanne, son papy bouffi d'orgueil d'avoir un petit-fils futé comme les mouches se serait écrié : « Ma brebis a enfanté un lion ! » En guise de biberon, il lui avait passé une gousse d'ail sur les labiales et fait goûter un gorgeon de jurançon. Le petit, alors, en tendant sa coupe, proféra pour la première fois cette courte supplique qu'il adressa si souvent par la suite à ses maîtresses lorsqu'elles lui chatouillaient l'arquebuse : « Encore ! » Il saccagea, dit-on, les tétons de huit nourrices avant d'en trouver enfin une paire à son goût. Son étonnante carrière amoureuse le prouva assez : c'était un sacré goûteur de tétons !

Mouflet, il reçoit une éducation plutôt insolite pour un futur monarque.

Il court la campagne en se bigornant avec ses copains qui sont pas plus nobles que vous et moi [2]. Il déniche des nids de pie, joue à papa-maman avec les bergères et rentre le soir à la casbah avec des trous plein son falzar [3].

Il se fait remarquer très vite, car, parmi tous ses potes, il est le seul à avoir déjà joué du flageolet béarnais. De plus, c'est lui qui pisse le plus loin. Il a vraiment tout pour faire un bon roi. Nommé

1. On peut raisonnablement accréditer cette naïve conviction, car ses maîtresses, pour la plupart des cordons-bleus, ont prouvé qu'elles accommodaient fort bien cet os avec le tournedos.

2. Enfin, moi c'est certain.

3. On ne sait pas pourquoi, les trous l'ont toujours poursuivi.

lieutenant général du royaume, en 1560, il se retrouve au Louvre où il fait poiler les courtisans en leur demandant pourquoi ils ont toujours l'air d'avoir avalé un pébroc quand ils discutent entre eux de la couleur de leurs rubans.

Plus tard, il pouvait passer aisément dix-huit heures d'affilée sur son cheval sans en descendre pour aller s'acheter des clopes. L'ennui, c'est qu'il faisait souvent la même chose avec ses maîtresses. Il n'était pas rare d'ailleurs que ces dernières, lassées, partent en quête de jules plus reposants... Car, avant la chasse et la guerre qu'il pratiquait assidûment, le plus favori de ses passe-temps demeurait, incontestablement, le bilboquet béarnais à changement de vitesse. Il fut d'abord heureux puis dérouilla un max, avec une flopée de pétasses qui le cocufièrent avec un grand dévouement. La plus célèbre d'entre elles fut Gabrielle d'Estrées, dite « la belle Gaby », à laquelle il adressait des bafouilles incandescentes. Annonçant son arrivée pour la semaine suivante, il demandait à sa Gaby de se garder bien d'astiquer son frifri en l'attendant, afin disait-il de « mieux savourer ses fragrances naturelles ». Il s'arracha les poils du cul et dépensa une fortune pour coucher dans son lit Henriette d'Entragues, dite « la dévoreuse », qui lui fouettait le raisiné avec des décoctions aphrodisiaques et des tartines de gelée royale.

Diplomate et rusé, homme de guerre habile, durant son règne il mit vaillamment le grappin sur la Normandie, l'Auvergne et le Poitou (entre autres), jugeant que cet éparpillement des provinces faisait un peu désordre. En attendant d'être le roi de France, il convole pour la première fois en justes et pauvres noces avec Marguerite de Valois, qui va devenir la fameuse reine Margot (4). Margot, qui, toute jeunette qu'elle était, venait par un beau matin

4. Brantôme, d'ailleurs (l'un de ses innombrables jules), dans le portrait qu'il fait d'elle, y va carrément à la truelle : « Jamais déesse ne fut vue plus belle... Si bien que pour publier ses beautés, ses mérites et ses vertus, il faudrait que Dieu allongeât le monde et haussât le ciel plus qu'il n'est... » Bref, pour lui, la môme Margot, c'est une magnifique Rolls. Pour Henri, c'est une superbe salope.

de se faire ravir son berlingue par son propre frère Henri III[1] (ils étaient tous deux les mouflets de Catherine de Médicis et de Henri II). Ce qui ne l'empêchait pas, malgré tout, la mignonne, de passer ses après-midi dans le pageot du bel Henri de Guise, dit le Balafré. Le roi Charles IX (l'autre frelot de Margot) et Catherine de Médicis, sa dabe, qui tenaient le gouvernail de la France (en fait, c'était plutôt Catherine !), accordaient beaucoup d'importance à ce marida entre Margot et le jeune Henri, roi de Navarre. Ce dernier, de religion protestante, était censé par cette union se rapprocher des catholiques, et pourquoi pas cesser de se fricasser la hure avec eux. Ce fut hélas une tragique cata ! La môme Margot, qui avait le feu aux dentelles pour son Guise, détestait ce rustaud de Henri de Navarre qui tapait sérieux du saladier. Après une crise de nerfs carabinée, elle se laissa tout de même conduire à Notre-Dame pour le marida. Sa mère, Catherine, avait d'ailleurs fait frapper pour l'occase une médaille en or avec les initiales HM entrelacées, et une devise en latin gravée sur le bord : « La discorde réunie est éteinte par ce lien. » Il faudra tout de même, lors de la cérémonie, que le roi Charles IX file un coup de coude dans les côtes de sa frelotte pour lui faire baisser la cafetière en guise d'assentiment, à défaut d'articuler le oui fatidique. Le soir des noces, où Margot chialait comme une femme de chef de gare le jour de congé de son époux, il semble que le zizi-pan-pan l'eût emporté tout de même sur la mélancolie. Bien que ce ne fût pas le grand amour entre eux, Margot, d'un ton léger, répondra plus tard aux juges ecclésiastiques qui lui demandaient si le mariage avait été consommé : « Nous étions tous deux au jour des noces l'un et l'autre si paillards, qu'il était plus qu'impossible de nous en empêcher. » Quant à Henri, il répondit semblablement de son côté : « Jeunes tous deux, et de tempérament gaillard que nous étions la reine et moi, pouvait-il en être autrement ? »

N'empêche que, hormis les séances d'abricot en folie, Margot avouera bien plus tard : « On a été sept mois couchés ensemble

---

1. Mais oui, bien sûr, le même qui était censé ne pas aimer les dames !… et qui se maria néanmoins par la suite. Politique oblige. Ah, tout cela est bien complexe, ma pauvre dame !

sans s'entre-parler. » C'était mal barré ! Le jour de la funeste Saint-Barthélemy, que Catherine fit déclencher par le bras de son taré de fils, le roi Charles IX[2], on étripa joyeusement TOUS les protestants – et les autres – qui avaient accompagné le futur Henri IV à son mariage… Ce dernier, qui eut très chaud aux miches ce jour-là, ne dut son salut qu'à sa promesse à Catherine et à Louis de se convertir au catholicisme[3]. À ses potes, qui lui ont dit plus tard : « Dis donc, Riquet, tu crois pas que t'as fait un peu fort en te convertissant ? Es-tu bien sincère en devenant catho ? » Henri IV répondit goguenard : « Bah, Paris vaut bien une messe ! » En fait, malgré son air enjoué, on se gourait bien qu'il était mort de trouille. Henri, forcé de rester à la cour au milieu de ces branques, se voit contraint par Catherine, sa belle-doche, de faire partie de l'expédition royale menée contre la forteresse calviniste de La Rochelle. On lui demande, ni plus ni moins, de trucider les siens. Ces derniers, d'ailleurs, n'ignorant pas que Riton n'a abjuré sa foi qu'avec l'épée dans les rognons, demandent même au-dessus des remparts de la forteresse des nouvelles de « leur roi de Navarre ». Henri vise, dira-t-on, « l'ennemi » avec son arquebuse à mèche, mais nul n'est vraiment sûr qu'il l'avait allumée. Sacré Riton ! Il ne le dira sans doute pas, mais il avait sûrement, par contre, une forte envie de se tirer. Ce qu'il fit. Il attendit tout de même 1575 pour s'enfuir, reprendre la tête de l'armée huguenote… et se rétracter de son abjuration en passant à Tours. Un jour qu'il cavalait au cul d'un cerf dans une partie de chasse dans la forêt de Senlis, il en profita pour mettre les adjas. Il rejoignit tranquillement le Poitou où l'attendaient les troupes calvinistes. En tant que catholique, bien sûr, il n'avait pas été très convaincant. Les hostilités reprennent donc dès 1577. Margot est restée à Paname. Elle ne le rejoindra que plus tard dans le Sud-Ouest, pour lui adoucir le séjour !

---

2. Il avait déclaré : « Tuez-les tous ! »

3. Charles IX lui avait laissé le choix : « Messe, mort ou Bastille ? » Des milliers de cadavres s'amoncelaient au tournant de la Seine devant la colline de Chaillot, Henri n'eut aucune hésitation pour abjurer « spontanément » la foi huguenote quelques jours après, agenouillé devant l'autel de Notre-Dame.

Il casse du catholique à La Réole, à Marmande, à Bergerac, bref, partout où les catholiques avoinaient les protestants[1]. Jusqu'au jour où le duc d'Anjou, frelot de Henri III[2], se casse la margoulette en escaladant le mur d'un couvent de nonnettes. Notre beau Riton de Navarre s'élève alors tout naturellement au rang d'héritier de la couronne et s'achète un chapeau neuf.

Les cathos sont alors furibards. Le duc Henri de Guise, dit le Balafré (l'ex-julot de Margot), qui se prétend descendant de Charlemagne et qui, entre parenthèses, ne cracherait pas lui non plus sur la couronne, a juré de faire tapisser sa malle de voyage avec la peau de Henri IV ! Tous ces sacs de nœuds débouchent sur ce qu'on va appeler la huitième guerre civile, ou « Guerre des trois Henri ». En attendant, notre Henri de Navarre, à Coutras, file une belle décoction à Joyeuse, le mignon de Henri III, qui aura vachement chaud aux miches ce jour-là[3].

Mais Henri futur IV n'a pas encore fini de becqueter son pain noir. Le duc de Guise est adoré du peuple. De plus, il ne peut pas encadrer le roi Henri III non plus. Il a presque le cul sur le trône en cette année 1588 où il se voit d'abord déjà : « roi de Paris ». Mais la couronne est à sa portée, il le sent, il se la voit déjà sur la théière.

---

1. Le bon Riton a tout de même morflé quelques torgnoles dans le Sud-Ouest. Les cathos lui en ont fait baver un max. Notamment à Cahors, où il fut supplié par ses troupes affamées et épuisées de faire sonner la retraite. Il ne sortirait de Cahors, leur répondit-il, que « mort ou vainqueur », au cas où on aurait douté qu'il avait du poil aux pattes. Margot, elle, pendant ce temps, faisait sa « Guerre des amoureux » à la cour protestante de Nérac. Henri, qui venait y savourer le repos du guerrier, se laissait gentiment butiner le macaroni par « la belle Fosseuse », nom sous lequel on désignait Françoise de Montmorency. Cette dernière, dont le réchaud fumait en permanence, n'était autre que la première demoiselle d'honneur de Margot qui, l'ayant trouvée elle-même à son goût au lit, l'avait généreusement « prêtée » à son sacré bandeur de mari. Ils avaient fini par s'entendre au moins sur un point !

2. Henri III, qui dut quitter son emploi de roi de Pologne pour devenir roi de France, en 1574, à la mort de son frelot Charles IX.

3. D'habitude, il prenait ça bien.

Henri III, lui, de son côté, qui est en train de se casser la gueule de son trône, a fait appel à des détachements étrangers pour conforter son autorité, et, bien sûr, il a provoqué une bérézina monstre. Les Parigots, ça leur plaît pas lerche, les étrangers, sauf pour vider les poubelles. Henriette[4] décarre alors à toute bubure de la capitale, après cette funeste « journée des barricades », où l'on s'est copieusement frité la chetron. À l'heure qu'il est, à l'ATP des rois, il vaut plus un pet de lapin, le troisième Henri.

Il n'a plus les moyens d'empêcher le Balafré de lui piquer le trône encore chaud. Ce dernier pourrait d'autant plus s'en emparer illico qu'il a le Parlement pour sa pomme. Pourtant, orgueilleux comme un pou dans la crinière d'un lion, il minaude, temporise, il sent qu'il est proche du but mais il veut se morfaler d'un coup tout le royaume. Avec panache ! Tout comme le lièvre de la fable qui avait trop attendu, il va se faire baiser au poteau.

Le fragile mais rusé Henri III le convoque au château de Blois pour lui filer, lui dit-il, le secret de sa recette de clafoutis aux griottes. Il le fait radicalement étriper par les quarante-cinq soldats de sa garde personnelle, avant même que l'autre n'ait eu le temps de défourailler son cure-dents. Devant le cadavre du Balafré, ce faux-cul de Henri III aura d'ailleurs une phrase digne de Racine ou d'Alphonse Allais : « Il est encore plus grand mort que vivant ! » Fallait oser !

Le 30 avril près de Plessis-lèz-Tours, pour la première fois depuis treize ans qu'ils s'arrachent les couettes dans des batailles incessantes, les deux Henri vont tomber dans les bras l'un de l'autre. Pas pour faire de la lutte gréco-romaine, non. Pour s'embrasser. Ou faire semblant. Le peuple, lui, crie : « Vive le roi ! » Et même : « Vive les rois ! » En fait, comme d'habitude, il crie un peu n'importe quoi. Un jour « Vive Pétain », le lendemain « Vive de Gaulle », mais ça, c'est une autre histoire ! La baraka, pour le moment, elle est surtout du côté de Henri de Navarre.

Le matin du 1er août 1589, au camp royal de Saint-Cloud, Henri III, quant à lui, savoure un bol de bouillon, tranquillement assis sur sa chaise percée. Il l'ignore encore, mais c'est son

4. C'est ainsi que l'appelaient ses pages, qui se tournaient facilement.

avant-dernière dégustation. Car un certain Jacques Clément, moinillon ligueux et mal intentionné, lui fait déguster un méchant coup de laguiole dans le buffet, rendant par ce fait totalement inutile d'amener à terme l'accomplissement de sa grosse commission.

Les moustaches en croix sur le carreau, le pauvre Riquet III trouve encore la force de gémir : « Ah, le méchant moine, il m'a tué ! »

Un roi sur son trône, c'est parfois peu de chose !

Mais ce petit roi malchanceux, avant de chanceler sur ses talons aiguilles, avait eu suffisamment de chou pour sceller, à Plessis-lèz-Tours, l'unité retrouvée du royaume. Henri de Navarre est donc le successeur naturellement désigné, et la Ligue l'a dans le baigneur.

Le tout-puissant Philippe II d'Espagne fournit alors un max de grisbi et d'arquebuses au duc de Mayenne, qui est plus ligueux qu'un cent de punaises. Philippe II d'Espagne, qui n'a pas que du jus de betterave dans les castagnettes, rêve de chouraver le trône de France pour sa fifille Isabelle, petite-fille de Henri II par sa mère. C'est à la fois merdique et tentant pour Henri. Évidemment, ça coince un peu car jamais les Espingos n'ont été aussi puissants. Par contre, ça pourrait être de la chantilly, *because* une chiée de cathos français (dont Mayenne) ont le tracsir de voir les danseurs de flamenco squatter le pays et d'être obligés de briffer du chorizo jusqu'à la fin des temps !

Le 4 août 1589, à Saint-Cloud, Henri fait écho à cette réaction patriotique du peuple qui n'a l'air d'attendre que lui. Il dit à ses concitoyens : « Mes chers petits peloteurs de chapelet : la religion romaine, vous vous gourez bien que, pour moi, ça vaut pas une pipérade ! Cependant, cette foi qui m'est étrangère, je vais faire un effort et essayer un bon coup de me la cloquer dans le citron. Je demande qu'à apprendre. De plus, je maintiendrai les garanties de mes prédécesseurs aux réformés. Ils n'ont pas besoin d'avoir le tracsir de finir comme des marrons sur le cul rouge d'une poêle trouée. » On peut voir ici que ce fin stratège ne se mettait pas que les gonzesses dans la fouille !

Mayenne va se morfler une sanglante déculottée à Arques le 21 septembre 1589, puis, comme il avait pas pigé, le 14 mars suivant, encore une belle mandale sur la poire, à la fameuse bataille d'Ivry. Henri lui fait bouffer son chapeau à plumes en lui disant : « Ventre-saint-gris, mon gars, t'avais qu'à faire comme les autres. Fallait te rallier à mon panache blanc ! »

Malgré le tabac qu'il fait partout, Henri n'est toujours pas roi de France. Il n'a encore pas pu s'embourber Paris. Et, « la France sans Paris, c'est comme un gigot froid sans moutarde », disait-il amèrement[1].

Il prend un bide devant la capitale, ravitaillée par les Espingouins du duc de Parme. Au bout de quatre mois de siège, il en a ras la barboteuse et se tire la queue entre les jambes[2].

En janvier 1591, par ruse, il envoie des assiégeants déguisés en meuniers, qui se font virer à coups de pompe dans les noix. C'est la fameuse « journée des Farines », où Riton, le premier, s'y est fait rouler. Finalement, il va de bide en bide. Il finit par entraver que s'il ne se décide pas d'abjurer derechef, mais cette fois-ci SOLENNELLEMENT, sa foi, sa couronne, il l'aura jamais. Les croquants en ont ras le fion des guerres ruineuses, des impôts écrasants et de tout le toutim, mais ils veulent un roi catho ! Gabrielle d'Estrées, la belle Gaby, insiste lourdement pour que son Riton abjure enfin un bon coup. Elle se voit d'ailleurs assez bien avec une couronne sur le cassis. « Vas-y, mon Riquet, elle lui dit. Nos cochoncetés, on les fera plus dans le péché, désormais. On dira tout à Dieu, au vrai, à celui des cathos. Et il nous pardonnera, cette bonne blague, il ne manquerait plus que ça, après tout ce qu'on a fait pour lui[3] ! »

---

1. Henri avait longuement mûri cet aphorisme.

2. Si on en croit la légende, ça devait le gêner !

3. Avant d'abjurer pour la seconde fois, Henri avait envoyé une bafouille à sa gonzesse où il lui disait : « Ma belle Gabrielle, c'est demain que je fais le saut périlleux ! » Plus loin, évoquant les évêques, il ajoute : « … Ces gens-là m'ennuient… » Comme le remarqua si justement ce bon vieil athée de Voltaire : « Ces paroles sont-elles d'un bon catéchumène ? » Tu l'as dit, bouffi !

Finalement, apparemment convaincu par tous, Riquet s'agenouille. Il tombe humblement sur ses rotules. Il « jure devant la face du Dieu tout-puissant de vivre et mourir en la religion catholique. De la protéger et défendre encore et contre tous au péril de son sang et de sa vie, renonçant à toutes les hérésies contraires ». Ses potes ont du mal à le croire, voire à le suivre. Ce baratin, il l'a déjà débagoulé devant feu Charles IX et cette vieille araignée de Catherine de Médicis !

Le pape n'y croit lui aussi qu'à moitié, après avoir été échaudé une première fois. Malgré Son Éminence qui n'y va que d'une fesse, le sacre est toutefois célébré à Chartres le 25 février 1594. Paris ouvre enfin toutes grandes ses portes à Henri, le 22 mars suivant. Le tenace duc de Mayenne qui pige vite, mais faut lui expliquer longtemps, déguste une ultime avoinée en Bourgogne, à Fontaine-Française, le 3 juin 1595. En mars 1598, le coriace duc de Mercœur (farouche ligueur replié en Bretagne) s'écrase enfin mollement. Le 2 mai suivant, le traité de Vervins ramène la paix entre les Français et les Espingouins qui se mettent à guincher partout ensemble le flamenco et la java.

C'est alors que Riton fit l'un de ses plus beaux coups. Il signa l'édit de Nantes en 1598 par lequel catholiques et huguenots devraient arrêter enfin de se saccager le pif. Il mécontenta bien sûr les deux parties. Le bon roi Henri devint alors Henri le mal-aimé. Comme quoi on ne peut jamais contenter tout le monde et son père. Heureusement, il avait deux conseillers des meilleurs, qui étaient loin d'avoir du mou de veau sous le plumet : Duplessis-Mornay et le duc de Sully. Bien avant que les paysans n'embouteillassent la capitale avec leurs tracteurs, Sully allégea fortement leurs impôts et déclara tout net que « labourages et pâturages étaient les deux mamelles de la France », et toc ! Un bon point pour Riton[1].

1. Le bon roi Henri, de son côté, avait balancé un jour comme ça mine de rien en sortant de la messe : « Tous les dimanches, je veux que chaque famille de mon royaume becte la poule au pot. » Ça aussi, ça avait été vachement médiatique. Là, même Sully lui avait dit : « Chapeau, Sire, excellent pour votre audimat. »

Ce futé de Sully réussit même à faire payer un impôt à l'Église ! Ce qui tenait du miracle[2]. Il piqua de même un max de blé aux officiers royaux qui voulaient transmettre leur charge à leurs descendants, avec un nouvel impôt qu'il appela « la Paulette ». Résultat : prospérité ! On bâtit, à Paris, le pont Neuf, la place des Vosges et l'hôpital Saint-Louis. Ça vaut largement l'Arche de la Défense.

Le premier mariage de Henri fut annulé, ça collait pas du tout avec Margot, qui avait un nid de frelons sous le vertugadin et une fâcheuse tendance à l'occasion d'appliquer les vieilles leçons de Messaline ! Il épousa l'Italienne, Marie de Médicis, dont le principal mérite fut d'avoir ramené dans sa corbeille de mariage dix kilos de fayots d'Italie (les *faggioli*) pour faire des cassoulets à son mec. Elle lui tricota aussi un beau lardon qui devint plus tard Louis XIII et qui eut lui aussi sa page d'histoire, faut bien dire.

Infatigable sur l'oreiller, Riton, toujours insatisfait, y faisait se succéder des maîtresses plus volcaniques les unes que les autres. Toutes adoraient l'osier et les colifichets qui mettaient le pays dans la mouscaille. La dernière en date fut Charlotte des Essarts, dite Lolotte-les-doigts-fins, pour qui le bon Riquet faisait les pires des folies, ce qui avait le don de foutre la reine en pétard et le pays itou[3]. Le 14 mai 1610, un obscur petit greffier de tribunal allait devenir célèbre à tout jamais. Il amplifia du coup considérablement la gloire de celui qu'il allait assassiner. Il s'appelait François Ravaillac, avait un laguiole bien aiguisé, et poignarda allègrement le bon roi Henri qui, pour son malheur, n'avait, lui, que de mauvais chirurgiens et pas encore d'antibiotiques dans son armoire à pharmacie.

2. L'Église n'aimait pas vraiment ce genre de miracle.

3. Je ne m'étendrai pas sur Marie de Médicis, si je puis m'exprimer par cette folle image, car vous pouvez lire dans cet ouvrage l'histoire de cette reine hystérique et faiblarde, qui se fit plus tard brouter les diamants sur le cou par les Concini.

messaline

Messaline vue par Le Nain

Valeria Messalina était ce qu'on appelle communément de nos jours la reine des salopes. Attention, ne vous méprenez pas, chère et jolie lectrice, je ne porte pas ici un jugement de valeur. Non, mais je ne fais que répéter (bêtement peut-être, je vous l'accorde !) ce qu'un peuple entier de Romains mâles remarquait, admiratif, quotidiennement : « Qu'est-ce qu'elle est belle, cette salope de Messaline[1] ! » L'empereur Claude, d'ailleurs, dont elle fut la troisième épouse, ne lui cachait pas l'amertume de ses sentiments. Lorsqu'elle rentrait à la maison au petit matin, sur la pointe des pieds, après avoir passé la nuit dans les bouges où elle avait affûté le sifflet d'une compagnie entière de centurions, Claude, peiné, lui disait, un sanglot dans le larynx : « Messaline, y a pas de doute là-dessus, t'es une belle salope[2] ! » Le plus fort, c'est qu'elle le savait ! Ça ne la gênait pas du tout. Au contraire, serais-je tenté d'observer. Elle en tirait même quelque gloire. Un peu puéril sans doute, mais tellement attendrissant. Elle prenait un malin et intense plaisir à susurrer à l'oreille de l'amant qu'elle avait choisi des choses qui lui faisaient gicler les calots hors des orbites.

Appliquant ses délicates phalanges sur l'objet de son désir soudain victime d'une inflation galopante (je ne peux guère vous le faire plus délicat), elle murmurait, le saisissant à pleine main : « Obélisque de Dieu, tu vas connaître la langue experte de la plus belle salope de Rome. Réjouis-toi, car ce sera pour toi la dernière fois. » En effet, cette brave Messaline, consciente d'une félicité suprême et unique qu'elle procurait à son partenaire d'un soir, le faisait proprement étrangler aussitôt après. Afin de lui épargner les fades étreintes d'une mère de famille qui l'attendait probablement dans sa quotidienneté amoureuse, elle le faisait supprimer. Pour son bien. Hélas, pour Messaline, force est de constater que l'annonce candide à son amant de ce dénouement fatal provoquait

1. Je vous informe à tout hasard que Messaline était reine.

2. Il est aisé de faire ici la différence entre la première exclamation admirative des mâles en rut et le pauvre constat dépité du mari bafoué. Dans les deux cas de figure, elle était néanmoins bel et bien une salope.

le plus souvent chez son partenaire affolé un désastreux effet. Ce verdict en forme de couperet, avant l'acte, annihilait totalement les torrides et alléchantes précédentes déclarations de Messaline. Certes, cette dernière avait pourtant bien provoqué ce palpable renflement qu'en amante unique elle réveillait en tous ses julots, mais cette brusque montée de désir retombait soudain comme des bas résille sur les jambes de la Thénardier ! Donc, Claude, un beau matin où ses hémorroïdes lui avaient laissé quelque accalmie, épousa Messaline. Il s'était dit comme ça : « Cette gonzesse, qui sent le muguet tropical, a certainement l'hibiscus en éruption. De plus, elle est roulée comme une gitane maïs, il me la faut. » De son côté, Messaline avait gambergé en voyant le Claude pour la première fois : « Ce gros con-là, se dit-elle, est éminemment faible, lâche, pleutre, aussi gras et couillu qu'un chapon, ce qui le rend aussi appétissant qu'une limace dans une salade de haricots verts. Il me le faut. » Ne nous y trompons pas, ce ne sont pas là,tant s'en faut, les seuls paramètres qui décidèrent la maligne « Linette » (c'est ainsi que son mari la rebaptisa affectueusement) à choisir Claude pour époux.

Il n'était point dépourvu de vertus, loin de là. Claude était empereur, ce qui était tout de même mieux que chef de rayon aux Nouvelles Galeries. Il était aussi riche à crever, ce qui est plutôt rassurant lorsqu'on va faire les commissions. Et, enfin, il était aussi viril qu'un eunuque après une cure de bromure. C'était le mari idéal.

Messaline, elle, était bousculée comme une formule 1. Elle avait une taille de libellule, et la fermeté de ses nibards emplissait de rares émotions tactiles la paluche de tout honnête homme digne de ce nom. Son superbe petit cul, si bien pommé, donnait à celui qui avait la chance de le caresser l'impression de faire le tour du monde en dégustant une glace à la vanille. Le malheur, c'est que l'on peut compter sur les doigts d'une main les amants qui sont revenus de ce voyage.

Pour ne point vous frustrer du début de l'histoire, chers lecteurs attentifs, sachez qu'après l'assassinat de son neveu Caligula des prétoriens découvrirent Claude, tremblant comme un bol de gélatine sur un marteau-piqueur, dans le palais de Germanicus. Malgré ses supplications, ils le proclamèrent empereur et il tomba dans le sirop, tellement la chose lui parut affreuse. Pétochard à l'extrême comme l'on peut le constater, déjà vieux, obèse et transpirant, plus déplumé qu'un cou de vautour, épileptique et baveux comme une omelette, bègue et secoué de tics nerveux, on est en droit de se demander comment il s'y prit pour viser juste, au point de faire deux lardons à Messaline : Octavie et le fameux Britannicus. Elle avait bien pensé leur donner à sucer le bout de ses adorables roberts, mais, réflexion faite, elle préféra les réserver à des lippes plus expertes. Messaline exerça sur sa burne molle d'époux un pouvoir quasi absolu.

Elle fit d'abord écarter ses meilleurs conseillers, en leur recommandant d'aller se faire cuire des bananes flambées[1]. Sans doute jalmince de celles qui auraient essayé de lui faire de l'ombre au palais, à grands coups de marteau sur la théière, elle empoisonna les filles de Germanicus et de Drusus. Ces pétasses-là n'avaient-elles pas enjambé un jules tout frais sorti[2] de son pageot ? Ce genre de détail la conforta évidemment dans l'idée de faire serrer le kiki à ses ingrats d'amants. Elle était d'ailleurs suivie en permanence par deux ou trois serreurs de kiki. Ils arrivaient difficilement à suivre en temps normal et abattaient un boulot monstre, en particulier les soirs de pleine lune[3].

Dépassé un poil par les événements, le gros Claude se laissa manipuler par ses affranchis, Narcisse et Pallas. Aidés de Messaline, ils transformèrent le palais en panier de crabes pas possible. Dans sa honteuse débauche, Linette avait passé la surmultipliée. Non seulement elle cocufiait son empereur à tour de croupe, mais elle le somma de lui filer un coup de paluche pour lui dégotter des minets bousculés comme des dieux. Après examen minutieux, tout beau guerrier qui avait une arbalète en état de

1. Ils ne trouvèrent probablement pas le rhum nécessaire, car on ne les revit jamais.

2. Façon de parler.

3. Le calepin d'adresses galantes de Messaline ressemblait à un bottin de téléphone, tellement elle avait le brugnon incandescent.

marche était tenu de la mettre au service de Linette, sous peine de laisser son carquois au vestiaire en repartant.

Elle alla même jusqu'à se plaindre un jour d'un dénommé Mnester, mime de son état, qui, ayant les moules que l'empereur se foute en renaud, lui avait gentiment conseillé d'aller se faire mettre ailleurs[4]. Claude, vachement en rogne qu'on ait pu faire un affront pareil à sa polka, ordonna à l'histrion d'éteindre vite fait bien fait le rif qui riffaudait le tambour de sa douce Linette. Après quoi, il retourna à ses chères études : la grammaire et l'histoire des Étrusques. Avec la poularde demi-deuil, c'étaient les seules choses qui lui procuraient encore un petit frisson dans le calecif.

Messaline, qui ne s'était pas encore mis dans sa jolie tronche l'idée de monter un harem de mecs, se propulsait souvent incognito, le soir venu, dans un bordel de la basse ville où elle se faisait appeler Licisca. Là, elle épongeait goulûment les grands blonds, les petits bruns, les gros rouquemoutes aussi bien que les maigres chevelus, les gras déplumés, les bergers, les bourgeois, les soldats, les sénateurs, les nains, les Juifs ou les francs-maçons. Elle était totalement dépourvue de morale autant que de xénophobie à propos de la balayette infernale. Selon Pline, elle se fit sauter une nuit entière comme un tas de crêpes à la chandeleur par vingt-cinq gladiateurs d'affilée[5]. Elle était vraiment insatiable, de ce côté-là.

Énervée du cul, pas possible ! C'est qu'aussi sa nature généreuse profonde lui dictait d'offrir le plus souvent possible son accueillante touffe à tous les maris malheureux en ménage, à tous les amants déçus de leurs maîtresses, à tous les jeunots qui n'avaient encore sabré que des vieilles, à tous les centurions qui revenaient de guerre avec les roustimbales pleines à ras bord, à tous les bergers qui n'avaient que leurs brebis, sans compter tous les autres qui rêvaient de son millefeuille, tous les soirs, en enjambant leur bergère.

---

4. Ce qu'elle ne se fit d'ailleurs pas dire deux fois.

5. Pline exagérait certainement. Les compagnies de gladiateurs se composaient alors de douze membres (!). Mettons que deux compagnies aient été là ce soir-là, cela ne faisait jamais que vingt-quatre !

Les esclaves les plus doués, qui la faisaient le mieux grimper en haut de la colonne, étaient aussitôt affranchis. Il y eut Pallas et Narcisse, entre autres, qui lui réussissaient si bien *la fourche toscane*. Tous ces affranchis prenaient le pas sur Claude, qui s'en tamponnait la prostate de savoir que ses troupes se bigornaient avec les Turcs ou qu'il n'y avait plus un kopeck dans les caisses. L'essentiel, c'est qu'on se marrait bien, finalement. Au cirque, on faisait bouffer des chômeurs par les lions (1) et, quand un sénateur faisait sa tête de lard, on l'étouffait sous son édredon. Il n'y avait plus de carbure pour douiller les fiestas ? On doublait les impôts, aussi fastoche que ça... Gouverner, c'était pas vraiment un problème pour Messaline, non, ce qui la préoccupait le plus, c'était de pas être en manque de jules dans son pucier. Elle décida donc de se monter un harem avec une centaine de gus de tous gabarits et de tous calibres. Ils lui feraient oublier sa journée de bureau le soir en rentrant, et finalement elle n'aurait plus à se casser le cul à en dénicher un nouveau tous les jours. Elle les baptisa les FBI (2).

Claude lui en choisit plus de la moitié lui-même et s'inquiétait de temps en temps de savoir si ces jeunes gens étaient à la hauteur. Bref, tout baignait dans le jus de glande, jusqu'au jour où la pauvre Messaline jeta imprudemment son dévolu sur l'étalon le mieux monté de Rome, j'ai nommé Caius Silius. La gourmande allait s'en mordre les salsifis. Caius était beau comme un lion en rut et pouvait la sauter six fois d'affilée, même pendant qu'elle passait l'aspirateur. Elle trouvait ça génial. De plus, c'était le seul qui avait osé lui dire qu'il l'aimait, qu'il trouvait son cul sublime, qu'elle baisait comme une panthère en chaleur et qu'il n'y avait pas un Esquimau qui n'eût rêvé d'être sucé par elle (3). Messaline fondit comme un bloc de foie gras dans le gosier du gros Claude. Elle exigea de Caius qu'il répudiât sa femme. « Vire ta pétasse, lui ordonna-t-elle, et viens crécher avec ma pomme. Je t'achèterai un

---

1. On mettait déjà des morceaux de chômeurs dans la galtouze des lionceaux, afin qu'ils s'habituent au goût pour plus tard.

2. Les foutus baiseurs italiens !

3. Elle connaissait enfin le vrai langage de l'amour.

flipper, un cheval arabe avec des étriers d'or et une selle en peau de requin... une canne à moulinet... un baby-foot... Consul, tiens, je te fais consul, ça te botte pas, ça, consul ? Tu peux avoir les esclaves que tu veux, tu peux les violer, les égorger s'ils ont mal repassé ta toge ou trop salé tes beignets de cervelles de lézards... » Silius, ambitieux, n'avait quand même pas de la gelée de groseille dans le cassis. Il lui susurra dans les cages à miel de faire dessouder avant ce gros porc de Claude, pour pouvoir l'épouser en tout bien tout honneur et même, bien entendu, d'adopter ses deux petits salés, Octavie et Britannicus. Messaline prit un pied d'enfer en esgourdant ce programme langoureux. On ne peut cependant pas dire qu'elle détestait Claude au point de lui faire déglinguer la paillasse à coups d'objets contondants.

Elle lui avait même, au contraire, dégotté de vigoureux et athlétiques pâtres bouclés qui l'avaient distrait maintes fois agréablement de ses leçons de grammaire. Ces douces récréations, il les devait à son épouse, attentive aux petits soubresauts de sa virilité déclinante. Il existait entre eux des liens solides que le cul n'avait pu défaire, mais dont, hélas, le cœur allait triompher.

Messaline attendit que son Claude fût parti disputer un concours de pétanque à Ostie[4] pour foncer chez Chanelus s'acheter une robe blanche de mariée. Elle profita des soldes pour bourrer sa valdingue de petits slibards et redresseurs de torts assortis ainsi que ces porte-jarretelles noirs à pois roses dont raffolait Caius quand elle y accrochait ses bas de soie en dentelle noire. Bien sûr, les valoches, c'était pour la lune de miel. Caius, lui, se fringua milord avec costard engliche et pompes italiennes. Il était bronzé, viril avec du poil partout, la gourmette en or au poignet et la chaînette autour du cou. Il y avait fait graver sur une petite plaque : « À Messaline, mon cœur esclave. »

Bref, c'est à la mairie de Rome qu'ils entérinèrent cet « amour du siècle », comme on put le lire dans *Match*. Six mille huit cent trois invités sifflèrent quatorze mille rouilles de champ' en

---

4. Il s'entraînait constamment, car Messaline lui répétait souvent : « Tu me fous les boules », mais il aurait bien voulu savoir où il devait les mettre...

regrettant hypocritement que ce bon Claude fût absent de la fête. Messaline avait invité TOUS ses amants survivants[1]. Si elle n'avait décidé de faire trucider son Claude, elle lui aurait volontiers refilé son harem de mecs qui ne lui servait plus à rien désormais qu'elle était fidèle comme un liseron autour d'une bitte d'amarrage.

Il aurait apprécié, elle le savait, et cette simple évocation fit jaillir au coin de son œil une larmichette qui témoignait de son indiscutable bonté de cœur.

Claude, cependant, qui possédait une petite policette bien efficace, fut mis au parfum fissa par ses affranchis. Ces derniers, avec des sanglots dans la glotte, lui déclarèrent sans ambages : « Seigneur, tu es officiellement cocu depuis ce matin ; ta femme a épousé Caius Silius, et on peut même t'assurer de source sûre qu'il y a déjà trois mois qu'elle saute entre ses bras comme une poêle à marrons. » Claude trouva la farce un peu saumâtre et même un peu trop salée à son goût. Il se mit à sangloter à gros bouillons et à renifler bruyamment comme un enfant puni[2]. On le moucha. Le moins dégonflé de ses espions futés s'enhardit à lui dire en tremblant : « … de plus, vénérable et vénéré empereur, ta reine traîtresse a gambergé de te faire transpercer le battant avec un couteau à jambon ». Cet horrible détail acheva le pauvre Claude, qui n'ignorait pas les ravages que pouvait causer un couteau à jambon, surtout en plein milieu d'un cœur, fût-il enrobé de douze centimètres de graisse la plus pure. Là, le masque douloureux, gardant son calme olympien, il dit : « C'est bon ; nous allons aviser. » Il fit dépecer proprement Caius Silius après l'avoir obligé à écrire cinq cents fois sur un cahier quadrillé : « Je ne lèverai plus jamais les yeux sur la femme d'un supérieur. » Il fit ensuite accrocher la tête du malheureux repenti au-dessus de la porte d'entrée de son palais, ce qui avait un certain effet décoratif, il faut bien l'avouer.

---

1. Il n'en restait plus que sept, ceux qu'elle avait engagés pour se débarrasser de Claude.

2. Claude était horriblement vexé. D'abord, qu'elle se soit mariée. Ensuite, avec un type sans situation.

Il fit ajouter de plus, tout autour, au bout d'une pique, sept têtes d'amants de sa femme[3] « pour ne pas faire de jaloux », dit-il avec dans la voix cette pointe d'humour qui le caractérisait.

Linette, en apprenant la nouvelle, avait couru se planquer en haut d'un abricotier dans le jardin de son pote Lucullus. Elle envoya sa copine Vibidia, la doyenne des vestales, se prosterner aux pieds de ce brave Claude pour le supplier d'accorder grâce à sa patronne. Vibidia remit à Claude ce petit billet repentant de Messaline : « Mon cher Claude, ta femme t'adora, mais la bête fut la plus forte. Épargne la vie de ton épouse et j'étoufferai la bête contre mon sein repenti. Celle qui ne te sera pas ingrate. Ta Messaline[4]. »

La belle Messaline, truffée de remords, le fut hélas aussi de coups de couteau que lui fit porter l'ombrageux Narcisse. Ce dernier, fumace que Claude ait becqueté le pain de la honte sans avoir même filé une paire de mandales à la roulure, avait lui-même remis les pendules à l'heure de la vengeance.

Claude était en train de becqueter un cuissot de daim farci de foies de rougets à la confiture d'airelles[5] quand Narcisse vint en pleurnichant lui annoncer que sa douce Messaline venait de se suicider de trois coups d'épée dans le dos.

Claude réfléchit six bonnes secondes, reprit un peu de farce et dit : « Effectivement, ça ne doit pas être très agréable… » Après cette poignante oraison funèbre, il termina son cruchon de chianti et attaqua de plein fouet la crème au caramel.

L'empereur Claude, soucieux d'assurer une convenable dynastie et barjo incorrigible, faut bien avouer, épousa aussi sec une quatrième femme. Signalons également qu'il louchait

---

3. Les sept rescapés !

4. Claude aurait volontiers pardonné à Messaline, mais il avait eu sa leçon de grammaire, sa déclaration d'impôts à faire, un concours de pêche à présider, le banquet des anciens gladiateurs handicapés, une remise de médaille du travail à un eunuque pour ses quarante-cinq ans de loyaux services, etc. Bref, sa négligence eut de terribles conséquences.

5. Déjà les prémices de la cuisine nouvelle.

depuis quelque temps sur la chute de reins vertigineuse de sa nièce Agrippine. Il décida en conséquence de se marier avec Agrippette[1] à la mairie de son arrondissement. En guise de cadeau de mariage, elle lui fit adopter le fils qu'elle avait eu d'un autre lit : le futur Néron, tout aussi barje que son père adoptif, sans avoir pour autant le même sang. Puis, pour faire de la place à table, elle empoisonna Britannicus (le fils de Claude et de Messaline), ce qui consola radicalement ce dernier d'avoir été déshérité par son papa.

Claude adora Agrippine. Elle lui fit (presque) retrouver sa vigueur de jeune homme au pageot. Il en avait pour trois jours à s'en remettre à chaque fois qu'elle lui faisait *le casque du gladiateur*. Il trouvait Agrippine irrésistible avec ses fesses rondes et plus fermes que des melons de Toscane, ainsi qu'avec l'incomparable soupe à l'oseille qu'elle lui mitonnait tous les soirs avec amour. Elle l'empoisonna lui aussi. Impatiente de régner, elle avait poursuivi son lessivage jusqu'au bout car c'était aussi une ménagère infatigable.

Il est vrai qu'à l'époque ceux qui lavaient plus blanc gagnaient un paquet de lauriers.

1. C'est ainsi qu'il la surnomma le lendemain de la nuit de noces. On se demande bien pourquoi.

LOUIS XIV

Le Roi-Soleil

(1638-1715)

Né à Saint-Germain-en-Laye en 1638 pour faire plaisir à ses parents et mort à Versailles en 1715 parce qu'il lui était difficile de faire autrement, Louis XIV fut incontestablement la plus grande pointure dans la brochette des rois Louis. Son papa, Louis XIII, et sa maman, Anne d'Autriche, étaient mariés depuis plus de vingt piges et n'avaient jamais pu arriver à ficeler à tous les deux un enfant présentable. Ils faisaient pourtant des efforts inimaginables pour y parvenir. Était-ce dû au fait qu'ils passaient parfois des années sans se voir ? Évidemment, cela peut jouer. Ils accomplirent tout de même une bonne douzaine de fois leurs devoirs conjugaux en vingt-deux ans, avant que Loulou XIV ne daignât pointer son royal tarin. Il était grand temps. Malheureusement pour lui, à l'âge de cinq ans, il perd son papa qui avait les éponges poreuses à force d'avoir passé sa vie à repousser l'ennemi dans l'humidité. Cela peut paraître cruel, mais même chez les rois ça arrive. C'est donc la maman de Loulou, Anne d'Autriche, qui va se farcir la régence, à défaut de s'occuper de l'éducation de son mouflet. Très négligée, elle fera l'éducation du futur Roi-Soleil. Sa vieille, qui joue au bridge tous les après-midi avec ses copines, le confie à des gouvernantes, qui, elles, jouent déjà au poker. Elles le refilent donc à leurs servantes, qui, déjà occupées elles aussi à astiquer la hallebarde des valets de la reine, laissent faire à Loulou-doré toutes les conneries qui lui traversent le caberlot. Sa maman, entre deux parties, s'aperçoit de la cata. Elle confie alors Louis à Mazarin. Ce dernier, qui a d'autres chattes à fouetter, lui achète une toupie, une religieuse au chocolat, et le confie au maréchal de Villeroy. Ce dernier apprend au jeune Louis à gagner au flipper et à fumer sa première clope. Après quoi, il le laisse aux mains de sa gouvernante, qui le refile à sa servante, etc.

L'éducation de celui qui allait devenir le plus grand roi de l'histoire fut, sinon négligée, du moins un chouïa rudimentaire. Son meilleur éducateur fut sans aucun doute Pierre de La Porte, son premier valet de chambre, qui portait bien son nom. Il savait plein de choses parce que précisément il écoutait aux portes.

Il fut le premier à lui apprendre à lacer ses godasses et à lui faire lire le *Kamasutra*. Il lui enseigna aussi par corollaire les différentes façons de juguler ses pulsions les soirs de grande solitude. Loulou XIV grandissant[1], c'est Mazarin qui prend le relais en le mettant un peu au parfum de l'historique de sa famille. Il lui explique bien que son grand-père le bon roi Henri IV avait eu pas mal de soucis avec les dames et que son grand tonton Henri III en avait eu lui aussi, mais plutôt avec les messieurs. Il lui apprit également que Louis XIII, son papa, lui, avait eu des misères avec sa maman, Marie de Médicis (sa grand-mère), qui lui faisait même la guerre, ce qui pouvait mettre en doute l'authenticité de ses sentiments maternels. En conclusion, Loulou, que tout ça laissait perplexe, demanda à Mazarin : « Alors, si j'ai bien compris, gouverner, c'est pas de la tarte ? » Le sage ministre en déduisit que le futur Louis le Grand avait un sens très développé de l'observation et de la réflexion. Mazarin ne tarda guère à initier Louis aux affaires de l'État et lui apprit surtout à se gaffer des courtisans faux-culs[2]. Après le fameux traité des Pyrénées, en 1659, on lui présente Marie-Thérèse, Loulou demande si c'est elle qui rit tout le temps... on lui dit oui et il l'épouse. Marie-Thérèse, c'est la fille du roi d'Espagne, Loulou se dit que ça mange pas de pain[3] et que ça peut toujours servir pour placer les invités à table. De toute façon, son père l'avait ajoutée en premier au bas du traité car, depuis son enfance, elle lui avait brodé douze mille napperons au point de Valence, et il se demandait sérieusement jusqu'où elle pourrait aller sur ce terrain-là. De plus, pas facile à caser, la mignonne ! Elle avait un visage de mulet sur un corps de théière. Elle empestait l'ail et l'huile d'olive et avait les genoux usés jusqu'à l'os par les « Je vous salue ». À part ça, elle réussissait vachement bien le chorizo aux lentilles.

Le 10 mars 1661, Loulou-Soleil, qui n'a alors que vingt-trois piges, déclare à ses ministres à la mort de Mazarin : « À partir

1. Il a su montrer que la grandeur, c'était son truc à lui.

2. Excusez l'euphémisme.

3. Elle avait très peu d'appétit !

d'aujourd'hui, mes lascars, vous m'aiderez de vos conseils quand je vous le demanderai. Je vous prie et vous ordonne, monsieur le chancelier, de ne rien sceller que par mes ordres et sans m'en avoir parlé. » On peut voir déjà que le roi n'avait pas l'intention du tout de se laisser marcher sur les arpions. Il fit embastiller le surintendant Fouquet, qui roulait trop des mécaniques à son goût. Il n'est sans doute pas inutile de préciser que Loulou venait de faire construire le somptueux palais de Versailles. C'était, comme chacun sait, la maison de campagne qu'il avait fait faire tout spécialement pour sa maîtresse, Mme de Montespan. Hélas, les centaines de pièces aux sublimes marqueteries, aux plaftards dorés, aux tapisseries choucardes et aux plumards à baldaquin étaient bourrées de courants d'air. Le malheureux Fouquet, ayant remarqué qu'il n'y avait pas de meilleur endroit pour y faire sécher les jambons, décida de faire bâtir lui aussi un château semblable à Vaux-le-Vicomte. Le jour de l'inauguration, le 17 août 1661, quand il invita Loulou à venir visiter son F5 amélioré, cézigue faillit s'étrangler de rage tellement il en fut jalmince. Ce pauvre Nicolas Fouquet avait eu la malencontreuse idée de faire bosser Le Vau, Le Nôtre et Le Brun, qui avaient fait des merveilles dans son château. En plus d'un jardin génial, il y avait des collections d'armes sublimes, de meubles signés, et une fabuleuse bibliothèque de treize mille volumes. Ce qui n'arrangeait pas vraiment le mastic, c'est que Nicolas Fouquet protégeait et pensionnait même parfois Poussin, Puget, La Fontaine, Molière et bien d'autres pointures de cet acabit. Ces mectons-là n'étaient pas vraiment les potes de Louis XIV, tant s'en faut. Tout ça commençait sérieusement à lui défriser la moumoute, à notre Loulou-Soleil. Après tout, si quelqu'un était là pour briller, c'était lui, non ? De plus, ce salopard de Fouquet ne se permettait-il pas de faire du gringue à Mlle de La Vallière, fraîche maîtresse de Loulou détrônée par la Montespan, certes, mais toujours en poste à Versailles ? On a quand même son amour-propre. Colbert, qui fut autrefois le poteau de Fouquet, non seulement veut lui piquer sa place, mais, reniflant de plus que Loulou peut pas le piffer, veut à tout prix lui faire bouffer les tapis de son château. Il n'a aucun mal à le faire saquer par Loulou qui ordonne de lui « confisquer ses biens ». Malgré la bienveillante intervention de ses nombreux potes et de ses protégés, La Fontaine, Mme de Sévigné, Mlle de Scudéry, Molière, etc., Loulou, trop heureux d'avoir mis KO ce trop puissant ministre, le fait condamner au nom de la « justice » à la détention perpétuelle[1]. Bien sûr, il a l'air un peu expéditif, pourtant il est gentil, Loulou, faut pas croire. Il adore donner des fêtes. Il invite plein de gens à qui il ne parle jamais. Il se promène dans les jardins de Versailles et, quand il est bien luné, des fois, il leur fait même un petit signe avec deux doigts. Alors, les courtisans, à qui il a adressé ce message muet, vont le raconter à tous les autres et ils en causent pendant des semaines. Il aime bien aussi ses petits soupers en plein air quand il fait beau, dans son jardin. Il partage volontiers ses perdrix à la broche et ses râbles de lièvres farcis de becfigues avec quelques courtisans. L'étiquette, toutefois, veut que l'on rote discrètement et que l'on ne glaviote que sous la nappe. Il permet même au peuple de venir le contempler pendant qu'il becte. Il sait que ça les amusera, tous ces braves gens, d'attraper au vol les os qu'il leur jette derrière les barrières. Et puis aussi, ça les change de leurs menus habituels, que diable ! Toujours des orties, toujours des racines ou des oignons crus ! Mais que peuvent-ils trouver à ce genre de nourriture, pour ne manger QUE ÇA ? Enfin, Louis a l'esprit large. Ces petits travers du peuple l'amuseraient plutôt, s'il n'avait sous la coiffe tant de soucis, tous ces impôts, avec ces tailles, ces gabelles et toutes ces chieries quotidiennes qui l'empêcheraient même, parfois, s'il écoutait ses ministres, de se rendre à la chasse. Heureusement que le grand Colbert est là. Ah ! Le brave Colbert ! Toujours prêt à trouver une combine pour retomber sur ses pattes.

Louis, ce qu'il aime avant tout, ce sont les nanas, bien sûr, la chasse, cela va de soi, mais aussi et surtout il adore qu'on le contemple. Tiens, le matin par exemple, quand il déhotte du pageot, eh bien il lui faut plein de monde autour de lui pour lui

1. Comme l'on peut s'en rendre compte, Louis était parfois un peu susceptible. Mais, ainsi que le faisait observer la Montespan quand elle touchait sa pension : « Il est tellement attachant ! »

voir enfiler son calbute. S'il fait son pissou ou sa commission, c'est pareil. Il prend le monde à témoin. Il leur dit : « Voyez un peu, appréciez, rendez-vous compte de ce qu'un roi peut faire pour vous. Je me laisse gentiment tailler les ongles. Je fais mon gros dans une boîte, moi, et pas dans les escaliers comme vous le faites en loucedé, bande de dégueulasses. Je me laisse raser la couenne par mon barbier qui me débite des conneries. On me parfume à l'origan et on me peigne délicatement les vermicelles avant de me cloquer la moumoute sur le trognon[1]. Croyez-moi, il faut vachement aimer son peuple pour supporter tout ça ! Ah, si je n'avais pas Colbert ! »

Justement, c'est sur lui qu'il comptait pour tenir les rênes du char de l'État. Il confia à Colbert le soin de ratisser un max de blé pour s'acheter des canons et tout ce qui allait avec. Lui, il s'occupait principalement de séduire les femmes et d'envoyer leurs maris à la guerre. Comme il était toujours à court de troupes fraîches, il ordonna aux familles françaises de faire au moins dix lardons chacune. Sinon, qui remplacerait la casse pour toutes ces batailles qui le couvraient de gloire et de dettes chez le boucher ?

Tout jeune puceau, Loulou-Soleil s'était retrouvé dans les bras de Mme de Beauvais, dame de chambre de sa mère. Elle fut la première à lui apprendre à tenir un peu plus de quinze secondes, afin de ne pas démoraliser sa partenaire. Il aima en passant Olympe Mancini, parce qu'elle était toujours entièrement épilée de frais. Il glissa quelque chose à l'oreille de Marion (la fille du jardinier) qui la fit rougir, et autre chose ailleurs qui lui fit arrondir le ventre. Il eut beaucoup de plaisir avec Mlle de La Mothe-Houdancourt qui, toutes les nuits durant trois mois, lui cria : « Que me faites-vous là !... Que me faites-vous là !... » Lorsqu'elle s'en rendit compte par la suite, il était trop tard ! Il enjamba aussi la jolie petite Marie Mancini (nièce de Mazarin et sœur d'Olympe), qui lui déclamait des vers tout en faisant des galipettes. Il l'aurait bien prise comme reine, car la môme avait

1. Dans l'un de ses ouvrages, Paul Reboux (cité par Will Cuppy !) nous apprend que la toilette du roi consistait à « se peigner le matin légèrement pour faire tomber la vermine ».

de sacrés atouts dans son jeu, mais, comme je vous l'ai dit plus haut, il fut obligé de s'embourber l'Espingouine Marie-Thé avec ce satané traité des Pyrénées ! Il s'occupa ensuite du gazon de Henriette d'Angleterre, qui avait bien du souci avec son époux Philippe (duc d'Orléans, frère de Louis XIV), aussi viril qu'un saladier de chantilly.

Pour se changer les idées[2], il partait de temps en temps guerroyer contre ses vieux ennemis les Hollandais, car il était fou des tulipes ! Il en revenait d'ailleurs les pieds trempés, car ces bougres-là ouvraient facilement les digues quand on leur disait que leur fromage était pas bon !

En 1674, les Anglais le lâchent[3], et il doit évacuer un paquet de territoires dans la partie continentale des Provinces-Unies. Mais les affaires reprennent, la guerre recommence de plus belle en Flandre et aussi en Alsace. Malgré la bravoure exemplaire de Condé et la célèbre phrase de Turenne : « Vous n'aurez pas l'Alsace et la Lorraine », les massacres continuent jusqu'à la paix de Nimègue, en 1679[4]. Turenne, alors trop occupé, trouve finalement le temps de mourir, et Loulou a quand même eu chaud aux fesses. La guerre avait duré dix ans. Des milliers de soldats étaient morts. D'autres, comme Turenne, avaient trouvé intéressant d'agoniser pendant trois jours… et pour finir, chacun rendit les territoires qu'il avait conquis. Tous ça pour des harengs[5].

Ça ne lui servira pas de leçon, hélas ! Loulou-Soleil avait ainsi des côtés gamin qu'il ne put guère corriger tout au long de son règne. Mais aussi, me direz-vous, il accomplit tant de choses en soixante-douze ans de pouvoir absolu !

---

2. Il les changeait peu souvent, car il n'en avait pas des masses !

3. On ne peut guère compter sur ces gens-là !

4. La seule issue inéluctable des guerres étant hélas toujours la paix, cela décourage parfois les héros qui n'ont d'autre issue dans ce cas-là que le Pôle emploi ! Force est donc de constater que la paix n'est réellement intéressante que pour ceux qui ne se battent pas, mais les autres, qui se soucie des autres, hein ?

5. Ils ne s'entendaient pas sur les prix (authentique) !

D'abord, adolescent, il joua à saute-mouton avec les copines de sa mère. Intelligent comme il était, il pigea vite que les moutons n'étaient pas indispensables. Ensuite, il fit bâtir Versailles pour qu'on le regarde se déshabiller le soir et se gratter les noix le matin. Il ne pouvait pourtant même pas prendre un bol d'air à sa fenêtre, il y avait toujours dehors quelqu'un de mécontent qui voulait le faire savoir. Puis, pendant qu'on lui cherchait des poux sous la moumoute, il recevait Molière, à qui il demandait d'écrire une petite pièce en vers qui tienne à peu près debout. Ah, il fallait aussi qu'il ordonne à Le Nôtre de lui faire un petit bout de jardin avec carottes, radis, roses blanches et tout le toutim. Puis, il courait reprendre l'Alsace et la Lorraine qu'on venait de lui squatter pendant qu'il esgourdait un sermon de Bossuet. Dès son retour, il demanda du pèze à Colbert, vu que le trésor était encore à sec ; mais où donc passait tout le pognon ? Colbert eut l'idée géniale de supprimer la gabelle, qui était de loin le plus impopulaire des impôts, et de doubler quasiment les autres. « Mon petit Jean-Baptiste, lui dit alors le roi, c'est à de petits détails comme ça qu'on voit que nous en avons dans le chou[1]. » Heureusement, les paysans, qui avaient des goûts très simples, s'habillaient de haillons et grignotaient toujours des racines et des pissenlits, ce qui était plutôt raisonnable de leur part. Ainsi, l'économie du pays grâce à la bonne volonté de chacun ne pouvait que se redresser. À la mort de ce pauvre Colbert, qui expira en récitant sa table de soustractions, Louis révoqua aussi sec l'édit de Nantes, que papy Henri IV avait eu tant de mal à mettre debout. Dans la foulée, il dut faire enterrer les cadavres de la boucherie que son petit bout de papier avait déclenchée. Toujours des soucis imprévus ! C'est pas tout. Et la bagatelle, dans tout ça ? Entre deux tragédies de Racine et une fable de La Fontaine, il fit du gringue à Louise de La Vallière, une nana carrossée par Ferrari qui chialait en écoutant *Le Misanthrope*. Ce Molière était trop vachard avec les femmes. Si on savait lire entre les lignes, il se payait d'ailleurs aussi la fiole du roi et de sa cour. Loulou, fumace, fit même

1. Loulou pouvait avoir parfois la faiblesse d'attribuer à d'autres leurs propres idées.

interdire quelques-unes de ses pièces pour lui montrer de quel bois on allume les chefs-d'œuvre ! Pour consoler la belle Louise qui chialait de plus en plus, il lui fit deux ou trois beaux enfants et attaqua direct la Montespan, à qui il en tricota huit. Il apparaît en fait qu'ils étaient presque tous de lui. Certes, lui ne répugnait pas à la tâche, mais elle, c'était une sacrée dévoreuse. D'une beauté à couper le souffle (surtout celui de Louis !), la marquise passait une partie de son temps à faire des tisanes aphrodisiaques à son Loulou quand celui-ci avait « le jarret trop mou »[(2)].

Le caractère hyper-romantique de ce malheureux Louis attisait forcément son inconstance. La jolie Louise, qui avait toujours l'œil braqué sur les bas instincts de son royal amant, se méfiait comme de la peste d'une certaine Mlle de Fontanges. Le roi, pour détromper les soupçons de sa bien-aimée, croyait la rassurer en disant : « Mlle de Fontanges ?... Mais je ne fais guère que du cheval avec elle !... » Ce qui ne faisait qu'empirer les choses. Et le jour où elle retrouva la moumoute de Loulou dans le décolleté de Mme de Soubise, savez-vous ce qu'il trouva à répondre ? « L'État, c'est moi. » Un peu léger comme réponse, Louis s'en rendit bien compte par la suite[(3)]. Marie-Thérèse, son épouse, mourut en 1683, et il en profita pour lui faire de belles funérailles. S'il n'avait pas été roi, il aurait volontiers pleuré. Il avait été un mari parfait pour elle. Il n'avait jamais lésiné sur son argent de poche. Il l'avait laissé vaquer librement aux soins du ménage et lui avait présenté toutes ses maîtresses en lui demandant toujours son avis. Ce bon roi, dans son infinie sagesse, décida quelque temps plus tard d'épouser Mme de Maintenon. Veuve de quarante-neuf balais et punaise de sacristie (elle détestait les huguenots et c'est surtout elle qui manœuvra habilement pour faire révoquer l'édit de Nantes), elle avait déjà quelques heures de vol à son actif dans les alcôves de la cour. Elle avait épousé Popaul Scarron, un irrésistible humoriste qui faisait des vers en octosyllabes et un *Roman comique* qui

2. Elle appelait ça le jarret, elle !

3. Il montrait parfois des signes de lucidité. Mais ça retombait comme un soufflé !

l'avait d'ailleurs fait mourir de rire en 1657[1]. Mme de Maintenon avait un goût inné pour les emmerdements. Emprisonnée jadis dans des cachots sordides avec son vieux qui fabriquait de la fausse mornifle et à l'occasion trucidait les braves gens, elle n'en revenait pas, aujourd'hui, d'onduler du fion dans la soie royale. Gouvernante des cinq lardons qui avaient survécu (cinq sur huit, c'était pas mal à l'époque !) de Louis et de la Montespan, elle avait remonté les bretelles de cette dernière, à propos de sa vie dissolue. Elle manœuvra si bien qu'elle lui piqua sa place dans le lit du roi, en demandant à ce pauvre Loulou comment il avait pu tricoter autant de mouflets à cette traînée. Après mûre réflexion, il avoua ne pas trouver de réponse[2]. En fin de compte, était-ce à cause des guerres ou de toute cette famine que son peuple affichait pour l'embêter, Louis, en tout cas, se sentait vieillir. Il était perclus de rhumatismes, sa goutte ne faisait qu'empirer, ses chocottes se faisaient la malle. Il était en sus sujet à de méchantes crises d'hémorroïdes et chantait de plus en plus Manon quand il se mettait sur le pot. Le passé chargé de la mariée n'incita pas Louis à faire publiquement connaître son union. Auprès de cette femme, il se sentait de plus en plus chrétien, et c'était là le principal, non ? À coups de pots-au-feu et de civets de marcassins, elle réussit tout de même à le garder trente ans, ce qui n'était pas une mince entreprise. J'aurais pu vous parler un peu plus de Louvois, du Grand Condé, de Turenne, et des guerres incessantes qu'ils firent un peu partout en mettant le pays sur la paille… tout ça… mais les guerres, comme disait le bouc en regardant ses chèvres : « Quand on en a vu une… »

Louis XIV mourut après soixante-douze ans de règne sans concessions. Il avait tout de même fait fondre sa vaisselle de vermeil pour casquer sa dernière guerre[3]. La gangrène, qui lui avait attaqué une guibole, avait fait de terribles progrès, et il

1. Sa prose lui paraissait irrésistible !

2. À vrai dire, il ne s'était jamais vraiment posé la question.

3. On n'a finalement qu'une mince idée des sacrifices que put faire ce remarquable monarque.

dérouilla un max durant les huit jours que défilèrent ses courtisans à son chevet[4]. À l'approche du trépas (la gangrène lui bouffait la cuisse), on installe le futur Louis XV sur un fauteuil au chevet de Loulou dans la chambre royale qui schlinguait le pourri.

« Mon cher enfant, lui dit le moribond, vous allez être le plus grand roi du monde. Ne m'imitez pas dans les guerres. Tâchez de soulager votre peuple autant que vous pourrez. Ce que j'ai eu le malheur de ne pouvoir faire… »

Quand même lucide, le Loulou, avant d'avaler sa chique. Il avait coutume de dire : « Les souverains qui font des concessions vont infailliblement à leur perte. »

On a oublié de demander à Louis XVI ce qu'il en pensait.

---

4. Loulou-Soleil fut tout de même un sacré dur. À propos de ces fameuses hémorroïdes et notamment d'une fistule qui le firent tant dérouiller, son chirurgien-charcutier-forgeron lui enfonça un fer rougi dans le trou de balle (quel pied). Il serrait paraît-il les fesses mais ne desserra pas les dents (authentique !).

LOUIS XV

le Bien-Aimé

(1710-1774)

Louis XV fut sans aucun doute le premier « gringo » qui adora le café. Le café et les femmes, puisque ce sont les femmes qui lui faisaient le café. Et qui le comprenaient. La première qui le mit bien au chaud entre ses bras fut Mme de Ventadour, qui lui servit de gouvernante. C'est qu'il était petit, le Louis, à l'époque. À cinq ans, il n'avait pas de papa, il n'avait pas de maman, et il se sentait plus perdu qu'une bonne sœur dans les toilettes des hommes. Mme de Ventadour, elle, lui mit la tête entre ses grosses doudounes maternelles et lui dit : « Réchauffe-toi ici, mon Loulou, les femmes, c'est fait pour réchauffer les hommes. » Et il s'en est souvenu toute sa vie. Car, en dehors des femmes et du café, il est vrai que pas grand-chose ne l'intéressa. Aussi, c'est que tout allait trop vite pour notre petit Loulou. On l'a fiancé et bombardé majeur à treize ans et on l'a marié à quinze. Vous vous rendez compte ? C'est qu'il faut avoir un drôle de répondant sous la barboteuse, à cet âge-là, pour assumer un rôle pareil ! Heureusement pour lui, ce n'est qu'à l'âge de dix-sept ans, dans son pageot nuptial, qu'on l'autorise à caramboler son épouse, Marie Leszczynska, la fille du roi de Pologne (qui vient de paumer son trône !). Marie est une vioque de vingt-trois balais, à la boîte à ouvrage accueillante. D'un seul élan et du premier coup, il lui fait un lardon. Sachez qu'il est superbe, notre roi de France, et déjà viril comme un clou de tapissier.

Avant de conclure ce marida, il n'y eut pas moins de dix-sept gonzesses à se saccager la guêpière avant de savoir laquelle d'entre elles serait choisie par le jeune monarque. C'est finalement Marie qui avait emporté le morceau, vu qu'il y en avait pas deux comme elle pour lui réussir le râble de lapin à la vodka. Les vertus aphrodisiaques de ce plat ne font d'ailleurs aucun doute, car Louis ne tricota pas moins de huit pisseuses à Marie, sans compter le dauphin qui ne régnera jamais, vu qu'après 1765 il était beaucoup trop mort pour ça. Dès qu'il fut tenu de gouverner, les affaires de l'État déprimèrent Louis encore bien plus qu'une journée de pluie sans compagnie féminine.

Cependant, lors d'une petite flambée d'autorité, Loulou, qui devait bien faire semblant de s'occuper tout de même des affaires de son pays, vira Henri de Bourbon-Condé, qui n'aimait pas le café. Il le remplaça par le cardinal Fleury, qui avait été pour lui un précepteur aux œufs et qui lui faisait des expressos comme pas deux. Hormis l'arabica moulu fin, ce qui réveille le beau Louis de temps en temps de sa léthargie, ce sont, bien entendu, les nanas ; Marie, qui en a ras la panse d'être en cloque tous les neuf mois, l'envoie à présent au bain quand son époux essaie de lui faire *la prise du bison* dans son pieu à baldaquin[1].

Avec son entourage, nous dit l'histoire, Louis était susceptible et méfiant comme un bœuf qui passe devant une boucherie. Peut-être un peu pervers, aussi. Choiseul le décrit « aimant le mal, comme des enfants aiment à faire souffrir les animaux[2] » ! Cette indolence, qui cédait parfois la place à l'anxiété, venait des problèmes qu'il avait constamment avec sa tuyauterie. Toute sa vie, on entendit son estomac faire du morse, et aucun Diafoirus de l'époque ne décrypta ses messages. Pourtant, à la chasse, il crève tout le monde : son cheval et l'équipage, les rabatteurs, les biches et les sangliers. Si en fin de journée il trouvait une bergère virtuose de la quenouille, il ne la laissait pas filer. Si en plus elle lui jouait de la flûte[3], il pouvait passer des heures à pleurer à chaud bouillon devant sa bouche bée. D'ailleurs, il tombait aussi facilement amoureux qu'un cycliste débutant tombe de son vélo. C'est ce qui lui arriva la première fois avec Mme de Chailly. Il fut d'abord abasourdi de s'apercevoir qu'on pouvait aimer une femme autant qu'une tasse de café[4]. Quand il déclenchait malgré lui une séance de morse, elle lui faisait des compresses sur l'estomac avec des crêpes Suzette au sarrasin, et ça le rendait encore plus amoureux. Puis, pour changer un peu de crêpe, il prit comme

---

1. Il en connaissait plein d'autres, mais elle voulait pas non plus.

2. Choiseul voyait le mal partout !

3. Je sais à quoi vous pensez. J'y ai pensé aussi.

4. En fait, il ignorait que la température d'une femme peut avoisiner celle d'un expresso lors de sa consommation !

maîtresse Mme de Châteauroux, imbattable sur les beignets. Dès que la pâte levait, elle la mettait tout de suite au four, et Loulou était émerveillé de voir tout ce qu'une femme peut faire avec des mains pleines de farine.

Mais il lui fallait quand même bien se rendre au Conseil pour y faire le roi de temps en temps. Quand le cardinal Fleury déchire sa soutane, Loulou n'a que trente-trois balais. Jusque-là, il a laissé flotter les rubans car il a toujours été incapable de prendre une décision tout seul. Avec ses ministres, il était aussi sûr de lui qu'un lapin dans la cage d'un tigre. Quand on lui demande son avis, il dit : « Euh... oui, peut-être... c'est possible, à la rigueur... cependant... bon, faites comme vous voulez ! »

Et puis, il y a toujours une guerre ici ou là, et ça, ça le gonfle franchement. Il embarque avec lui la Châteauroux, et il part donc à Metz où l'on est en train de se chicorner pour un bout de terrain. Là, il a même pas le temps de brandir sa royale épée que son estomac se remet à gazouiller comme un évier de cantine. À l'instant même où Mme de Châteauroux est en train de lui cloquer des compresses de pâte à beignets sur le burlingue, voilà-t'y pas sa bourgeoise qui rallège. Elle a entendu dire que son Loulou chéri est vissé sur son pot et, bien sûr, en épouse dévouée, elle vient lui tenir la main. Elle tombe du donjon quand elle voit la Châteauroux en train de faire du bouche-à-bouche à son mec. La maîtresse confondue se ratatine sous les huées de la foule et s'évapore dans la nature comme un pet de jument dans l'air pur du matin.

Le premier aumônier du roi, qui est gai comme une tumeur dans un bocal (1), exige de Loulou une confession publique de ses fautes pour lui filer l'absolution. Répandue à travers tout le royaume par les curetons, la confession de Loulou, qui déclare « être indigne du nom de roi Très-Chrétien », laisse son peuple chéri sur le fion et les nobles au bord de l'apoplexie. Son autorité en a pris un coup dans la perruque (2). Pour se faire pardonner,

1. Louis, à ce moment-là, ne se marrait pas non plus, d'ailleurs !

2. Vous voyez un chef d'État faire ça aujourd'hui ? Quoique chez les Amerloques... !

Loulou fait alliance avec les Prussiens et va gagner plein de batailles. À Fontenoy, où il se bat lui-même comme un lion, puis à Raucoux, et enfin à Lawfeld. Il signe la paix d'Aix-la-Chapelle en 1748, mais il paume l'occase de récupérer Nice et la Savoie. C'est Napoléon III qui y arrivera quand même cent douze piges plus tard[3].

La guerre et les servantes d'auberge le foutent sur les rotules. Loulou, au fond, ce qu'il préférerait, c'est qu'on gouverne à sa place. Et puis aussi s'occuper des madames, pardi. Celle qui se pointe alors pour enrichir sa panoplie de petites culottes est une sacrée pointure à elle toute seule. Vous avez deviné, chère jolie lectrice, qu'il s'agit évidemment de la Pompadour. Jeanne Antoinette Poisson deviendra la maîtresse de Loulou avant d'être la marquise de Pompadour. À vingt-deux piges, elle était grande, mince et cambrée comme un bec de cafetière. Blonde, les calots couleur de ciel, elle était plus belle qu'un lever de soleil sur un compte en banque suisse. Elle avait un époustouflant pont arrière et des nichemards si superbes de l'autre côté qu'on avait un mal fou à imaginer qu'en plus elle pouvait parler. Ajoutez à tout ça qu'elle jactait même très bien, la mâtine. En plus de la royale chipolata de son Loulou chéri, pendant vingt et un ans, elle s'occupa des finances et prit des centaines de décisions importantes en gouvernant quasiment à la place de son Loulou, qui s'en tamponnait joyeusement la redingote ! « Après moi le déluge », il disait en dégustant sa cantharide ! À la mort de Mme de Châteauroux, qui, depuis le scandale oublié, assurait encore en loucedé à Louis de royales secousses, la Pompon, comme l'appelait Loulou, sauta à pieds joints dans les eaux troubles de Versailles et fut reconnue officiellement comme la maîtresse du roi. Pour se faire remarquer par le beau Louis, elle avait maquillé un numéro pas possible. Débagoulant partout à qui voulait l'entendre que Loulou était son type de mec, viril et tout, comme elle les aimait, qu'il était le seul à lui faire grimper le palpitant à cent cinquante battements minute, et le seul aussi à lui filer le feu au bégonia quand elle l'apercevait, et qu'enfin, si un jour elle faisait cocu son mari, ce serait avec lui

3. Comme quoi, il n'a pas fait que des meubles, celui-là non plus !

et pas avec quelqu'un d'autre[1]. Le jour où elle enquille dans le pageot de Loulou, tout le monde veut lui faire becqueter son éventail. La cour, d'abord, où on la regarde comme une crotte de lapin sur un gâteau de riz, et aussi le populo parisien qui, pour se venger d'elle, la Poisson, chante des « poissonnades ». Loulou, lui, il est heureux. Elle s'occupe très bien de lui, sa Pompon. Elle fait tout ce qu'il faut au moment où il faut. Finalement, Loulou, elle l'a pigé très vite, il s'emmerde tout le temps. Alors, en dehors des séances de pipo royal qu'elle essaye de varier toutes les trois mesures, elle lui fait *les ciseaux de la marquise* ou *la pince de homard brésilienne*, et lui, il la trouve géniale. Elle l'est... Vous dire à quel point elle ménage son roi... Pour ne pas lui râper les jointures, elle se fait pistonner par un pote à elle – Pâris-Duverney –, et elle s'embourbe le marquisat de Pompadour. Du coup, elle postillonne sur les rubans des pétasses poudrées de la cour. Pendant vingt et une piges, c'est elle qui fera la loi à l'ouest du Pecos. Elle fait et défait des ministres, elle nomme des généraux ou saque des ambassadeurs. Contre les curetons, c'est bien sûr Pompon qui met Choiseul en place. C'est encore elle qui va se farcir le traité de Versailles qu'elle fait signer à Loulou, avec Marie-Thérèse d'Autriche. Elle file un sérieux coup de mimine aux philosophes et aux magistrats contre l'Église, les jansénistes et les jésuites. Elle en fait tant qu'elle devient aussi impopulaire qu'un impôt.

Loulou, lui, pour tromper le froid, se laisse gentiment réchauffer le sceptre par le micro-ondes de sa Pompon, au retour de la chasse. Il la trouve époustouflante. Elle fait toujours tout ce qu'il faut pour le faire goder comme un communiant. Elle lui raconte plein de vacheries sur la cour. Elle est pleine d'esprit. Elle le fait marrer et en plus elle est bandante comme une soupière de caviar. Que demander de plus ? Elle beurre la tartine des écrivains qui deviennent tous ses potes : Crébillon, Marmontel, Montesquieu, Rousseau (elle jouera même dans une de ses pièces à la cour de Fontainebleau), et aussi et surtout... Voltaire. C'est grâce à elle (car Loulou n'était pas chaud pour ça) que Voltaire

1. Je vous l'avais pas dit... qu'elle était mariée ? Son mari était très compréhensif.

devient l'historiographe du roi puis académicien et gentilhomme de la chambre… Voltaire, qui écrit après la mort de Pompon : « Je lui avais obligation, je la pleure par reconnaissance. » C'est elle encore qui lèche la blessure de son Loulou après l'attentat manqué de Damiens. Pompon ne resta que cinq ans dans le cœur et dans le pieu de son roi. C'est elle-même qui lui dit un jour : « Mon Loulou, si tu veux bien, on arrête le vilebrequin mongol. Tu vois, je commence à rendre la monnaie… J'ai les cannes flageolantes, les soufflets qui prennent l'eau, et mes doudounes se rapprochent de jour en jour doucettement de mes escarpins. Toi, tu es toujours beau et fort comme Popeye. Alors, avant que tu ne t'aperçoives à ton réveil que tu as Olive à côté de toi, j'aime mieux les mettre. Mais ne fais pas la tronche pour autant, car dans ton petit baisodrome du Parc-aux-Cerfs j'ai plein de copines à moi qui demanderont pas mieux que de venir te proposer de visiter leur kiosque à musique. Si tu veux bien, je continuerai de m'occuper des affaires courantes de l'État (2). »

Pendant vingt et une piges, ce fut elle, le « Roi de France », mes chéris. Ce qui coince un peu dans ce tableau idyllique, c'est que les armoires et les commodes (Louis-XV, bien sûr, ah ! ah !) de la Pompadour sont pleines à craquer, mais que les caisses de l'État, elles, sont quasiment aussi vides que la cervelle d'un CRS. Loulou ne sait vraiment pas comment il pourrait arranger le mastic. Les Parigots râlent (3), les fermiers généraux se morfalent des privilèges exorbitants. Il y a tant de corruption et de prévarication que les Bretons commencent à balancer leurs artichauts sur la poire des possédants. Il y a même un certain Mandrin qui se prend pour Zorro et qui fout une joyeuse merde dans nos riantes campagnes. Loulou soupire un grand coup, demande ce qu'elle en pense à Pompon qui lui dit : « Laisse pisser !… Va plutôt voir au Parc-aux-Cerfs, je t'ai dégotté de la viande fraîche, tu m'en diras des nouvelles. » Cet endroit magique, c'est elle qui en a fait un véritable aimant pour la royale bistouquette de son

2. Après cette mise au point musclée, elle but un grand verre d'eau.

3. Déjà !

ex-amant. Elle y fait crécher à tour de rôle ce qu'elle appelle des « pensionnaires », filles vénales de modeste souche certes, mais toutes si superbement carrossées qu'elles pourraient tourner à loilpé sans complexes dans le dix-huitième retour d'*Emmanuelle*. Ces gonzesses de rêve ne sont qu'un pare-feu (au cul[1] !) contre les grandes dames de la cour, qui ne rêvent que de royaux carambolages avec ce chaud lapin de Loulou et, surtout, bien sûr, de piquer la place à Pompon. Elles n'y arriveront pas. Il y en a pourtant un pacson qui se font chiffonner la laitue par le vaillant pointeur : Mmes d'Esparbès, de Gramont, de Forcalquier, de Choiseul-Beaupré, de Coislin et la demoiselle de Romans, plus modeste celle-là, dont le papa était chef de fabrication dans une usine de chaussures[2]. Et puis, vous en ajoutez encore quelques douzaines et vous serez presque au bout du compte.

Maîtresse privilégiée du roi durant cinq ans, mais confidente et conseillère omnipotente, Pompon avait finalement « régné » pendant plus de vingt piges. Depuis plusieurs années, elle se barrait de la caisse et commençait à glavioter ses éponges. Vers la fin, elle fit preuve de beaucoup de courage et de piété. En 1764, à quarante-trois balais, elle mit les volets à la boutique. Contrairement à la légende, Loulou chialait paraît-il comme un veau. On le comprend, car il allait l'avoir duraille pour dégotter un fournisseur de cette qualité. Elle mourut très riche et très pieuse. La noblesse, qui lui avait quelque peu cherché des poux dans la tête à une époque, avait de quoi être fière d'elle. Elle pouvait se vanter de n'avoir jamais fait de bien à un pauvre.

Jeanne Bécu, comtesse du Barry, jeune et jolie personne de basse extraction (elle était fille d'une lingère et d'un moinillon des Picpus), s'engouffra d'un coup dans la vie de se sacré bandeur de Loulou en 1768, juste quatre ans après que la Pompon eut craqué ses bretelles de favorite.

---

1. J'ai pas pu m'empêcher.

2. Mais y a qu'avec Loulou qu'elle prenait un pied royal !

Kaunitz, un observateur subtil, écrit qu'« à cette époque, le roi, fatigué par les plaisirs [3], n'a plus la prestance d'antan [4] ».

Jeanne, par contre, Voltaire disait d'elle qu'elle était jolie, gaie, fraîche, naturelle et appétissante comme une reconnaissance de dettes [5].

Toutefois, lorsque Loulou rencontre Jeanne, sa virilité reprend soudain le dessus, si je puis employer cette triviale expression [6].

Jeanne avait été jusque-là une fille bien méritante. Elle avait peut-être un cheveu sur la langue, mais elle n'avait pas un poil dans la main. Elle avait été femme de chambre dans des maisons où le mari s'arrangeait toujours pour passer ses journées à repeindre la chambre. Elle avait vite pigé, futée comme elle était, qu'elle devait nettoyer aussi le pinceau avant de partir. Elle changea souvent de place, car ses patronnes trouvaient son travail un chouïa trop léché. Il est bien connu, hélas, que les pauvres ne savent jamais par quel bout ils doivent prendre les riches. Ses services secrets apprirent à Loulou que la môme Jeannette aurait aussi « travaillé » chez la Gourdan [7]. Pour vous situer un peu, comparée à la Gourdan, Mme Claude aurait eu l'air d'une rosière qui sert le thé au couvent des oiseaux. Le drame de cette pauvre Jeanne, c'est qu'elle aimait TOUS les hommes. Mais principalement les vieux qui travaillaient dans la finance. On n'a jamais exactement compris pourquoi. On croit savoir qu'elle astiqua consciencieusement la lunette du secrétaire de la Marine. Elle tomba aussi maintes fois aux genoux

3. C'est vrai que tous ces allers et retours au Parc-aux-Cerfs, ça devait être fatigant pour le pauvre biquet.

4. La concentration qu'exige leur métier doit user les rois plus vite, assurément !

5. À la réflexion, je ne suis pas vraiment sûr que ce soit Voltaire qui ait dit ça.

6. Pour les lettres de réclamation, le nom de l'éditeur est dans l'annuaire.

7. C'est sûrement une erreur. Jeanne n'avait que seize ans à cette époque… Et à cet âge-là, elle était bien trop vieille pour travailler chez la Gourdan.

de l'abbé de Bonnac, essayant charitablement par là d'apporter un remède à son trop-plein de chasteté. En fait, uniquement par charité chrétienne, Jeanne soulageait principalement tous les anciens combattants à qui il restait encore une balle dans le canon et qui ne savaient qu'en faire.

De fil en aiguille, Jeannette entre chez le comte Jean du Barry une fois encore comme femme de chambre[1]. Elle se montre si habile avec le plumeau que le duc du Barry, extasié, la refile à son frangin, Guillaume du Barry, chez qui le ménage était très mal fait. Le Guillaume, époustouflé par les mensurations de Jeanneton et par la façon qu'elle avait de lui rouler les paupiettes, l'engage aussi sec. Il rêve de lui donner un blase afin de l'introduire (encore une fois !) à la cour, car il renifle déjà à quel point la mignonne va lui redorer son blason, en même temps que ses cartes de crédit, en entrant dans le pucier du roi. Il l'emmène à Versailles dans son carrosse pourri et le vieux Loulou tombe aussitôt en arrêt devant le dargeot hallucinant de la coquine. Il lui demanda si elle aimait les dragées. Elle lui dit « oui ». Si elle était encore pucelle, elle lui dit « presque », et il la mit dans son pageot d'où il vira la duchesse de Gramont, une vieille qui avait déjà la trentaine et qui lui servait de chaufferette. Éberlué de tous les menus services qu'elle pouvait rendre dans une maison, Loulou en fit sa maîtresse officielle, après l'avoir marida à Guillaume du Barry. C'était tout de même plus convenable[2]. La jolie Jeannette était moite de bonheur. Elle apprit à Loulou *le fer à tuyaux de la blanchisseuse* et lui offrit une paire de chaussettes neuves dans lesquelles elle lui passait le café tous les matins. En cette année 1768, Loulou rayonnait de bonheur lui aussi, sa femme venait de mourir. De plus, voilà que ce doux feu follet au cul de braise venait lui rallumer le tison. Tout comme la Pompadour, la brave et vaillante Jeannette s'agitait le trou de balle du matin au soir pour satisfaire son Loulou. Elle le massait comme un catcheur pour soulager ses vieilles crampes,

1. Il est vrai que toute sa vie elle assuma surtout son rôle de femme dans une chambre !

2. Loulou avait parfois des accès de morale qui sont tout à son honneur.

lui filait un grand bol d'arabica le matin pour le réveiller et une infusion de cantharide le soir pour lui redresser popaul. Elle lui nettoyait les étiquettes elle-même, car elle le trouvait un peu dur de la feuille, et lui faisait bouillir des pruneaux pour le faire aller au petit coin.

À cinquante-huit balais, Loulou trouvait que personne ne s'était jamais si bien occupé de tous ces petits détails qui vous illuminent la vie. Les courtisanes renaudaient, débecquetées par cette roturière qui avait mis le grappin sur Loulou. Il y avait forcément comme des grincements d'éventail chez ces vieilles biques qui avaient des tronches enfarinées comme des merlans dans le seul but de planquer leurs vieilles rides[3]. Le vieux Loulou, il était peut-être un peu sourdingue, mais il était pas miro. Il préférait, et de loin, avoir ce tendron dans son plume que tous ces prix à réclamer qui gloussaient à la cour. Il avait envoyé dinguer son ministre Choiseul, qui avait cru bon de ramener sa fraise au sujet de Jeannette. « Mon cher ministre, elle est très jolie. Elle me plaît et cela suffit. » Pan ! Mets-toi ça dans le chou, avec une bouillotte par-dessus ! Cependant, le vieux Loulou, qui carambolait comme une bête des mouquères différentes depuis quarante piges, se rendait bien compte que son arbalète était loin d'être aussi performante qu'avant. Il lui arrivait même de faire chou blanc malgré son doping au céleri. La comtesse d'Esparbès en avait fait les frais, quatre ans plus tôt. Évidemment, elle n'avait pu s'empêcher de bavasser auprès de ses copines en leur racontant par le menu le bide de ce pauvre Loulou. Avant de se mettre à l'établi, il avait bien sûr avalé du piment, du céleri et tout le cric à bite qui lui tombait sous la main. Malheureusement, ça n'avait pas empêché la comtesse de mettre les chaussettes à la fenêtre[4]. Le roi la vira de la cour, non sans lui avoir rappelé qu'il y avait d'autres manières de se servir de sa menteuse.

Jeannette était toujours enjouée comme un goujon, avec Loulou. Elle se posait sur la tête un panier à salade et, se cloquant

3. On ne se faisait pas tirer la peau à l'époque, sinon y en a plus d'une qui se seraient retrouvées avec l'entrée de service entre les omoplates.

4. Fiasco amoureux !

en pogne le rouleau à pâtisserie à la place du sceptre, elle le singeait en déclarant, un pied en avant : « Le roi exige !… », et ça le faisait poiler un max. Au moment de se tirer à la cour pour aller y guincher le menuet, elle se pointait à poil devant Loulou avec juste son éventail en pogne et lui disait : « Majesté, je suis prête. » Il était écroulé de rire ! Par contre, Loulou, qui ne savait absolument pas s'il avait de l'humour, tira un jour, pour voir, un poil de nez d'un courtisan qui venait de lui faire sa révérence. Comme cela ne fit marrer personne, il décida de laisser tomber.

Du Barry avait dit à Loulou en lui présentant sa femme : « Vous verrez, Sire, sauf votre respect, la Jeanne, elle a le génie de l'amour. Elle réussit bien aussi le café, elle est très musicienne, et c'est fou ce qu'elle peut arriver à faire avec une flûte, tellement elle a pris de leçons particulières. » Et c'était vrai que Jeannette était exceptionnellement douée pour la flûte traversière. Louis ne s'en lassait jamais[1]. Après un concert particulièrement frénétique, s'il avait les cannes en fromage blanc, elle lui faisait un double expresso et il était prêt à remettre le couvert.

Jeannette claqua un blé monstrueux dans les fêtes qu'elle organisait pour faire plaisir à son vieux tendeur. Comme à chaque fois qu'elle jouait de la flûte à Loulou il lui offrait un bijou, elle en avait des caisses pleines. Avec les seules fringues qu'il lui avait douillées, elle aurait pu ouvrir les Galeries Lafayette. Elle occupa quasiment la place de la reine, plus que la Pompadour. Car malgré toutes les meufs de rêve qui venaient faire la danse du ventre autour de son mec, ce brave Loulou ne l'a jamais trompée. Faut dire que, bien qu'étant aux petits oignons avec lui, elle évitait soigneusement de le gonfler ou de lui foutre les boules avec des scènes à la noix. Elle le laissait parfois seulabre avec son tabac à priser, ses brèmes pour se faire une réussite et une bonne tasse de caoua. Ça avait l'air de bien lui botter. Elle lui donnait à claper des steaks de cheval et du céleri et lui faisait un trois cent soixante degrés sur la zigounette juste une fois par jour.

1. Et il se demandait pourquoi il avait des vertiges !

Jeannette, qui s'était si souvent agenouillée devant les puissants pour des tas de raisons qui n'étaient pas toujours les mêmes, les avait à présent tous à ses pieds. Les ministres, les courtisans, les artistes, les philosophes, tous étaient prêts à lui lécher le fion[2]. Le peuple, lui, c'était une autre paire de bretelles. Les chansons et les pamphlets contre elle lui auraient ruiné le moral, si elle avait entravé ce qu'ils racontaient. On lui fit remarquer plus tard, pendant la Révolution, qu'avec tout l'artiche qu'elle avait claqué avec les libéralités de son généreux Loulou[3] on aurait pu nourrir pendant dix piges quelques milliers de blanchisseuses comme elle l'avait été elle-même[4].

Quoi qu'il en soit, peu de femmes dans l'histoire des favorites ont amassé une si grosse fortune avec seulement quatre bosses et un petit trou.

Loulou, un beau matin, se sentit barrer en quenouille. Jeannette venait de lui faire son petit pontage quotidien sur le mont Chauve, et il partit les quatre fers en l'air en s'écriant : « Mon Dieu, je suis foutu[5] ! » Ça lui avait échappé. Mais oui. Il réclamait Dieu, ce vieux Loulou. Il sentait que ses boulons tiendraient plus longtemps. Il avait un tracsir terrible d'aller en enfer, rallumer son tison à un autre feu, bien différent de celui que la Jeannette avait dans le minou. Alors, la mort dans l'âme et la petite vérole sur la tronche, il dit doucement à son amante qui depuis six ans déjà lui avait fait dégouliner le bonheur au fond de sa tasse de caoua : « Tire-toi, ma belle. Je veux pas calencher dans le péché. J'aime mieux que tu sois pas ici quand je vais baisser les stores. On a eu de sacrés moments, tous les deux. Je suis pas sûr que, là où je vais, on va s'occuper de ma pomme aussi bien que tu as su le faire.

2. Remarquez, on les comprend.

3. On estime qu'elle a ponctionné plus d'un milliard de nos pécunes actuelles dans la cassette de l'État.

4. Mais, comme leur répondit Jeannette à qui certaines choses échappaient : « Mais ces blanchisseuses, on les connaissait même pas, Loulou et moi ! »

5. Eh oui, parfois il causait comme ça !

Je sais que c'est une mauvaise blague, mais garde ma blague à tabac, ça te rappellera des souvenirs[1] ! »

Cinq jours plus tard, il laissa quimper sa cure de céleri. Là où il s'en fut, il n'en avait plus besoin.

La Jeannette, qu'est-ce qu'elle devint ? D'abord, les harpies de la cour l'ont cloquée au couvent où pendant un an elle fut privée de café et dispensée de corvée de céleri. Puis, à la sortie, elle eut un julot, le duc de Cossé-Brissac, qui était poilard comme un dimanche pluvieux à Hénin-Liétard. Elle s'est fait ensuite piquer tous ses bijoux qu'on a retrouvés chez les Rosbifs. Elle va les chercher à London, et au lieu d'y rester, *because* la Révolution qui occasionne tout de même en France quelques menus désordres, cette pomme à l'eau rallège à Paname parce que sa propriété venait d'être mise sous scellés ! Elle se fait enchrister aussi sec par les valeureux révolutionnaires qui lui décollent le cigare le 8 décembre 1793.

Sur l'abbaye de Monte-à-Regret, on l'entendit supplier : « Encore un petit instant, monsieur le bourreau[2]. »

Jeanne du Barry finit dans la fosse commune. Quant à Loulou, lui, on l'enterra à la sauvette à la basilique de Saint-Denis. Le populo s'esclaffait sur le passage du corbillard en lançant goguenard : « Voilà le bonheur des dames qui s'en va ! »

1. On n'ose imaginer à quoi il faisait allusion.

2. Le bourreau fit celui qui n'entendait pas. Pas très francs du collier, ces mecs-là !

LOUIS XVI

(1754-1793)

Louis XVI fut un piètre roi, mais un bon serrurier. Son rossignol en pogne, il était toujours prêt à rendre service. Le moindre cadenas nazebroque, la moindre serrure coincée lui mettaient les nougats en bouquet de violettes. Dès qu'un voisin se pointait en disant poliment : « M'sieur Louis, j'ai un p'tit problo avec ma serrure », la frite du bon Louis s'éclairait comme le grand salon du palais de Versailles. Il sortait sa burette, sa lime, ses tournevis et, dans son bel atelier, sur son petit étau, te refoutait tout ça en route en deux coups les gros. Il était plutôt bien sous tous rapports, sauf qu'il était le petit-fils de Louis XV, et ça, ça le gonflait quelque part. Son obsédé de grand-père qui se shootait au café Grand-Mère avec sa Pompadour qui avait toujours eu le feu au tambour, ça lui plaisait pas tellement d'être l'héritier d'une famille pareille. Enfin, le sort l'avait pas gâté. Fils du dauphin Louis de France et de Marie-Josèphe de Saxe, il naît duc de Berry. Jusque-là, tout baigne. Mais voilà-t'y pas que son frelot, son aîné, le duc de Bourgogne, casse sa pipe en jouant à la main chaude avec une dame qui avait pas froid aux yeux. Bon, ça va encore. Mais le jour où son dabe met, lui aussi, les volets à la boutique, alors là, ça va plus du tout. Remarquez, son vieux, il le connaissait un peu par ouï-dire… il lui avait bien demandé l'heure une fois ou deux dans les couloirs du Louvre, mais leurs élans affectifs s'étaient arrêtés là. Quoi qu'il en soit, il n'a que onze piges et il se retrouve dauphin, c'est-à-dire presque roi de France. Tudieu ! Lui qui rêvait déjà de chasse, de gueuletons (car il était gourmand comme une vieille chatte !) et de serrures compliquées, il avait bien besoin de cette tuile sur la tête[1] ! Son éducation est confiée à partir de 1760 au « vaniteux et dévot duc de La Vauguyon », et ce cul-bénit lui apprend tout de traviole son métier de roi. Louis, lui, il aime bien les sciences naturelles, la géo, mais il peut pas piffer les penseurs, les écrivains, bref tous les intellos et les politiciens jadis protégés de la Pompadour. Si papy Louis XV a fini comme une éplu-

1. En apprenant qu'il était roi (le 10 mai 1774), il dit : « Oh, mon Dieu, quel malheur pour moi ! »

chure de patate, c'est bien de sa faute à elle et à toutes les autres saute-au-paf, d'ailleurs, y compris la du Barry. De plus, bien que chef des armées, Louis se tamponne le prépuce des arts militaires auxquels il entrave que pouic. C'est un rêveur. Tantôt mollasson mais parfois aussi brusque et mal élevé qu'un chat de gouttière, il se montrait souvent zarbi avec les gonzesses, et son autorité avec les loufiats était quasiment nulle (2). Il finissait rarement ses phrases tellement il était cossard, et il s'étonnait que personne n'exécute ses ordres. Il n'avait que quinze balais quand on lui fit épouser Marie-Antoinette, et il est à peu près certain qu'il possédait encore son berlingue (3). De plus, il eut du mal à y arriver là aussi, car une petite malformation de son zizi avait retardé la perte de son copeau. Il finit tout de même par enjamber Marie-Antoinette après une opération et, au bout de sept ans de mariage, une royale mouflette vint au monde en 1778. Puis son grand dabe Louis XV avala son sceptre et il se retrouva roi à vingt piges (4). Là, dès qu'il est le patron, tout de suite, il change les serrures. Puis, comme tous ses prédécesseurs, il vire d'abord les ministres du vioque et nomme au Conseil Maurepas, Vergennes et Turgot (5). Durant ces cinq dernières années, le petit Louis a changé. C'est devenu un bon gros débonnaire (6). Et puis ça y est, il s'est mis à aimer la littérature. Il est à présent cultivé comme un dictionnaire et jacte plusieurs langues. Il est imbattable sur l'astronomie. Il a de plus des connaissances géographiques et nautiques. Il est par contre toujours nerveux comme une crème à la vanille et aussi dépourvu

2. Il disait à son valet : « Voulez-vous cirer les chaussures de Son Altesse ? » Si l'autre avait répondu : « Non », Louis aurait dit : « Ah bon ! »

3. Elle, c'est moins sûr !

4. Portant la main à la couronne qu'on venait de lui poser sur la terrine le jour de son sacre, il aurait dit : « Elle me gêne. » Il se gourait pas à quel point elle serait vachement plus encombrante quelques années plus tard.

5. Ses trois partenaires à la belote.

6. Il dort beaucoup. Il mange un kilo de caramels au réveil. Sur le plan affectif, il se montre très tendre. Avec son chien.

de caractère que de perspicacité. Timide et gauche, il est très peu porté sur le tagada[1]. En fait, les seuls trous qui lui font de l'effet sont les trous de serrure. En dehors de quoi, il n'aime que la chasse et les bons gueuletons. Après Marie-Thérèse Charlotte, future duchesse d'Angoulême, Marie lui pond le premier dauphin en 1781 et, enfin, en 1785, le duc de Normandie (dauphin à la mort de son frère en 1789), qui seront les espoirs de la dynastie. Une dernière princesse, née en 1786, mourra onze mois plus tard... Comme quoi, faudrait pas croire qu'il tirait tous ses coups sur les biches de Rambouillet. Louis, que la politique faisait royalement tartir, s'endormait au Conseil[2]. Un jour, se réveillant en sursaut, il vire Turgot (en 1776) en lui disant que tout était de sa faute s'il y avait du mou dans la corde à nœuds[3]. Quand il lourda Necker

---

1. Comme l'écrivait Marie-Antoinette dans son journal : « C'est pas qu'il aime pas, mais il a du mal à se concentrer sur ce qu'il fait. »

2. Il rêvait qu'il était dans une île, chez les sauvages, allongé à demi nu, en train de manger un gâteau de Savoie sous un palmier.

3. Ce pauvre Turgot avait tout bêtement sucré la « corvée royale » (corvée des routes), qui touchait seulement les paysans. Il l'avait remplacée par un travail de voirie, payé par un impôt sur tous les propriétaires fonciers. Il proclame de plus la liberté du travail ! Bref, il prend une chiée de mesures en faveur du petit populo qui foutent carrément la colique aux nobles emperruqués. Louis, dans un premier temps, soutient Tutur à fond la caisse. (Le 12 mars 1776, il impose à Versailles l'enregistrement des édits.) Mais ce bon Tutur-gogo rêvait de pousser le bouchon plus loin. Il pond pour Louis un « mémoire sur la tolérance » (il ne manquait pas d'air, pépère !), où il projette « l'abrogation des droits contre les dissidents religieux (!), la création d'un mariage civil des protestants, la laïcisation de l'enseignement et de l'assistance publique et la soumission du clergé à l'impôt ». Il aurait aussi voulu permettre le rachat des droits seigneuriaux par les paysans ! Difficile de trouver plus allumé à l'époque ! Loulou XVI est plutôt pour. Voltaire et Condorcet prennent aussi ses patins et le défendent contre vents et marées. Mais la Marie-Toinette laisse quimper ses oies deux minutes au Trianon pour venir remonter les bretelles à son Loulou : « T'es pas un peu louf ? qu'elle lui dit. Il va nous foutre sur la paille, ton Turgot de malheur. Vire-moi ça vite fait et reprenons les

quelques années plus tard, il se demanda s'il avait bien fait de virer Turgot. En fait, hormis une serrure sur son établi et huit centimètres de confiture sur sa tartine, il ne savait pas très bien ce qu'il voulait. Comme il emmenait parfois ses lardons jouer avec leurs petits bateaux sur le bassin des Tuileries, un jour, il s'enflamme pour la marine. Il lui vient à l'idée d'emmerder un peu les Rosbifs qui lui courent sur le haricot. Il intervient victorieusement en Amérique avec Rochambeau et aussi aux Indes avec Suffren. Entre-temps, il fallait bien s'occuper de Marie-Antoinette, qui claquait un blé pas croyable avec ses bijoux et qui s'était foutu dans le chou d'élever des volailles au Petit Trianon ! Toutes ces folies, ajoutées aux guerres, aux dépenses de la cour, avec tous les privilégiés qui tiraient sur la ficelle, avaient épuisé les réserves d'oseille de l'État. Les péquenauds râlaient de plus en plus dans les cambrousses, *because* les impôts écrasants ajoutés aux mauvaises récoltes. L'État touchait pas une bille. Louis était bon à nib. Au fond, toutes ces salades d'égalité devant l'impôt, il les aurait bien avalées si ça avait pu arranger les bidons. Il était pas vraiment contre, cézigue, après tout. Il aurait jamais cloqué son veto s'il avait pas eu les miches à zéro à l'idée de s'entendre chanter *Ramona* par la Marie-Antoinette et les nobles privilégiés. Incapable de maquiller quoi que ce soit de son propre chef (quand il avait un problème, il allait prendre un bain, il passait des jour-

---

bonnes habitudes ! » Turgot se fait donc botter le train (par Necker, notamment, qui est à fond d'accord avec la reine). Le malheureux Turgot, avant d'aller planter des salsifis dans la Creuse, envoie quatre bafouilles à Louis, ce qui indiquerait qu'il se faisait un sacré mouron pour sa pomme. Il lui écrit entre autres : « N'oubliez jamais, Sire, que c'est la faiblesse qui a mis la tête de Charles Ier sur le billot… Tout mon désir est que vous puissiez croire que j'avais mal vu et que les dangers que je vous montrais étaient chimériques. Je souhaite que le temps ne me justifie pas ! » Ben mon salaud, le Turgot, il aurait fait une sacrée carrière dans la voyance ! Le gros Loulou, par contre, lui, il a vu que pouic. Il a cru à Dieu mais pas à Turgot. C'est pas sûr qu'il ait fait le bon choix.

nées entières dans sa baignoire en becquetant des loukoums[1] !), il demanda son avis à Necker. Ce dernier lui dit : « Loulou, y a de la merde après la rampe. Faut réunir les états généraux ! » Comme le roi jouissait encore d'un énorme indice d'écoute, il s'attendait pas à la bérézina que ce putain de Conseil allait déclencher. Les députés exigèrent aussi sec la constitution d'une Assemblée nationale. Louis demanda alors son avis à la reine. Elle lui répondit : « Ça, mon gros, c'est tes oignons, mais tu lâches toujours trop de lest à ces culottes percées. » Il dansa d'un pied sur l'autre, répara une serrure et finit par céder au conseil de Necker. Sitôt dit oui, furibard, il gamberga tout à coup[2] qu'il s'était peut-être fait berlurer comme un bleu. Faisant aussi sec marche arrière, il opta pour la répression. Il commença par lourder Necker, qui l'avait envoyé au casse-pipe. Puis il concentra des troupes au risque d'énerver et, en toute parfaite inconscience, se tricota la journée fatidique du 14 juillet. Il faut se rappeler tout de même que sur son journal, à la date du 14 juillet, il nota : « Aujourd'hui, rien ! »

Il réussira à limiter (relativement !) les dégâts en affrontant crânement l'insurrection de Paris. Une « citoyenne » qui, avec les insurgés, avait forcé les grilles du Louvre avec l'idée bien arrêtée de lui glavioter sur le pif, tomba dans les pommes dans ses bras, tellement elle fut impressionnée par le profil de médaille du royal Loulou. La nuit lui ayant porté conseil, il opposa un veto le lendemain à la Déclaration des droits de l'homme et à l'abolition des privilèges. Il n'avait que de bonnes idées.

Le 5 octobre, l'émeute de la faim le fait encore changer d'avis. Marie-Antoinette, à ce propos, aussi perspicace que son royal époux, répondit au peuple qui hurlait : « Du pain, du pain ! » « Si vous n'avez pas de pain, vous n'avez qu'à becqueter de la brioche. » Elle demanda à Louis ce qu'il pensait de son trait d'esprit. Il lui répondit : « T'aurais pu au moins rajouter le beurre, tant que tu y étais ! »

---

1. Dans l'une des bafouilles qu'écrivit Marie-Antoinette à son frangin Joseph II d'Autriche, elle disait : « Mon mari est un pauvre poisson. »

2. Si si, ça lui arrivait de réfléchir, mais pas assez souvent, bien sûr !

Mirabeau, flairant le gros pépin, n'y va pas par quatre chemins. Il dit au roi : « Mon bon Loulou, t'as plus qu'à mettre les adjas avec ton Autrichienne et tes petits salés. Cours vite te planquouser en province, parce que ces révolutionnaires, je les connais, ils vont pas tarder à te confisquer tes serrures et à bouffer les canards de ta greluche. »

Louis se déballonna. Il préféra inonder l'Assemblée constituante de proclamations comme quoi il était vachement dévoué à la patrie et qu'il entravait pas pourquoi on lui balançait toutes ces vacheries à l'eau de vaisselle. Ce qui ne l'empêchait pas d'intriguer en loucedé avec les ennemis de la Révolution. Il finit tout de même par se rendre compte en 1789 que personne ne croyait plus lerche à ses salades. Il prit finalement la poudre d'escampette en famille pour rejoindre des troupes envoyées par son pote Bouillé à Montmédy. Au lieu de cavaler jusqu'au bout dans sa carriole avec ses canassons, gourmand comme il était, il s'arrêta pour tortorer un petit râble de lièvre à la royale dans une auberge de Varennes qui avait deux étoiles au Michelin. Il se fit connement enchrister, lui et toute sa couvée. Un gus avait retapissé sa tronche qu'il compara à celle frappée sur le louis d'or qu'il lui fila en pourliche, et ça y est, il était fait aux pattes ! De retour à Paname, le roi fut suspendu par l'Assemblée. Comme il ne pouvait rester suspendu indéfiniment, on le redescendit sur son trône un mois plus tard pour remplir ses devoirs constitutionnels. Il fit semblant pour pas les fâcher, sans pour autant stopper ses petites magouilles maladroites avec les chancelleries étrangères. Quelque temps plus tard, la nuit lui porta encore conseil (3), et il opposa son veto aux mesures d'exception réclamées par les Girondins. On est en droit aujourd'hui de penser que c'était un conseil à la noix, car la colère des faubourgs explosa et, le 20 juin 1792, son palais était plein de monde. Enfin, plein de clampins qui pétaient pas vraiment dans la même soie que les nobles. Pour tout arranger, Brunswick menaça de raser Paris si « la famille royale n'était pas respectée ». Le 10 août, l'insurrection répond à la menace. Les révolution-

3. Il est certain qu'il aurait pu trouver des choses plus intéressantes à faire la nuit que d'esgourder ces conseils-là.

naires veulent se farcir les Tuileries. Ils ont rayé les parquets avec leurs sabots, se sont mouchés dans les rideaux… l'horreur ! Le roi est livré à la commune par les députés, et le malheureux Louis, mouillé de partout, s'en va sécher à la prison du Temple. Bravo, Louis. Merci, Brunswick !

La République est proclamée le 21 septembre 1792. Le roi pleure parce qu'on a oublié les croissants pour son petit déj'. La Convention instruit aussitôt « l'affaire Louis Capet ». Au cours du procès où on lui reproche TOUT, le gros Louis en fout plein la vue à l'assistance par sa dignité. Ça ne l'empêche pas de morfler une condamnation à mort par 361 voix contre 360. La scoumoune l'aura poursuivi jusqu'au bout. Un vote ultime en faveur du sursis est proposé. Il fut rejeté par 380 voix contre 310. Ses bavards, de Sèze, Malesherbes et Tronchet, ne purent sauver le caberlot de ce malheureux Capet, accusé de « conspiration contre la liberté de la nation et d'attentat contre la sûreté générale ». On peut penser sans être royaliste que ce maladroit Loulou souhaitait sans doute sincèrement le bonheur de son peuple. Sa bergère, c'est moins sûr. Elle fut d'ailleurs elle aussi condamnée à grimper à l'abbaye de Monte-à-Regret. La majesté avait souvent manqué à Louis, durant son règne. Lorsque le 21 janvier 1793 à dix heures et demie du matin il monta sur l'échafaud pour s'y faire décoller le cigare, Sa Majesté fut royale.

MARIE DE MÉDICIS

(Florence, 1575-Cologne, 1642)

Marie de Médicis demandant l'heure à Concini

Bien qu'ayant toute sa vie magnifiquement réussi les spaghettis à la carbonara, Marie de Médicis fut néanmoins une reine à chier. Elle a eu tout faux d'un bout à l'autre. Mais personnellement, je l'adore, parce que c'est tout de même la première reine de France qui ait eu l'idée de ramener les premiers fayots à son époux Henri IV dans sa corbeille de mariage. Sans cette géniale mémère, on n'aurait jamais connu le cassoulmoute[1] au confit d'oie.

Fille de banquiers, Marie vint au monde en 1575. C'est tout de même mieux que de pointer au chômedu ou de jouer de la clarinette à l'Armée du salut. Ses vieux, François Ier, duc de Toscane, et Jeanne, archiduchesse d'Autriche, lui apprirent à broder, coudre, serrer les genoux quand elle était assise en face d'un chanoine et à les ouvrir quand un gus viendrait lui proposer le marida. Mais voilà, PERSONNE ne lui proposait jamais de l'épouser ! Il est vrai qu'elle était plutôt tarte et que les mixtures de fiente de pigeon qu'elle se cloquait sur la hure avant de s'endormir pour se réveiller belle le lendemain n'arrangeaient pas vraiment les choses[2]. Mais ses géniteurs chéris, en plus des banques, possédaient des entrepôts de blé, des coffiots garnis de perlouses du Bengale et de diamants du Minas Gerais. Ce qui, finalement, la mettait à l'abri des fins de mois difficiles et lui permettait de changer de slibard plusieurs fois par jour. Toutes ces babioles persuasives lui permirent de se dégotter un clampin dans le besoin, qui lui proposa – enfin – de l'épouser en 1600. Il était temps ! Elle approchait de ses vingt-neuf balais. Elle pesait près de deux quintaux, et les toiles d'araignées menaçaient sa boîte à ouvrage. Ce fringant prétendant fauché qui puait l'ail n'était autre que le roi de France plus connu sous le nom de Henri IV. Elle l'épouse par procuration à Florence le 5 octobre 1600, puis elle accoste en Méditerranée avec un bateau de papa chargé de pierreries, de grappa et… de fayots, puis rejoint Henri, son mari, à Lyon le 9 décembre. Le Béarnais

1. Le cassoulet.

2. Elle ne s'est jamais réellement réveillée dans l'état où elle l'aurait souhaité.

l'embarque dans sa carrée, échange trois phrases avec elle, et se dit que ça va pas être du millefeuille !

Tant bien que mal, il enjambe la grosse, qui à ce qu'on dit était bandante au pageot comme une poêlée d'amanites phalloïdes ! Le lendemain matin, il décarre ventre à terre vers le château de Verneuil pour y rejoindre Henriette d'Entragues, une greluche bousculée comme le TGV, qui passait pour être sa maîtresse officielle.

Faut croire que Riton s'occupait aussi de sa Marie, puisqu'elle donne naissance à un petit salé, le dauphin Louis, en septembre suivant, mais ça n'arrange pourtant pas du tout les bidons avec Henri. La reine est plantureuse, certes, ce qui plaît bien à l'époque, mais aussi dépensière, pétardière, prétentiarde, soupe au lait, rancunière et têtue comme une porte de coffre-fort électronique. En un mot, bête comme une oie grasse qu'elle est, elle a du mal à se faire aimer par son entourage et, hélas pour elle, aussi par son mec. Comme elle n'entravait que pouic au français et le jactait de plus comme une vache espagnole, les maîtresses de Henri l'avaient surnommée « la grosse balourde ». Le moins qu'on puisse dire, c'est que les rapports conjugaux ne sont pas au beau fixe, même si ce chaud lapin de Henri tricote encore cinq lardons à Marie(3). Par ailleurs, il est utile de préciser que Marie de Médicis est plus ou moins maquée à deux aventuriers dont elle subit fortement l'influence. Elle a ramené en effet dans ses valdingues un certain Concini et une dangereuse salope nommée Leonora Galigaï. Ces derniers lui offrent un régime de bananes, qu'elle n'a plus qu'à éplucher pour balancer les peaux sous les semelles de Henri. Marie, de son côté, d'ailleurs, ne se gratte pas pour afficher ses opinions hispanophiles, sinon favorables à la paix avec la maison d'Autriche, lorsque la guerre est décidée. L'ayant saumâtre d'être traitée de « grosse banquière » par la « marquise poutane » Henriette d'Entragues et d'être considérée comme une sous-merde par le restant de la cour, elle met Henri au pied du mur. Elle s'est filé dans le chou de faire reconnaître solennelle-

3. Hormis la chasse, le Conseil des ministres, la guerre et une maîtresse par-ci par-là, que vouliez-vous qu'il fît d'autre ?

ment (sûrement une idée des Concini) sa qualité royale par un couronnement, histoire de filer des cauchemars à ses détracteurs et de faire baver ses rivales comme trente-six crapauds devant une tarte aux moustiques ! Henri, qui tient pas à ce que le toit tombe sur la cabane du chien, lui dit : « Cela va de soi, madame. » Il lui file, pour marquer le coup, la rivière de diams qu'il avait promise à Henriette, qui manque s'étouffer de rage (comme prévu par la dodue !), et lui fait cloquer une couronne de trois kilos sur la théière, le 13 mai 1610, dix piges après leur marida. Quel bel anniversaire !

Il était temps. Deux jours après le couronnement, Marie se retrouve veuve après l'intervention de Ravaillac, qui passait dans le coinsteau pour se morfaler une glace à la pistache. Y a-t-il eu un lien de cause à effet entre le couronnement et l'assassinat [1] ? Les chroniqueurs de l'époque prétendent en tout cas que « rien n'autorise à dire que la reine fut plus qu'un instrument » ! Entravez ce que vous voulez. Quoi qu'il en soit, elle a eu ce qu'elle souhaitait, malgré les larmichettes de crocodile qu'elle a versées quand on lui a appris que son mecton avait morflé deux coups de saccagne dans le battant. Tout en reniflant, elle demanda, inquiète : « On est sûr qu'il est vraiment mort ? »

Le lendemain, Marie, qui n'avait jamais été bonniche, entreprit tout de même de faire un grand ménage. Dès le 16 mai, appuyée par le duc d'Épernon, elle se fait octroyer la régence. Ça lui permet de virer ministres et conseillers de son défunt mari avec pertes et fracas. Dans la foulée (en janvier 1611), elle lourde également Sully en le priant d'aller téter ailleurs d'autres mamelles que celles de la France. Elle confie les affaires de l'État à ce rat de Concini et à sa charmante Leonora, qui déjà s'en sont mis plein les fouilles. Leur gestion de l'État est si merdique et leur appétit si énorme, que même les grossiums se révoltent. Belle occase pour ressusciter la féodalité. Les états généraux de 1614 et le traité de Loudun, en 1616, ponctueront cette revanche de classe contre la Marie qui sent soudain passer un méchant courant d'air entre les

1. La Galigaï aurait-elle fait siffler un philtre démoniaque à la Marie pour lui faire armer le bras de l'affreux Ravaillac ?

quenelles. C'est à partir de là que la Marie se mélange les baleines du corset. Ne se contentant pas d'avoir été une épouse blècharde, elle est aussi une dabe totalement nazebroque. C'est Louis XIII qui est le dauphin. C'est pourtant en Gaston d'Orléans (qui lui fait une lèche éhontée) qu'elle reconnaît un « fils digne d'elle ». Son fils, Louis, elle lui a jamais refilé son téton à sucer, ne l'a jamais emmené avec elle à Disneyland, et, surtout, l'a toujours prié de boucler son clapoir, quand on débagoulait au Conseil sur les affaires de l'État. Le jeune Loulou, humilié et fumace, s'était juré de lui faire bouffer sa fraise. Et il le fit. Le 25 avril 1617 (il a à peine seize piges), il fit d'abord trucider Concini qui avait même pas eu le temps de décommander la leçon de tennis qu'il avait l'après-midi. C'est un dénommé Vitry, capitaine des gardes, qu'il avait chargé du boulot. Ce fut un travail soigné, apprécié par le jeune Louis, qui en félicita son auteur à la sortie du Louvre : « Grand merci à vous, lui dit-il, je suis roi à cette heure. » La foule toujours enjouée dans ces circonstances tailla le corps de Concini en pièces et chacun voulut en emporter un petit morcif en souvenir pour amuser les enfants.

Louis XIII aura beau expédier sa vieille en exil à Blois pendant qu'il gouverne avec Luynes, il n'en viendra pas à bout pour autant. Armand Jean du Plessis, plus connu sous le blase de Richelieu, avait suivi fidèlement Marie en exil à Blois puis dans son prieuré de Coussey. Pour passer le temps, il y écrivit deux œuvrettes désopilantes : *Défense des principaux points de la foi catholique* et *L'Instruction du chrétien*. Ces deux pavés littéraires entrèrent illico au top des libraires et il gambergea qu'un jour ça vaudrait le jus de créer une Académie française. Ce qu'il fit d'ailleurs dès le lundi suivant, qui était son jour de congé. Pendant ce temps, Marie complote. Délivrée enfin par l'incontournable duc d'Épernon, elle bat le tambour pour rassembler la noblesse, signe des traités à Loudun avec les grands caïds du royaume allergiques à Loulou et s'arrache les poils du schmoutz pour rendre la vie impossible à son fils. Elle lui déclare même carrément la guerre en août 1620, et elle envoie une armée qui se fera écrabouiller par l'armée du roi aux Ponts-de-Cé. Deux piges plus tard, le futé

Richelieu réussit à réconcilier la mère et son fiston. Comme il avait pas du mou de veau dans la Sorbonne, le roi le fit siéger au Conseil où il resta ministre jusqu'à la mort du beau Louis[1]. En attendant, Marie, qui siégeait elle aussi au Conseil, était jalmince comme une pintade devant l'ascension du cardinal. Elle encaisse plutôt mal que Césarin balance des vannes tous azimuts contre la maison d'Autriche. Elle met tout en œuvre pour lui faire scier les cannes par Louis XIII qui, conciliant, promet à la vieille harpie de le lourder. Mais, après deux plombes de jactance à Versailles avec le cardinal, Louis, qui vire de bord, lui livre ses ennemis : Chalais, Montmorency et Cinq-Mars qui, à leur tour, se feront décoller le cigare d'un coup de hache bien placé[2]. La reine dut remettre les adjas vers l'exil, mais à Compiègne, cette fois-ci. Tous ses potes étaient à présent en villégiature dans les cachots, ou s'étaient fait raccourcir eux aussi le colbac, sans avoir pigé ce qui leur arrivait. Écœurée, elle se carapate de France quelques mois plus tard pour s'installer à Londres, d'où elle essaye encore de monter une petite guerre afin d'aplatir son lardon une fois pour toutes. Les Rosbifs, qui ne goûtent que modérément cet amour filial, la virent en 1641. En 1642, à Cologne, sa dernière planque, elle rend son ultime soupir. C'est d'ailleurs la seule fois de sa vie où elle rendit quelque chose !

Cette reine, qui n'avait été épousée que pour son osier, calencha dans une bérézina pas croyable. Pour une frangine qui avait les bijoux en adoration et qui n'avait pété que dans des petites culottes de soie toute sa vie, elle n'avait pas eu de vase, pour finir ! N'oublions pas que, pour le baptême du dauphin, elle portait sur sa roupane[3] trois mille diamants et vingt-deux mille perlouses fines cousus par des fils d'or…

De plus, elle arborait sur la calebasse un diadème étincelant farci d'émeraudes, de diamants et de rubis, parée comme une

---

1. Là, je bâcle un peu, car vous aurez de bien plus amples détails quand vous ligoterez aussi « Richelieu » !

2. En général, sur le cou, c'était pas mal.

3. Robe.

dinde de Noël ! Ce jour-là, les chroniqueurs prétendirent que « la couronne chancela sur son caberlot », ce que la cour tint pour un mauvais présage.

Avec les picaillons qu'elle sauva des griffes des Concini, elle douilla tout de même de remarquables fresques qu'elle fit peindre par Rubens et son atelier, dans le palais du Luxembourg. C'était pas tout à fait un hasard si elle avait choisi Rubens… C'était le seul qui aimait les grosses !

BRUNEHAUT
(Reine des Francs)
ET
FRÉDÉGONDE

L'histoire dit que Brunehaut
eut autant de bas que de hauts !
C'était connu que Frédégonde
à tout moment lâchait sa bonde.

Née aux environs de 543 en Espagne, Frédégonde vécut jusqu'à ce que son arrière-petit-fils en fasse du pâté de foie à Paris entre le Louvre et la rue Saint-Honoré en l'an 613.

Si l'on veut être tout à fait franc, en l'an 511, après la mort de Clovis, c'était pas vraiment la joie pour ceux qui avaient oublié d'être catholiques et baptisés. En effet, Cloclo, comme l'appelait familièrement son épouse Clotilde, ne s'était pas contenté de lui faire fracasser la calebasse d'un de ses guerriers belliqueux pour soigner sa promo. Après quelques nuits câlines, elle lui apprit à savourer les bienfaits du tournebroche mérovingien et du berlingot ondulant. Il avait donc converti à la chrétienté tous ceux qui le souhaitaient et même ceux qui s'en tamponnaient le bouclier. À la mort de Cloclo – il fallait bien que cela arrive un jour –, c'est son fils Clotaire qui récupère la mise. Il se dit : « Chouette, je vais conquérir le reste du pays histoire de voir à quoi ressemble le beurre breton. Je saurai de même enfin si les pruneaux d'Agen ont vraiment un effet sur les intestins lorsqu'on a mangé trop de chocolat noir ». Manque de bol, après avoir dévoré un hamburger de ragondin au Restau des Wisigoths, il avale définitivement son épée en l'an 561. *Exit,* Clotaire ! Du coup, délaissant une paire de patins à roulettes, un moulin à café électrique, un presse-fruits en olivier, un bidet en marbre des Pyrénées, un préservatif n'ayant servi qu'une seule fois, une pompe à vélo de course, un char à bœufs (état neuf) et une boîte entière de baume contre les hémorroïdes, ses trois fils se partagent fissa la totalité du royaume franc que papa Clotaire pensait bien se goinfrer tout seul. Sigebert, de ce fait, se retrouve à Reims et boit aussi sec un magnum de Veuve Clicquot au goulot. Chilpéric part ventre à terre à Soissons où il se bâfre une énorme ventrée de fayots à la saucisse ; Gontran, lui, invite tous ses potes et ses trente-neuf maîtresses au meilleur Courte-Paille d'Orléans. Il en profite ensuite pour squatter tout l'Orléanais jusqu'à Chalon, qui devient SA capitale. Emporté par son élan, il file même une pâtée aux Bourguignons, auxquels il déclare solennellement : « J'aime trop le pommard et le nectar de la Romanée-Conti pour laisser un si beau pays à des buveurs de bière, de muscadet ou de rosé… » Caribert, lui, se contente de Paris et de ses environs. Pêcher le saumon à la mouche dans la Seine en journée et aller lever une Parisienne le soir au Balajo lui semblait être un excellent programme. Et puis, tour à tour, ils eurent la bougeotte : Sigebert, qui avait fait de Reims sa capitale, la voulut à présent à Metz. C'est là que l'attendaient ses dix-huit maîtresses, et, de plus, la confiote de mirabelles était nettement meilleure qu'à Reims. Puis, après quelques discrets massacres dont on ne parla pratiquement pas aux infos, les trois frelots se partagèrent l'Aquitaine. Pas de raison de laisser l'exclusivité de l'armagnac et du cassoulet aux seuls cadets de Gascogne ni à ces vantards de Toulousains.

Si je vous ai expliqué tout ça, mes loulous, c'est pour vous présenter la famille de Clotaire, tous descendants de Clovis comme chacun sait. Plus dissolus que ces quatre zigotos, il n'eût pas été fastoche d'en dégotter un dans toute l'Austrasie et la Neustrie. C'est surtout Chilpéric qui surpassait de loin ses trois frangins en ce domaine. Il avait décrété que ses quarante-cinq concubines étaient toutes « ses » reines. Il couchait donc tous les soirs avec « sa » reine. Mais jamais la même. La virtuosité des trilles qu'il pouvait accomplir durant des nuits entières avec sa royale clarinette épatait même, disait-on, les meilleurs solistes de l'Opéra, car il avait le don exceptionnel de passer facilement de l'*andante* à l'*allegretto*. Il pouvait « tenir la note » indéfiniment jusqu'au *soupir* comblé de la favorite qu'il étreignait farouchement jusqu'au *point d'orgue* du concerto. Toutes ces délices étaient souvent colorées de la plus grande lubricité. Grégoire de Tours, qui savait de qui – et de quoi – il parlait, disait de Chilpéric : « Il est impossible d'imaginer un acte de luxure qu'il n'ait accompli. » Il vit un jour passer à la cour de son château un canon en bas résille dont il tomba aussi sec raide dingue.

« Qui c'est, cette frangine à côté de qui Brigitte Bardot aurait eu l'air de la mère de Quasimodo ? s'enquit-il auprès de sa reine favorite.

– Ce n'est autre que ma servante, répondit la reine Brunehaut en faisant une tronche de jour de carême. Je vous préviens, dit-elle aimablement à Chilpéric, elle est analphabète et ses splendides nibards retombent tous les soirs après le coucher du soleil...

– T'occupe, répondit Chilpéric. Je lui achèterai un soutif au Bon Marché ! En attendant, elle s'appelle comment, cette époustouflante beauté ?!

– Son nom est Frédégonde, beau sire. Mais vous savez, la beauté ne se mange pas en salade...

– Ne te fais pas de mouron, ma reine, c'est pas en salade que je la veux, elle sera dorénavant mon plat de résistance. Informe-la que je l'attends ce soir nue comme un verre de lampe sur ma descente de lit, juste après le JT de vingt heures. Prévois une salle de réanimation, une ambulance pour la ramener chez elle et six mois d'arrêt maladie pour sa convalo. Je lui ferai sans doute *la surprise du canonnier*, qui t'avait envoyée en sana, souviens-toi, après avoir passé trois nuits à hurler en appelant ta mère !... »

La pauvre reine, soumise, dit : « Je passerais bien encore une heure sans hurler dans vos bras – ou alors quelques gémissements, tout au plus – en souvenir de tout ce mémorable trampoline que nous fîmes si souventes fois ensemble à l'hôtel de L'Écu en l'air. » Et le roi Chilpéric qui, somme toute, était un grand sentimental, lui en remit une ultime fois un « petit coup dans les baguettes », ainsi qu'elle le lui avait si humblement demandé. Courant ensuite chez Frédégonde afin de « lâcher la bonde à ses sentiments » (je ne peux guère vous le faire plus délicat), il fut stoppé chemin faisant par un messager au galop qui hurla : « Sire, ces putains de Saxons ont encore foutu le boxon (1) ! Ils nous déclarent la guerre ! » Chilpéric, qui dans sa tête était déjà en train d'accomplir l'ascension du mont de Vénus de la belle Frédégonde, dit alors ces mots devenus historiques : « Dommage, mon page ! »... Mais comme dit l'autre avant de rendre l'âme au lieu de rendre à ses créanciers les sous qu'il leur avait empruntés : « On ne fait pas toujours ce qu'on veut ! » Et il tourna bride vers le champ de bataille pour filer une avoinée aux Saxons. Cependant, au château, histoire de passer le temps, la reine Audovère, en cloque, pondit une pisseuse

1. Les messagers du roi avaient un sens de la poésie et une richesse naturelle de la rime inégalés jusqu'à présent.

dont la naissance réjouit fort toute la cour. Sauf la belle et rusée Frédégonde, qui possédait un stock de peaux de bananes qu'elle semait impunément sous les semelles de tous ceux et celles qui venaient lui « chatouiller la membrane... »! C'étaient ses propres termes. « Faites donc baptiser votre chouquette avant le retour du roi, conseilla-t-elle charitablement à la reine. Je suis même sûre qu'il apprécierait que vous soyez vous-même la marraine », ajouta-t-elle perfidement. Elle savait fort bien que la chrétienté ne tolère guère de rapports sexuels tenus pour incestueux d'un père, roi de surcroît, avec la marraine de son enfant. La pauvre Audovère – ignorant ce détail qui tue – accepta naïvement ces diaboliques conseils. Pour elle, désormais, les carottes étaient cuites. Répudiée dès son retour par Chilpéric, l'infortunée ex-reine, chassée du palais, dut se résoudre à aller tricoter elle-même les chaussons de sa morveuse au fin fond d'un monastère à l'autre bout du pays. Dès le lendemain matin, la môme Frédégonde devenait alors positivement reine de Neustrie avec allocations familiales à la clé, plan d'épargne logement, assistance ménagère, congés payés et tout le toutim ! Mais l'amour, ça va ça vient, comme disait un chauffeur de car philosophe qui faisait la ligne « La Défense-Bois de Vincennes »...

La belle et lubrique Frédégonde pouvait déjà s'apprêter à trouver à son tour quelques graviers dans ses lentilles. Durant tout ce temps, à Metz, le beau Sigebert (on n'est pas sûr qu'il était beau !), frère aîné de Chilpéric, et roi lui-même d'Austrasie, s'ennuyait copieusement en comptant les noyaux de mirabelles dont il garnissait ses tartes. Lui aussi avait tout essayé avec ses servantes, avec ses masseuses, ses guérisseuses, ses cuisinières, sa kiné, sa concierge, toutes les femmes de ses soldats les plus choucardes, mais il n'en avait pas encore trouvé une seule qui ait su l'apprivoiser et faire chanter son canari. Pourtant, ce moment béni était arrivé. Sigebert, qui chassait un beau jour la caille aux côtés de son pote Athanagild, roi des Wisigoths, en Espagne, s'entendit dire par ce dernier : « Tiens, je m'en vais marier bientôt ma petite dernière, mais je n'ai pas encore choisi l'heureux veinard qui va lui faire sauter le copeau. » Sigebert dressa l'oreille – pour commencer – et dit à l'Espingouin :

« Elle a quel âge la pisseuse ?... Elle est belle ?...

– Elle a dix-huit ans, répondit le bon roi. Certes, il est grand temps de s'occuper de ses mamelles, mais elle a un cul que toutes les juments lui envient de Galice en Andalousie.

– Mais encore ?...

– Eh bien, de plus, elle est belle comme dix mille champs d'oliviers et cent mille pièces d'or.

– Je n'ai jamais pu résister à la beauté !... dit Sigebert, et, faisant appel à toute sa délicate générosité, il ajoute : Mets-en cent mille de mieux sur la balance et... je prends tout le lot.

– Mais j'ai déjà trente et un soupirants agenouillés au pied de son nombril ! argua alors le roi.

– Et pourquoi donc tu ne l'as pas déjà mariée ?

– Eh bien, sans doute parce qu'elle est arienne, tiens !... soupira le roi.

– Quoi ?... Tu veux dire qu'elle fait partie de la bande de barbares d'Arius qui nient la divinité du Christ ?

– Ben... c'est un peu ça, admit tristement le roi.

– Eh ben, mon salaud, dit Sigebert, si c'est ça, j'en veux pas non plus, de ta donzelle !... Ou alors, elle abjure et devient chrétienne comme tous les clampins civilisés !... »

C'est ainsi qu'au printemps de l'an 566 la princesse wisigothe Brunehaut abjura sans vergogne l'arianisme qu'elle pratiquait avec ferveur et épousa Sigebert pour devenir reine d'Austrasie et unique épouse du premier roi de Metz. Ce Sigebert avait eu un bol d'enfer, car non seulement sa reine était bousculée comme la Rolls du roi d'Angleterre, mais de plus elle était jolie comme un lever de soleil sur les Tuamotu, élégante, distinguée, instruite et, précise Grégoire de Tours, « aimable dans sa conversation ». Tant d'atouts décrits rendaient jalmince son frère, le malheureux Chilpéric, qui, depuis le réveil de sa chipolata, n'avait jamais enjambé que des cageots. Il se trimballait toujours des radasses pas possibles qui n'avaient d'autres horizons que celui de se faire secouer la praline par ses royaux salsifis en échange de monnaie sonnante et trébuchante. C'était là la seule musique qui trouvait grâce à leurs oreilles de souples et avides escaladeuses de falzars ! Le mariage de Sigebert avec Brunehaut fila des boutons à Chilpéric. Fortunat, le plus prestigieux poète de l'époque, composa spécialement un épithalame qu'il vint déclamer lui-même aux deux royaux tourtereaux à la fin du somptueux banquet que le roi avait offert à ses cinq cents invités. Il fit un tabac monstrueux, et il fut même bissé, ce qui ne fit que redoubler l'amertume du malheureux Chilpéric à qui il ne restait même plus un seul ongle à ronger. Bien sûr, il avait tout à lui la belle Frédégonde, mais passé les premiers flamboyants coups de reins, l'avide Frédé, à cause de ses exigences et des privilèges qu'elle réclamait sans arrêt, fit mettre à son « Chilpé » sa libido en bandoulière. Il n'aspirait plus à présent qu'à faire un vrai marida, avec une vraie princesse qui lui apporterait dans la corbeille de mariage cent mille pièces d'or à lui aussi, et pourquoi pas dix mille bœufs de charolais pourvus de vingt mille vraies cornes.

Son imagination débordante lui fit décider d'aller voir en Espagne, tout comme Sigebert l'avait fait, le vieux daron de Brunehaut ; allez savoir si des fois il ne lui resterait pas dans ses alcôves une dernière royale sauterelle à marier ?... Il demanda donc à son tour à Athanagild Ier, roi des Wisigoths, si dans les Wisigothes qu'il lui restait il en avait encore une de disponible en vue de marida sérieux pour monarque débauché... et pour la vie, ça va de soi !

Sa Majesté wisigothe lui dit :

« Mon petit Chilpéric, nul n'ignore à Soissons et loin aux alentours, pour la gent féminine, que toi et ton piège à mémés êtes la terreur des Dunlopillo. Par conséquent, si tu ranges ton arbalète, que tu répudies tes trois cent soixante-cinq concubines et tes vingt-trois épouses actuelles, tu auras la dernière des fendues qui me reste. Tâche de la respecter, car j'y tiens comme à la prunelle de mes calots. Dis-toi bien qu'elle m'est plus chère que ma couille gauche, et que le premier qui s'avise de défriser un seul poil de son cul, c'est comme s'il était mort !

– Message reçu, ô futur beau-papa. Comment c'est, déjà, son blase ?

– On l'appelle la belle Galswinthe. Elle est tellement choucarde qu'elle fait bander tous les gars du pays entre Barcelone et Madrid quand elle va acheter sa baguette le matin.

– Je sens que déjà je déborde d'amour pour ta pouliche de grand prix, ô grand monarque… Sa dot, c'est quoi au fait ?…

– Eh bien, tu auras quatre caisses de joyaux royaux et de pierres précieuses. Le mariage aura lieu à Rouen. Il y aura quarante caisses de Dom Pérignon, autant de pommard et cinquante cuissots de bœuf à la broche. En dessert, il y aura mille Vache qui rit et trois cents millassines. Tous les restes seront expédiés par FedEx aux Restos du cœur. »

Et c'est ainsi, point par point, que se déroulèrent ces historiques journées au cours desquelles on ne déplora que six morts d'indigestion et trois morts par coma éthylique, le quatrième ayant été sauvé de justesse par une perfusion d'un litre d'armagnac en goutte à goutte.

Le beau-papa n'avait pas raconté de craques. La belle Galswinthe était une môme aux œufs. Dès le matin, au saut du lit, elle préparait dare-dare un grand bol de Banania à son vieux bandeur de Chilpé qui, toute la nuit, lui avait fait reluire la bonbonnière. Il engloutissait au petit déj' une douzaine d'œufs et dix tartines de pâté de foie de sanglier, qui lui redonnaient une telle virilité que la pauvrette deux plombes après n'avait même plus la force de passer l'aspirateur ni d'enfiler une aiguille. Ces incessantes escalades amoureuses avaient également quelque peu ramolli l'ardeur et les jarrets du pointeur qui, huit fois par jour, allait téter le cochonnet. Galswinthe, à laquelle ce détail n'avait pas échappé, lui dit un matin où il avait les patates au fond du cabas : « Tu sais, mon beau Chilpé, t'es pas obligé de me buriner la trappe huit fois par jour… surtout avec le cœur que tu y mets. Il me semble qu'on pourrait couper la poire en deux… quatre fois suffiraient amplement… De plus, on pourrait mieux fignoler… car faut bien dire que, parfois, tu as tendance à bâcler… »

Un chouïa vexé, Chilpéric, qui avait bien des défauts mais qui n'avait certes pas du mou de veau dans la Sorbonne, lui dit : « Banco ma grande, on ira que quatre fois par jour s'allonger sur le pageot, ça te laissera le reste du temps pour t'occuper des moutons qu'il y a en dessous... »

L'amour fou ne dura entre eux que trois mois, trois semaines et trois jours, après quoi Frédégonde revint en piste. L'ex-super concubine avait encore sa répudiation en travers du soutien-gorge. Lors du récent « grand nettoyage » de printemps, le pauvre Chilpéric, qui avait respecté les consignes de son beau-dab, – sinon couic –, avait de temps en temps encore des coups de grisou dans les montgolfières pour la provocante Frédégonde. Il faut préciser que cette dernière, futée comme une moulinette à parmesan, était parvenue à demeurer à la cour. Elle avait encore le droit de passer un coup de plumeau sur les bibelots des laquais. Ça foutait pourtant les boules à Chilpéric de la voir onduler du valseur devant ces ramasseurs de crottin. S'asseyant dès lors sur sa promesse de fidélité, le roi Chilpé déclara tout de go à Frédégonde, qu'il rencontra chez le boulanger : « Ce soir, ne mets pas de calebar et, après l'angélus, attends-moi au fond du jardin dans la troisième cabane en partant de la gauche. » Après deux heures de ces retrouvailles de folie, la fureur de leurs ébats à leur comble avait fait voler les planches de la cabane aux quatre coins du jardin ; la belle Galswinthe eut cependant vite pigé qu'entre elle et son faux-cul de mari il y avait de la friture sur la ligne. Elle cassa le morceau tout net à Chilpé, qui nia tout en bloc. « Mais non, ma chérie, pas la peine de te faire craquer la charpente à cause de cette Frédégonde dont tu me causes et que je sais même pas qui c'est !... » Il lui joua dans la foulée le retour du ramoneur, lui fit voler à nouveau au plafond la botte de cresson et... tout rentra dans l'ordre. Mais quand on a le diable au cul, il n'est pas dans la sacristie, comme disait le grand-père de Clovis. La pauvre reine se morfondit encore six mois avant de dire : « Ça va, ducon, j'ai pigé, je me casse ! »

Le brave Chilpéric lui fit alors tous les serments de la terre. Il lui sortit le grand jeu : « Je t'offrirai des perles de pluie... Ne me quitte pas... », et tout le toutim. Il commença à baliser un max quand elle lui dit : « Arrête ton credo, tu as trop tiré sur mes jarretelles, je vais tout raconter à mon vieux qui va venir te chanter

Ramona... » Chilpé, à l'idée de morfler une avoinée de beau-papa et d'être obligé de lui rendre les cailloux, fut soudain pris de maux de ventre qui lui mirent les cannes en fromage blanc. « Ma chère Galswinthe, lui dit alors son époux, lumière de mes yeux, je te jure bien qu'à l'avenir je serai le plus aimant des hommes, certes j'ai eu un petit coup de calcaire dans le palpitant qui s'est un chouïa déréglé à cause de cette malfaisante Frédégonde, mais c'est fini, mon cœur est retombé sur ses pattes. Je te promets une prochaine nuit comme tu n'en as encore jamais connu. » Ce fut la seule fois où il ne lui mentit pas. Ce bon Grégoire de Tours nous dit qu'au petit matin son délicieux et loyal époux la fit étrangler proprement dans son sommeil par le garçon d'étage qui venait lui apporter des croissants chauds de chez Dalloyau.

Prévoyante, la môme Frédégonde, qui avait mis le Dom Pérignon au frais, épousa enfin son Chilpé d'amour après avoir viré toutes les concubines à grands coups de pompe dans les noix. Elle devint officiellement cette fois la seule et unique reine de Neustrie.

Brunehaut, reine d'Austrasie, avait jusque-là vécu une vie peinarde auprès de son mari le roi Sigebert, qui guerroyait gentiment à droite à gauche mais tout se passait bien. Le train-train, quoi ! La nuit de leurs noces, cinq piges plus tôt, il lui avait tricoté un lardon déluré comme un ouistiti qu'ils avaient appelé Childebert. Brunehaut, en apprenant qu'on avait serré le kiki de sa frelotte Galswinthe, avait carrément renversé la soupière brûlante sur la trombine du messager qui n'était pour rien dans ce drame chaud bouillant. Elle aimait tant sa douce frangine avec laquelle elle allait toujours au bal des pompiers lorsqu'elles étaient jeunettes !...

Sigebert, effondré de voir Brunehaut se cailler la laitance à ce point-là, lui dit : « Arrête de te mettre la rate au court-bouillon, ça ne la fera pas revenir... Je vais déclarer la guerre à ce morbac de Chilpéric et mettre son armée en lambeaux... » Et dans la foulée, il lui envoya un pneumatique ainsi libellé : « Mon pauvre Chilpé, tu peux déjà numéroter tes abattis. Dis à tes soldats de se masser les moltogommes tellement il va leur falloir courir vite quand on va venir en faire du hachis Parmentier. Demande en même temps à ta radasse si les vingt mille guerriers qui défileront sur son nombril seront un nombre suffisant pour qu'elle arrive enfin à prendre son pied !... »

Chilpéric, en ligotant ce SMS, en eut une attaque d'apoplexie. De 572 à 573, il avait donc fait soigneusement aiguiser des dizaines de milliers de lances, d'épées et de poignards. Sans perdre une minute, il envahit en deux jours la totalité du territoire austrasien. Sigebert, archi prêt, qui n'attendait que ça, tomba sur Chilpé et son orchestre comme la vérole sur le Vatican et lui mit la pâtée du siècle qu'il lui avait promise. Chilpéric se carapata à toutes jambes en perdant ses légumes et ses illusions, suivi de Frédégonde qui elle perdait ses bas et de son assurance. Ils se réfugièrent dans un Relais & Châteaux à Tournai, où ils prirent le temps de ruminer leur vengeance en même temps qu'une délicieuse salade de chicons, de frites et de trois mètres de saucisse à la moutarde de Dijon. Sigebert, lui, entra dans Paris, vachement jouasse de découvrir la tour Eiffel. Brunehaut, à peine arrivée, courut aux Galeries Farfouillettes, où elle s'acheta trois douzaines de strings brodés main et dix chemises de nuit transparentes griffées de l'arrière-arrière-grand-père de Saint Laurent. Pour devenir définitivement roi des Neustriens, il fallait toutefois que Sigebert, selon la coutume, aille jusqu'à la ville royale de Vitry, située à une portée d'arbalète d'Arras. Il s'y rendit donc et y fut solennellement sacré sur le pavois. Malheureusement, arrivé au bas de l'escalier qu'il venait de redescendre, il se fit méchamment perforer la boyasse par deux dépeceurs à grands coups de laguioles bien aiguisés dont les pointes avaient été empoisonnées par la reine Frédégonde elle-même. Elle avait sacrifié auparavant trois de ses jardiniers pour être sûre que le poison était suffisamment efficace[1]. À l'évidence, il le fut. Du coup, les Austrasiens, qui assiégeaient Chilpéric et ses troupes à Tournai, rentrèrent tout droit chez eux en apprenant que leur patron, le grand Sigebert lui-même, était tombé les moustaches en croix, zigouillé en bas

1. Lorsque les circonstances l'exigeaient, la courageuse souveraine n'hésitait pas à mettre la main à la pâte.

de l'escalier par ces fourbes de Neustriens après s'être fait sacrer roi. Ils relâchèrent même Chilpéric qui fonça presto à Paname. Brunehaut, qui attendait à Paris le retour de son roi de mari, tomba dans les vapes en même temps que dans les serres de Chilpé le teigneux. « Brunehaut, ricana-t-il, hier encore tu étais reine, aujourd'hui, tu es moins qu'un pet de mouche. Brave comme je suis, je ne te décolle pas la calebasse avec ma Durandal, mais tu finiras tes misérables jours en écossant des petits pois à Fleury-Mérogis ! » Cette pauvre Brunehaut, qui n'avait jamais écossé de petits pois, était doublement morte de trouille en gambergeant que cette pétasse de Frédégonde allait sans doute tout mettre en œuvre afin de lui faire avaler un bouillon de onze heures pour être plus vite débarrassée d'elle ! Mais Frédé, qui la savait à présent hors d'état de nuire – croyait-elle ! –, s'en tamponnait allègrement le berlingot. Cependant, les soldats de Chilpéric – qui avait à présent la population de Paris à ses pieds – cherchèrent en vain le fils de Sigebert et de Brunehaut que cette dernière avait planqué en un endroit dont s'accommodent généralement fort mal les narines. Amusé de se retrouver planqué en un tel lieu, le petit Childebert, qui avait cinq ans, se contenta de dire à sa jeune mère Brunehaut : « J'ai compris, mère… je dois observer le silence en gardant la bouche fermée. Hélas, je ne pourrai en faire autant avec mes narines, et malheureusement, ici, ça coince !!! » La nuit suivante, avec la complicité d'un de ses vieux amis, le duc de Gondovald, Brunehaut fit évader son enfant. Descendu le long des remparts du château dans une corbeille de chanvre à l'aide d'une longue corde, le petit Childebert suivit le duc de Gondovald jusqu'à Metz. Il y fut proclamé roi d'Austrasie avant que Chilpéric ne vienne lui piquer ce trône-là aussi. Frédégonde, un beau matin, enfourcha son plus beau canasson et se pointa direct à Paris. Elle était curieuse de voir si son cavaleur de Chilpéric ne faisait pas la danse du ventre à la postière qui trouvait plus sexy de vendre ses calendriers de la poste en minijupe. Frédégonde tomba du troisième étage de la tour quand elle s'aperçut que c'était pas pour la postière que Chilpéric mettait son flageolet à la portière, mais pour – tiens-toi bien – Brunehaut elle-même. À vingt-huit ans, la séduisante et si gracieuse veuve de Sigebert était encore bandante comme Shéhérazade à oilpé sur un édredon au Bristol. Et cela rendit follement jalmince la belle Frédégonde, à qui le renflement du bénard de son mec dans le sillage de Brunehaut n'avait pas échappé. « Mon petit Chilpé, dit-elle à son mari, pour Brunehaut, une chambrette à Rouen sera bien meilleure que celle où elle crèche à Paris. D'abord, elle sera plus grande et l'air y sera meilleur pour ses poumons. » Chilpéric, reniflant que ça sentait le pâté, s'écrasa mollement. Il essaya désormais de zapper dans sa tête celle qui à présent le faisait grimper aux rideaux rien qu'à mater le joli cadran solaire qui ne lui servait pas qu'à s'asseoir. Mais il n'y parvenait pas... Et c'est à présent de l'aube jusqu'au couchant qu'il fantasmait sur la môme Brunehaut. Dans son inconscient, il l'avait toujours enviée à son frangin Sigebert. C'est vrai qu'elle était de loin la plus laubé du quartier et qu'elle n'avait pas que du lait caillé sous le couvercle. Mais manque de vase pour lui, il y avait déjà quelqu'un qui avait envahi le cœur de Brunehaut. Ce jeune et sémillant prince qui se vrillait comme un bretzel amoureux quand il approchait d'elle n'était autre que – je vous le donne en mille – Mérovée, le PROPRE FILS de Chilpéric !... C'est Chilpéric LUI-MÊME qui avait tricoté ce lardon – aujourd'hui son rival – à l'infortunée Audovère. Dans l'urgence, Mérovée, quittant Paris, avait fait du stop jusqu'à Rouen afin d'oser enfin déclarer sa flamme à la belle Brunehaut. Le voyant devant elle danser d'un pied sur l'autre, elle lui dit tout de go :

« Que voulez-vous exactement, jeune homme ?

– Madame... je crois que je bande pour vous.

– Effectivement, dit la reine, n'en doutez plus, c'est visible à l'œil nu. Ne tremblez donc pas ainsi, mais cependant vous me semblez bien impétueux...

– C'est que, madame, je pourrais vous porter chastement dans mes bras jusqu'à l'autre bout du monde...

– Eh bien, soyez gentil, portez-moi pour commencer sur ma couche, c'est moins loin, et... ne soyez pas trop chaste tout de même », lui dit-elle...

Du haut en bas, il fit pleuvoir sur le corps nu de l'ardente Brunehaut de fraîches et fougueuses averses de langoureux baisers qui lui mirent tout de suite le nombril en portefeuille. Il explora du nord au sud une kyrielle de sentiers amoureux que la belle ignorait elle-même. Après l'*andante amoroso* de la « petite musique de nuit », il termina en apothéose par un final d'apocalypse qu'elle n'avait jamais connu même avec Sigebert au mieux de sa forme, c'est-à-dire quand il avait englouti une douzaine d'œufs en omelette garnie d'un kilo de lamelles de truffes ! Bref, la félicité qui s'était emparée de ces deux êtres n'avait d'égale que la fureur incontrôlée de Chilpéric lorsqu'un messager hors d'haleine lui hurla la nouvelle à quarante centimètres des moustaches. « Sire, votre fils Mérovée vient de s'entifler avec sa tante Brunehaut. Ils sont marida depuis hier matin. Ils ont déjà saccagé trois matelas Simmons entièrement neufs et tous les voisins ont porté plainte à cause des cris de bête qu'ils poussent au moment du rut. » Le coup de poignard de Chilpéric dans le buffet de l'émissaire eût évité à ce dernier d'être opéré de l'appendicite si la lame n'était pas remontée jusqu'à la gorge. Malheureusement, ce coup dut affaiblir considérablement la diction du messager, car il ne parvint même pas à prononcer jusqu'au bout le mot « désolé » ! Frédégonde, la sulfureuse épouse de Chilpéric, elle, en revanche, trépignait de bonheur ! Il y a tellement longtemps qu'elle voulait dézinguer tous les chiards de Chilpéric qui faisaient la queue pour « faire une main tombée » sur le trône !... Elle avait déjà réussi jadis à dézinguer en loucedé Théodebert, l'aîné de la dynastie des « Chilpé ». Ses petits salés à elle n'étaient-ils pas prêts eux aussi à sauter à pieds joints sur le trône ? Il était urgent de faire le ménage. Dédaignant le cyanure dans la soupe aux pois cassés ou les lacets de chaussure pour expédier ce malheureux Mérovée *ad patres*, elle se contenta de le faire tondre ras la boule pour la peine d'avoir calcé fougueusement une reine sans l'autorisation de son papa. Un prince tondu représentait alors la honte suprême et le comble de l'humiliation. Il se suicida de trois coups d'épée dans le palpitant en laissant une courte lettre laconique adressée à son dab Chilpéric : « Bien fait pour ta gueule, connard[1] ! »

Cette fin tragique de Mérovée fit chialer tant et plus cet hypocrite de Chilpé, mais pas Frédégonde. Elle reprit au dîner trois fois des tripes à la mode de Caen avant de liquider définitivement les derniers lardons d'Audovère qui eussent pu grignoter le gâteau qu'elle réservait à ses propres gluants. Elle fit donc empoisonner le fils à coups de marteau sur la calebasse, pendant que sa fille était violée par des bûcherons dans la forêt d'à côté durant toute une nuit que les violeurs sans vergogne comptèrent à leur patron comme heures supplémentaires. Audovère, en revanche, eut une chance incroyable, Frédégonde la fit étrangler dans son couvent avant même qu'elle n'eût été informée de la mort de ses deux enfants. Il y en a qui ont du bol ! Mais Frédégonde, occupée par tous ces gens à trucider, ne pouvait être, pauvrette, au four et au moulin… Et elle allait s'en mordre les salsifis ! Relâchant un chouïa la surveillance de Brunehaut, sa jeune mais plus vieille rivale parvint une nuit sans étoiles à mettre les adjas. Frédégonde, occupée à poser le prose de ses mouflets sur le trône royal de Chilpéric – il casserait bien sa pipe un jour, au besoin elle pourrait l'y aider –, oublia que Brunehaut avait déjà le sien en place ! Depuis qu'elle l'avait fait s'évader, le petit roi Childebert avait à présent sept ans. Il n'était que temps que maman Brunehaut reprenne les rênes des territoires d'Austrasie.

Il y eut vers cette époque, autour des années 570, une sorte de trêve entre Frédégonde et Brunehaut. Chacune élevait ses chiards à sa façon. Cette dernière, elle, enseignait les arts à son fils et le savoir indispensable si l'on veut avoir en douceur tout un peuple à sa pogne. « Le pire, chez un gus, lui avait-elle dit, c'est quand il est jeune, de se pisser sur les godasses… et de s'y habituer ! » Elle lui apprit donc d'abord à pisser loin. « De plus, dis-toi bien que le boulot de roi, c'est pas fastoche. Il va falloir aussi que tu apprennes à décider. Bien ou mal, mais la décision finale, c'est toi qui devras la prendre. Surtout pas de sensiblerie au moment de délivrer une

1. Contrairement à ce que certains historiens prétendirent, Mérovée n'avait jamais été un grand poète.

sentence… En toutes circonstances, tu dois les garder bien accrochées. » Suivant à la lettre ces sages conseils, Childebert, à presque seize ans, sentait bien depuis quelque temps que les allers-retours de la veuve poignet ne lui suffisaient plus…

« Ne croyez-vous pas, chère mère, dit-il un jour à Brunehaut, qu'il serait temps que vos jeunes belles dames de la cour s'occupent enfin de muscler ma jambe du milieu [1] ?

– Tu as raison, fiston, j'aurais dû y penser plus tôt. Tu es un peu palot, et tu dois cesser, il est vrai, une bonne fois pour toutes de te tirer sur l'élastique. Ces belles dames y pourvoiront désormais de mille façons. Tu pourras enfin arrêter de te faire mousser frénétiquement le créateur avant de t'endormir ; elles se feront un plaisir de te lubrifier le vermicelle. Je suis certaine que tout comme la confiture d'abricot, la gourmandise te conduira jusqu'au fond du pot ! Je vais t'envoyer, de ce pas, une coquine brunette dont le gobe-mouche capteur sans arrêt en éveil sera à coup sûr la plus experte pour t'affûter le sifflet. »

Ainsi fut fait, au grand bonheur du jeune roi. Il savait désormais mieux que quiconque se faire épousseter les bibelots et faire descendre et remonter le nœud coulant au fond du puits. « Merci, maman », dit le tendre Childebert à Brunehaut et, plein de bon sens, il observa : « Ah, si les bonnes sœurs m'avaient montré cela au catéchisme, on aurait gagné un temps fou !… » Frédégonde, de son côté, à qui l'inceste ne filait pas d'insomnies, apprenait elle-même à ses enfants l'art de consommer le tournedos à point, celui d'enlever les toiles d'araignées aux vieilles au-dessus de trente ans, et même, pour celui qui aurait été intéressé par ces pratiques plus singulières, l'art de se faire emmancher comme un râteau neuf ! Sa perversité naturelle l'avait conduite à réunir les six bourreaux de son palais tous les matins dans son bureau. Jugeant que ces messieurs manquaient d'imagination et que leur pratique routinière manquait singulièrement de piquant, elle les somma de s'avérer plus cruels et de veiller dorénavant à ce qu'il y ait un peu plus de sang dans les rigoles lors des supplices hebdomadaires. « On

1. Cet enfant avait toujours eu une manière bien à lui de poser les bonnes questions…

entend bien craquer les os, certes, reconnut-elle, mais la vue du sang fait réellement défaut. La foule est mécontente. Je veux voir à l'avenir des égorgements, des yeux crevés, des cous tranchés, bref, un peu de folklore, que diable !... Vous ne vous rendez sans doute pas compte à quel point les pauvres paysans qui viennent de très loin pour assister aux supplices sont déçus !... » Et c'était vrai.

Ces recommandations appuyées firent leur effet. Les bourreaux fignolèrent tant leur ouvrage désormais qu'on n'entendait plus que plaintes, gémissements et hurlements qui fusaient sur la place publique où l'on suppliciait, à la grande joie de Frédégonde. Elle leur demanda toutefois de faire encore un petit effort lors des séances de torture qui auraient lieu la semaine prochaine. Elle voulait offrir pour la première fois ce spectacle amusant à ses petits enfants, afin qu'ils sachent à l'avenir de quelles manières l'on doit punir ses ennemis ainsi que tous ceux qui viennent vous baver sur les rouleaux.

Les petits mouflets de Frédégonde, qui avaient cultivé la cruauté dès leur naissance, furent vachement jouasses d'assister à leur première séance de torture. Faut dire que les bourreaux avaient mis le pacson : supplice de la baignoire à l'un, pendant que l'on arrachait les ongles, les poils du nez et tout ce qui pouvait s'arracher à l'autre... Les enfants, même, participaient à cette récréation en donnant eux aussi des directives aux bourreaux :

« Arrache-lui les yeux, dit l'un.

– Et les moustaches, et aussi les oreilles, poursuivit l'autre, et même les bonbons », ajouta-t-il en s'esclaffant...

Les bourreaux, à présent couverts du sang qui giclait de partout, imploraient en sanglotant :

« Pitié, pitié ! Arrêtons, c'est trop, c'est trop !!!

– Qui est-ce qui s'est permis de dire "arrêtons" ? s'enquit la reine.

– Ce sont nos bourreaux, maman, caftèrent les enfants choqués... tous les bourreaux, sauf le muet !

– Alors, dit Frédégonde, que le muet coupe la langue aux autres. Ça leur apprendra à parler sans réfléchir. »

Elle fit ensuite égorger le muet à qui elle reprocha de ne pas avoir coupé TOUTE la langue de ses collègues qui « NE SAIGNAIENT PAS ASSEZ » !

L'épidémie de variole qui décima les Français par millions en l'an 577 n'épargna pas les enfants de Frédégonde, qui se retrouvèrent TOUS au tapis. Abattue mais toujours combative, Frédé subodorait qu'à l'évidence elle ne se consolerait jamais de ne pas avoir un lardon sur le trône : elle courut donc s'en faire tricoter un par Chilpéric. Pas sûre du tout qu'à présent il puisse avoir autre chose que du yaourt dans les montgolfières, elle alla par précaution prendre le thé chez ses dix jules du moment auxquels elle demanda de lui allumer chacun un lampion dans la salle des fêtes. Il faut croire qu'ils avaient tous une flambante allumette, car la douce Frédégonde pondit neuf mois plus tard un superbe petit merdeux qui fut baptisé Clotaire. Folle de joie, elle enfila une jupette à ras le bonbon et fila aussitôt aux « bains douches » pour s'y faire ramoner le callibristis qui, après des mois de grossesse, disparaissait sous les toiles d'araignées.

Le lendemain, debout dans sa chambre, en tenue légère, occupée à maquiller ses beaux yeux devant une glace de poche, elle sentit une paluche délicate explorer le bas de sa chute de reins frémissante… « J'ai reconnu ce toucher, vilain Charles, dit-elle, et vous savez ou cela nous conduit ensuite », ajouta-t-elle en se retournant. Malheureusement, le « vilain Charles » n'était autre que son mari Chilpéric qui, épouvanté par cette méprise révélatrice, eut un brusque mouvement de recul. Frédégonde, livide, prenant conscience de l'horreur de la situation, cherchait des mots qu'elle ne trouvait pas, mais… c'était désormais inutile, Chilpéric, fou de rage, avait déjà pris la tangente. Elle ne ferma pas l'œil durant une semaine. Elle gambergea que ce vieux rancunier de Chilpé allait sans doute s'occuper de savoir quel était ce Charles, dont elle avait cru reconnaître la louche qu'il lui avait balancée à l'économat. Comment allait-il se venger ? S'il s'était tiré comme ça en vitesse comme un pet de bonne sœur sur une toile cirée, c'est qu'il avait à l'évidence pas vraiment apprécié qu'elle ait confondu ses salsifis sur le joufflu avec ceux de ce Charles !… Il était sans doute en train de gamberger des représailles... Peut-être allait-il même la répudier ? Il avait tous les pouvoirs sur elle... Y compris celui de lui faire serrer le kiki !... À peine eut-elle envisagé cette éventualité qu'elle décida de ne pas prendre de risques. « Non, ce n'est pas lui qui me fera décoller la chetron, se dit-elle, mais c'est moi qui vais me charger de faire valdinguer la sienne[1]. » Elle douilla deux pièces d'or à son amant, le barbier de Chilpéric, qui lui fit au coupe-chou une balafre d'une étiquette à l'autre. Le nez de Chilpéric ensanglanta sa cravate, mais il n'eut plus jamais besoin de se raser. Frédégonde se tapa tellement le cul par terre d'avoir réussi son coup sans bavure qu'elle poignarda elle-même le barbier pendant qu'il lui faisait mousser le baba sans savon. Ainsi pas de traces. Ni vu ni connu, circulez, y a rien à voir !... Elle mena à partir de là une vie tellement dissolue que mon stylo devient rouge rien qu'à l'évocation de toutes les sanglantes orgies qu'elle perpétra sous les directives de l'arrière-arrière-arrière-petite-fille de Mme Claude. Elle faisait enfoncer de grosses épines noires sous les ongles des mains et des pieds de ses amants dont les performances laissaient à désirer. Elle les faisait aussi étriper et dépliait elle-même leurs boyaux, qu'elle mettait à sécher dans son jardin entre ses piquets de tomates. C'est là-dessus qu'elle faisait sécher aussi ses petites culottes de chez Dior. Après quoi, elle mitonnait elle-même à ses amants – survivants ! – ces tripes séchées au calvados, qu'elle réussissait très bien ! Tout le monde se régalait !

Vers la fin, elle déclarait volontiers elle-même que « la rage du cul » lui avait – quelque peu – passé. Elle ne se faisait plus caramboler que trois fois par jour par le laitier, le facteur et l'écrivain public. Elle ne les faisait même plus exécuter par la suite, ce qui était chez elle le signe évident d'une grande faiblesse. Elle priait même parfois pour le salut de l'âme de Chilpéric. C'est là qu'on s'aperçut qu'elle n'avait plus l'électricité à tous les étages. Ce qui l'acheva au final fut l'omniprésence de ce remord qu'elle avait depuis toujours de ne pas être parvenue à dézinguer cette pétasse de Brunehaut. Dans son faible et dernier souffle, elle ne parvint

1. Son bon sens faisait l'admiration de tous.

qu'à murmurer en pensant à elle : « Salope ! », avant de plier son pébroque. Childebert, lui, avait bien réussi. Depuis que le roi Gontran, son oncle, avait rendu ses clés lors d'un bel infarctus, il s'était rendu maître souverain de l'Austrasie et de la Burgondie. Il cultivait des mœurs aussi dissolues que celles de ses vieux, il était riche à crever mais, pas de pot, son heure venait de sonner et il mourut lui aussi [1]. L'héritage et le pouvoir ne revenant pas automatiquement à l'aîné en ce temps-là, c'est après le partage que Théodebert se goinfra l'Austrasie et son frangin Thierry la Burgondie.

Comme à l'époque où elle régnait en Austrasie à la place de son jeune fils Childebert, Brunehaut aurait bien voulu remettre le couvert en savonnant la planche de son petit-fils Théodebert. « Pas de ça, Lisette », lui dit ce dernier qui avait reniflé la manœuvre, et il l'envoya carrément aux fraises. Nullement découragée de s'être fait valdinguer aux pelotes, la môme Brunehaut, qui commençait à connaître la nature humaine, organisa donc pour son petit-fils de vertigineuses parties de trous du cul qui se terminaient généralement en orgies (c'est Frédégaire lui-même qui l'affirme dans ses chroniques). Prenant goût à ce type de récré, Théodebert, qui n'en avait jamais assez de se faire pratiquer des allers-retours sur la veine bleue par ces demoiselles, suppliait à présent sa grand-mère de multiplier ces lubriques séances. Elles lui mettaient au petit matin le vermicelle au fond des godasses, et cela ne l'aidait certes pas à gouverner correctement son pays. C'était ni plus ni moins ce qu'escomptait sa grand-mère, qui n'attendait que le moment venu pour lui piquer le pouvoir. Fort heureusement, une jeune esclave burgonde nommée Chambertine, qui faisait de temps en temps trembler son royal plumard, lui avait mis la puce à l'oreille en même temps que la baguette au chaud : « Fais gaffe à tes côtelettes, Théo, l'avait-elle prévenu, ta grand-mère est en train de te rouler dans la farine, et toi, t'y vois que pouic ! » (Cela signifie « méfie-toi », en langage d'esclave !) Vu que même à Saint-Claude les fameuses pipes ne valaient pas un clou comparées à celles de Chambertine, Théo fila donc un coup de pompe au dargeot de

1. Même à cette époque l'immortalité était quasiment inexistante !

Brunehaut et lui dit d'aller se faire épousseter chez plumeau! Elle eut tôt fait de se souvenir qu'elle était aussi la grand-mère de Thierry, le petit frère de Théo – et prenant ses jambes à son cou, elle courut se réfugier chez lui. Elle ne tarda évidemment pas à s'y considérer comme chez elle. Elle dit : « Mon petit Thierry, c'est un bordel sans nom dans la gestion de ta Burgondie. Il n'est que temps de faire un grand ménage dans ton palais (2) ! » Elle commença par faire empoisonner le surintendant du palais qui avait oublié pour son malheur de faire mettre du déodorant dans les WC de la reine. Puis elle invita tous les hauts responsables de l'État et leur fit becqueter une plâtrée de pois cassés à la ciguë qui leur déglingua définitivement tout depuis la tuyauterie jusqu'aux boyaux de la tête. Après quoi, elle nomma ses amants à tous les postes importants. Comme cela se fait aujourd'hui. Tout comme elle l'avait fait pour Théo, elle mit désormais tout en œuvre pour pervertir ce pauvre Thierry jusqu'à l'os. Elle balança dans son paddock toute une colo de frangines qui ondulaient du valseur et lui jouaient de la flûte à bec mieux que la soliste de l'Opéra. Le petit-fils nageait dans le stupre sans bouée et trouvait depuis quelque temps ses roustimballes légères comme des plumes. À près de soixante-dix piges, Brunehaut continuait de faire livrer de la chair fraîche dans le plumard de son petit-fils. Elle détenait à présent trop de pouvoir aux yeux des édiles qui géraient le pays. Quant à Thierry, épuisé le matin, il avait autant de mal à soulever une paupière que le petit doigt. Quant au reste, n'en parlons pas! En l'an 610, il trouva tout de même encore la force d'égorger son grand frère Théo qu'il aimait tant. Essayait-il de lui piquer Chambertine, la Burgonde qui mieux que quiconque réussissait le coq au vin de Santenay et savait à point nommé remettre au milieu l'aiguille de son métronome? On ne le saura jamais. Thierry ne mit guère de temps à le suivre dans le trou, car il était tellement épuisé qu'il avait même la flemme de mourir. Brunehaut, elle, toujours bon pied bon œil, s'occupait déjà de faire livrer un harem en état de marche à chacun de ses arrière-petits-fils, qui devaient

---

2. Parvenir à son âge et songer encore à faire le ménage, peut laisser à penser qu'elle avait assurément le moral à marée basse !...

commencer à leur tour à se tripoter le mirliton les soirs de grande solitude. Tous les « ministres » des deux royaumes se réunirent en une trêve qui leur paraissait salutaire. Ils décidèrent de la livrer à Clotaire II, le fils barbare de Frédégonde. Ce dernier la fit mettre nue devant lui et, après lui avoir fait arracher tout ce qui pouvait l'être : ongles, cheveux et langue jusqu'aux yeux et aux oreilles, il la fit, en quelques endroits des plus intimes, dépecer comme une pêche mûre. « Voilà, avait-il dit à la défunte Frédégonde en levant les yeux au ciel, voilà, maman, tu es vengée [1] ! »

Les historiens s'accordent à rappeler que, pour finir la fête et humilier totalement la malheureuse, elle fut promenée nue et encore vivante sur un chameau à travers le quartier de l'hôtel de ville. Elle fut attachée enfin à la queue d'un cheval qui la traîna au grand galop jusqu'à ce qu'elle ne soit plus qu'un amas de charpie sur lequel de courageux badauds crachaient en ricanant [2]. L'histoire dit que cette finale grandiose s'acheva enfin au coin de la rue Saint-Honoré et de la rue de l'Arbre-Sec. Les historiens sont tous absolument formels sur ce « savoureux détail », et votre serviteur n'a aucunement l'intention de les contredire.

---

1. Il avait toujours un admirable sens de la famille.

2. Même de nos jours, il y aurait beaucoup à dire sur les badauds ricaneurs !!!...

PÉPIN LE BREF

(714-768)

PÉPIN LE BREF

Fiston préféré de Charles Martel et de Rotrude, Pépin le Bref naquit à Jupille en 714, ce qui ne l'empêcha pas d'être petit toute sa vie ni de devenir le premier roi carolingien. Il avait des crampes aux mollets à force de marcher sur la pointe des pieds pour paraître plus grand. Il restait au plafond des heures entières suspendu à une barre à saucisses pour allonger sa carcasse, mais rien n'y faisait. Les saucisses séchaient, et lui tombait comme une poire mûre sans avoir gagné un centimètre !

À la mort de son dabe[1], il reçoit le gouvernement de la Bourgogne, de la Neustrie et de la Provence. Tandis que son frelot Carloman, son aîné, hérite de l'Austrasie, de l'Alémanie et de la Thuringe. Ça faisait quand même pas lerche, et chacun d'eux eut très vite une ride profonde en travers du front à force de se demander comment il pouvait étrangler l'autre sans alerter les médias. D'autant plus que, la mort dans l'âme, ils avaient déjà dû mettre au cachot leur demi-frère prénommé Griffon, que leur papa Charles Martel avait eu de sa concubine Swanahilde. Ils avaient gambergé que la moitié du tiers de pouvoir qui serait revenu à ce pauvre Griffon l'aurait plutôt humilié qu'autre chose. Ils lui avaient donc rendu un fier service dont ils ne furent d'ailleurs jamais remerciés par cet ingrat.

Ils gouvernèrent pendant six ans, sans jamais avoir fait une seule partie de billard ensemble. Dès le début de leur association, à l'avènement de Carloman, que le peuple détestait cordialement, une révolte générale éclata. Pépin se frottait déjà les paluches, mais fut bien obligé lui aussi d'aller au charbon. Carloman grimpé sur un beau canasson et Pépin sur son poney, ils prirent la tête d'une expédition qui mit en bouillie pour chat les Saxons, le duc de Bavière Odilon, le duc d'Aquitaine Hunaud, et surtout ces crétins d'Alamans. Ayant tout de même eu chaud aux miches, ces deux petits futés abritèrent leur pouvoir au retour derrière un simulacre de royauté, en plaçant sur le trône un Mérovingien inoffensif nommé Childéric III. Ce dernier, qui passait le plus

1. Son père.

clair de son temps à jouer à saute-mouton avec sa masseuse, leur laissait les coudées franches. Tout baignerait pour lui, tant qu'il garderait ses moutons. Au bout de quelques années, cependant, Carloman, qui en avait gros sur la patate, se rendant bien compte que personne ne pouvait l'encadrer, abdiqua et partit fabriquer des hosties industrielles dans un monastère en Italie. En vérité, il avait surtout les chocottes d'une épidémie de peste qui commençait à engorger les cimetières !

Carloman parti becqueter ses tagliatelles à la tomate, Pépin gambergea que c'était le moment rêvé pour filer une pincée d'arsenic dans les œufs brouillés de Childéric. Avant même qu'il eût le temps de commander sa poudre chez le pharmaco, Childéric, qui était le plus ramier des rois fainéants et incapable de gouverner, tomba du trône tout seul et n'eut jamais le courage d'y regrimper (2).

Pistonné par son pote saint Boniface que lui et son frelot avaient assis sur le siège épiscopal de Mayence en 746, il déposa gentiment le pauvre Childéric dans un monastère et lui dit de ne plus bouger. Par précaution superstitieuse, il lui sucra les tifs (symbole du pouvoir chez les Francs) et, pour le consoler, lui attribua pour lui tout seul une masseuse de compétition, appelée « sœur Marie-les-doigts-câlins ». Après quoi, il partit à fond la caisse se faire élire roi au « champ de mai » de Soissons en 751. Tant qu'il y était, et pour faire bon poids, il se fit sacrer par son copain Boniface avec eau bénite, coups d'encensoir sous les naseaux et tout le toutim, en 752.

Mine de rien, ce sacré Pépin vient de fonder la dynastie des Carolingiens ! Mais ce genre de service (son sacrement par Boniface) n'était évidemment pas gratos. Menacé par le roi des Lombards Aistolf, le pape Étienne II (cuvée nouvelle !) rapplique à Ponthierry pour réclamer un sérieux coup de paluche. Pépin lui dit : « OK, mais, en échange (ils n'en finissaient jamais de se rendre des services !), tu vas me sacrer encore un coup, putain de moine, et cette fois-ci avec mes deux lardons, pour bien montrer

2. En fait, il y avait trois marches à monter pour accéder au trône, et c'était au-delà de ses forces.

à tous ces loquedus que le patron, ici, c'est mézigue et personne d'autre. » Ce qui fut dit fut fait en 754. Pépin, qui n'avait qu'une parole[1], trucida comme promis le roi Aistolf[2]. En prime, il lui piqua l'exarchat de Ravenne et la Pentapole, réputée pour ses morilles à la crème. Après ce succès, il partagea un chouïa avec le pape qui lui avait dit : « Pépin, mon salaud, tu vas tout de même pas tout garder pour toi ! », et il remonta sur son canasson pour aller chouraver la Septimanie aux musulmans entre 752 et 759. Comme il adorait le chermoula de poisson et les boulettes de kefta aux œufs, il ne voulut jamais leur rendre les territoires. Après huit années de rude castagne, il finit par filer une belle branlée au duc de Waïfre (de 760 à 768) et additionna l'Aquitaine à son royaume. Increvable, le mec ! Il fila encore deux belles avoinées aux Saxons qui l'avaient surnommé « le nain de fer dans un gang de velours » ! Ce qui avait le don de lui foutre les boules. Voulant renvoyer l'ascenseur encore une fois, car il est bien connu que les petits cadeaux entretiennent la piété, il fit encore une petite fleur à son poteau le pape Étienne. Pour être complètement dans les petits papiers de l'Église franque, il rétablit pour elle une dîme obligatoire (sinon c'était pas une vraie dîme !) que son papa Charles Martel avait abolie avant de passer l'arme à gauche.

C'est ainsi que naquirent les premiers États pontificaux qui, finalement, ne coûtèrent au Bref que des pépins de courgette, puisqu'il était convenu que les vingt-trois villes de l'exarchat de Ravenne et la Pentapole revenaient désormais à cézigue pâteux. Il avait tout de même durant son règne fait un sacré ménage et avait suffisamment chauffé le four afin que son fiston aîné, Charlemagne, puisse y mitonner tranquillement sa tambouille. En fait, quand il plia son pébroque[3], il laissa tout comme son père le royaume à partager entre ses deux lardons qu'il avait eus avec Berthe au grand pied, ainsi nommée parce qu'elle en avait un plus grand que l'autre. On n'a jamais pu savoir lequel. Certains

---

1. Le tout, c'était de savoir laquelle !

2. Il l'obligea à bouffer la selle de son cheval. Sans moutarde. Dur !

3. Quand il mourut.

historiens soutiennent mordicus qu'elle en avait un plus petit. Allez savoir !...

En tout cas, Charlemagne, son fiston, consigna dans son journal que, revenant un jour de faire l'école buissonnière, il avait pu constater lui-même que Berthe chaussait du 48. D'accord, mais de quel pied ?

Ramsès II

Ramsès II posant la première pierre à Gizeh

Ramsès II adorait les glaces à la vanille parfumées au gingembre. Mais, vu l'état des frigos à l'époque et la hardiesse du soleil égyptien, il en léchouillait rageusement deux sur trois, déjà aux trois quarts fondues, et ça lui gâchait la moitié de sa journée. C'était particulièrement intolérable pour un pharaon. Il ne se passait pas une semaine sans qu'il fût contraint de faire décapiter un marchand de glaces pour l'exemple. Dès qu'il eut acquis le grade de pharaon, il se crut obligé de régner de 1300 à 1235 avant J.-C.

Bien sûr, soixante-cinq ans de règne, cela peut paraître un peu longuet. Mais, dès le début, Ramsès mit un temps fou pour apprendre à discerner l'ennemi.

En effet, il était quasiment impossible de distinguer un Égyptien moyen, ami, d'un guerrier moyen, ennemi. L'Égyptien moyen ami portait des sandalettes aux lanières de coprah croisées DE GAUCHE À DROITE sur le cou-de-pied. Bien que le guerrier moyen ennemi portât les mêmes sandalettes avec des lanières croisées DE DROITE À GAUCHE, il était très glandilleux dans le feu de l'action de faire la différence. Il n'était pas rare, de ce fait, qu'un Égyptien moyen ami perçât de sa lance vengeresse un autre Égyptien ami qui de plus portait la même jupette que lui[1]. Les principaux ennemis des Égyptiens étaient les Hittites. Ils avaient une tête en forme d'aubergine et les oreilles décollées. Les Égyptiens avaient eux aussi les oreilles décollées, mais sur une tête normale. En forme d'œuf. Donc, sur le champ de bataille, ils avaient finalement TOUS intérêt à se dévisager soigneusement avant de se filer un pain sur le cassis, afin d'éviter une regrettable bévue.

1. Une jupette d'Égyptien moyen ami mesurait QUARANTE-SIX centimètres de longueur, celle d'un ennemi moyen ne mesurant, elle, que QUARANTE-CINQ centimètres, il était de même impossible de faire un distinguo sur cet autre aspect vestimentaire. C'était un vrai casse-tête pour un guerrier moyen de bonne volonté.

Les Hittites avaient l'air féroce, et ils étaient de plus très laids[2].

Déjà, enfant, tout en suçotant ses glaces, Ramsès dessinait d'abord, puis construisait des drôles de petites bicoques pointues en leur sommet[3] avec des allumettes que lui laissait sa mère sur la table de la cuisine. Il y consacrait des heures, et, comme malgré tous ses efforts elles finissaient toutes dans une forme qui interdisait à quiconque de s'asseoir dessus, il appela ces maisons des pyramides. Il crut dès lors qu'il était devenu un grand architecte. Faute de mieux, il devint chef d'État. Son papa, Séthi Ier, l'associa de son vivant aux affaires du royaume. Il lui laissa une puissante armée capable de ratatiner tous ceux qui n'avaient pas leur diplôme d'égyptien et qui étaient allergiques aux pyramides. Il ne lui restait plus qu'à devenir un grand homme de guerre. Il passa donc le plus clair de son temps à s'entraîner en zigouillant de-ci de-là une partie des armées ennemies, composées de Hittites à l'air farouche et au cœur dur. Il ramenait ensuite dare-dare les prisonniers qui restaient par milliers, en les priant poliment de bâtir des pyramides qui ne serviraient bien sûr jamais à personne, sinon aux égyptologues. Mais ne mettons pas la mule avant les jarres d'huile. La cinquième année de son règne, donc, se croyant tenu d'organiser ces petits massacres habituels que tout chef d'État se devait d'offrir à son peuple, Ramsès II se distingua à la fameuse bataille de Qadesh. Les historiens, en toute impartialité, avouent n'avoir jamais trop su à qui attribuer la victoire. Il est quasiment certain que Ramsès zigouilla plutôt brutalement une kyrielle de Hittites qui racontaient partout que les pyramides étaient moches et pleines de courants d'air. Il est sûr aussi qu'il ouvrit une sacrée brèche dans les lignes adverses pour rejoindre le gros de son armée, mais qu'il y laissa également une belle poignée de plumes ! Il n'en reste pas moins que la ville demeura aux mains de ses ennemis ! Très chatouilleux sur ce genre de petit détail, le roi

---

2. Ils faisaient peur aux enfants. C'est pour cette raison qu'ils étaient interdits d'entrée même dans les jardins publics ou dans les colonies de vacances de leur pays.

3. Il n'avait jamais réussi à dessiner correctement une toiture.

hittite revendiqua la victoire à l'arbitre. Encombrés par leur butin, par des piles de macchabées qui schlinguaient et par les femmes violées qui chialaient bêtement au milieu du champ de bataille[1], les Hittites avaient certes un mal fou à se dégager de toute la charrerie égyptienne qui avait paumé ses conducteurs. Mais comme le fit remarquer le roi hittite à sa conférence de presse : « On tient tout de même la ville, oui ou merde ? » Le monde entier attendait la réponse.

Une fois rentré chez lui, Ramsès, qui n'était pas étouffé par les complexes, s'attribua la victoire sans hésiter le moins du monde. Il sauta à pieds joints sur son piano à queue et proclama : « On a ga-gné ! On a ga-gné ! » Il fit graver ses exploits héroïques sur tous les grands temples d'Égypte et transforma ainsi sa demi-branlée en un super tabac. Ça mange pas de pain et ça rebecte le moral du bon guerrier égyptien moyen, qui se dit : « Tiens ! Bonne nouvelle, on a gagné. Ceux qui ont violé ma femme ont l'air malins, à présent ! »

Pour en finir avec ce sac de nœuds, il envoya un jour au roi hittite une colonne de fumée bleue qui disait :

« Fred[2], pardonne-moi ce ton familier, mais y en a class de toutes ces foutues salades. Ça me botterait bien de faire la paix avec toi. Je dois t'avouer que j'en pince pour ta fille… et je peux t'assurer que, hormis un coucher d'esclaves sur le Nil, j'ai jamais rien vu de plus beau que le cul de ta petite Ginette. »

L'autre sanglotait en lisant la fumée. Il lui répondit à son tour par un nuage de volutes jaune verdâtre :

« Mon vieux Ram, tu permets que je t'appelle Ram ? Tes propos me bouleversent et mon cœur de père joue du cor de chasse… car depuis le jour où Marinette, mon épouse, m'a dit :

1. Les Hittites pensaient qu'ayant laissé la vie sauve à ces créatures dépravées elles auraient au moins pu débarrasser le plancher. C'est un point de vue comme un autre.

2. On croit savoir qu'il s'appelait Alfred. Je sais, ça fait bizarre, mais j'y suis pour rien, c'est écrit dans les archives.

"Ça y est, bordel, Alfred, je jouiiiis !!!", j'ai jamais rien entendu de plus beau [3]. »

Ramsès épousa donc la princesse Ginette, la couvrit de bijoux plaqués or 18 carats garantis Burma, lui acheta « la croix du bonheur », un trousseau complet avec mille paquets de Pampers qui avaient jamais servi, au cas où elle aurait voulu lui pondre un chiard. Il lui douilla aussi des fringues d'apparat de chez Diorus, un petit couturier débutant pas cher qui promettait. Pour le premier anniversaire de leur mariage, il lui offrit un sarcophage de compétition et sa plus belle pyramide, pour qu'à sa mort elle puisse tranquillement y faire sécher ses abattis. Bref, il fit tout pour qu'on oubliât une fois pour toutes ces guerres sans doute amusantes sur le moment, mais qui lui coûtaient finalement un max d'esclaves et de grisbi. Ça n'a l'air de rien, mais ce pauvre Ramsès dépensait un nombre incalculable d'esclaves, ne serait-ce qu'en guise d'argent de poche [4]. Son harem de concubines, par exemple, il le payait de cette façon. On a retrouvé le journal intime de Ram où il consigne ses dépenses, au jour le jour, c'est plutôt affolant : Lundi, Titine : BBC (ces initiales en hiéroglyphes décryptés par le British Museum signifiaient : blonde – beau cul) : 4 E (quatre esclaves). Mardi, Antoinette : BCBG (beau cul belle gueule) : 6 E (six esclaves). Mercredi, Yolande : PCG (petite culotte géniale) : 6 E. Jeudi, Suzette : PDC (pas de culotte) : 7 E. Vendredi, Zorah : BI (bouche infatigable) : 8 E. Samedi soir, Isabelle : STF (sait tout faire !) : 10 E » ! Heureusement, depuis qu'il était jeune marié, Ginette, qui tenait ses comptes, était très vigilante. Particulièrement sur les tarifs des concubines, qu'elle ramenait d'elle-même à leur vraie valeur. Le couple Ramsès-Ginette fonctionnait donc à merveille. Grâce à Ginette, si attentive à la bonne gestion du ménage… et de l'État, Ramsès put

3. Les fumées tombèrent dans les bras l'une de l'autre. Pendant que les deux pères séchaient machinalement du revers de leur manche leurs prunelles humectées, le soleil triomphant réchauffa soudain le cœur de ces deux peuples, jadis ennemis jurés. (Vous pouvez pleurer aussi !)

4. Lorsqu'il était à court de fifrelins, le pauvre en était réduit à payer en esclaves.

enfin se remettre à faire du crochet byzantin et de la marmelade de cacahuètes.

Un beau traité d'amitié et d'assistance mutuelle finit par être signé entre les deux rois. Pendant un demi-siècle, Ramsès II passa le plus clair de son temps à bâtir des pyramides et à faire des mouflets à Ginette les jours fériés où il pleuvait.

En ce qui concerne la vérité historique, l'ennui, avec ce client, c'est qu'il est pas fastoche de lui attribuer avec certitude TOUS les monuments gravés à son nom. Car, en effet, Ramsès ne se grattait pas pour s'approprier les œuvres de ses prédécesseurs, en faisant sauter leur blase à petits coups de marteau pour y mettre le sien à la place. On ne peut cependant lui refuser la gloire du temple de Louksor orné d'un pylône, de deux colosses et de deux magnifiques obélisques dont l'un fut « emprunté » par Napoléon quelques siècles plus tard. Il orne à présent, comme chacun sait, la place de la Concorde à Paris. Il donna ainsi du boulot à des milliers de magasins de photos qui développèrent durant des décennies les pellicules japonaises[1].

L'achèvement de la salle des colonnes du temple de Karnak, on le doit aussi à cézigue. Le temps, hélas, et les vandales, n'ont laissé que quelques pierres polychromes du temple qu'il construisit à Abydos. À Thèbes, encore, il fit bâtir le Ramesseum, avec des magasins en briques crues, des habitations de prêtres avec des toitures (ça y est, il avait trouvé le truc !) et aussi des ateliers où l'on fabriquait des poteries afin qu'on les expose plus tard dans les musées. Le temple le plus impressionnant se trouve en Nubie, à Abou Simbel, haut de trente-trois mètres. Il est flanqué de quatre statues aussi colossales que son ego, représentant... Ramsès[2] !

Tout à côté, il fit édifier un sanctuaire plus petit à la reine Néfertari[3]. Elle avait été une grande reine, d'accord, mais c'était jamais qu'une gonzesse, après tout ! Malgré sa réputation de grand

1. C'est pour ça qu'on veut pas le rendre aux Égyptiens !

2. C'est pas qu'il était mégalo, mais quoi, il aimait qu'on dise du bien de lui... comme vous et moi. Surtout moi !

3. Ginette dans l'intimité.

mécano de l'humanité défaillante, on se demande pourtant s'il n'eut pas quelques taches de cambouis sur la salopette.

Il se pourrait, en effet, que le grand Ramsès II ne se soit pas contenté de faire des pâtés de sable dans le désert toute sa vie. Quelques historiens futés pensent qu'il fut aussi un grand persécuteur d'Hébreux, qui avaient planté leur tente entre le Néguev et le delta du Nil. Réduits en esclavage, leur bérézina aurait duré un bon siècle chez Ramsès le Magnifique. Obligés de se coltiner sous les coups de fouets des briquettes d'une tonne pour l'édification de ces satanées pyramides, ils en auraient eu ras le turban et auraient mis les adjas en disant tchao à l'Égypte en 1312 avant Jésus-Christ, l'année précisément où l'on a empaqueté Ramsès II dans ses bandelettes parfumées. Ce dernier, qui ne se sentait pas la conscience absolument tranquille, avait d'ailleurs déclaré dans son sarcophage avant qu'on le bâillonne dans ses bandes Velpeau : « Vous verrez, ils sont bien capables de nous préparer la guerre des six jours ! »

Vercingétorix

Les Gaulois

Vercingétorix cherchant la place d'Alésia

Les Gaulois vivaient dans un pays – la Gaule – qui sentait mauvais. Certains pays sentent bon, ce sont les grands pays ; les autres, petits, sentent mauvais, y a pas à revenir là-dessus. Et la Gaule à l'époque, n'en déplaise à Uderzo et à Goscinny, elle était pas grande, croyez-moi. C'était marécageux, je vous raconte pas. La voirie faisait très mal son boulot, sans doute. Forcément, ça rendait les gens grognons ! Vers les deux cents ans avant Jésus-Christ, la Gaule désignait l'ensemble des pays habités par les Celtes. Presque cent ans plus tard, à l'arrivée de César, la Gaule, dite indépendante, se divisa en trois parties. L'une était habitée par les Belges (Allez, Allez !), l'autre par les Aquitains (Putain con !), la troisième par les Celtes ou si vous préférez nos ancêtres les Gaulois. Par exemple, la Gaule celtique au centre de la France actuelle était comprise entre la Seine, la Garonne et le Rhin inférieur. Tout ce beau territoire était peuplé par les Helvètes, les Séquanes, les Éduens, les Lingons, les Sénons, les Carnutes, les Vénètes, les Pictaves, les Sautons, les Bituriges, les Cadurques, les Lémovices et les Arvernes, on y becquetait donc du chèvre du Poitou, de la fourme d'Ambert, du cantal de Salers, du banon, des boulettes d'Avesnes, des boutons de culotte, de la cancoillotte, de la cervelle de Canut, du chabichou, de l'époisses, du maroilles, du picodon, du trou de murol, du bleu d'Auvergne, du brillat-savarin, du brie de Melun, du reblochon, du vacherin et j'en passe (1). L'absence de frigos n'arrangeait rien, vous vous en doutez, au niveau des odeurs. Donc, il faut bien l'admettre, ça schlinguait féroce à l'époque, bien plus qu'aujourd'hui dans les HLM de Sarcelles, quoi qu'en disent certains !

Les Gaulois étaient superstitieux, c'était pas croyable ! Il suffisait qu'un gros rocher se détachât et écrabouillât leur maison pour qu'ils deviennent méfiants. Un ours les attendant de même

1. Comme le fit justement remarquer, deux mille ans plus tard, un général gaulois populaire – Charles de Gaulle – (un insoumis) : « Comment voulez-vous que puisse s'accorder un peuple qui a quatre cents sortes de fromages différents ! » Cet anarchiste était malgré tout pertinent dans sa remarque.

en sifflant au pied du chêne sur lequel ils cueillaient le gui était un mauvais présage. Lorsqu'ils étaient treize à table, par exemple, ils étranglaient le plus jeune des convives pour lui éviter de mourir dans l'année. Les Gaulois étaient emportés, susceptibles, coléreux. Ils étripaient aussi facilement un collecteur d'impôts que le malheureux ténor qui avait fait un couac dans *Parsifal* à l'Opéra. Devant ce manque de tolérance évident, leurs épouses, les Gauloises, filaient droit. Chez leurs amants. Bien que prudes, apparemment(2), elles ne répugnaient pas cependant de laisser parfois « entrer un lézard dans la termitière », comme disaient malicieusement les gardiens de zoo de l'époque(3). Elles étaient très malignes et convaincantes lorsqu'il le fallait. Leurs maris, naïfs, croyaient volontiers dur comme fer qu'elles se sacrifiaient pour aller aux réunions de parents d'élèves quasi quotidiennes(4). Les enfants des Gaulois, c'était connu, avaient soif d'apprendre. Leurs parents, eux, avaient soif tout court.

À chaque automne, les Gaulois détachaient pieusement le gui sacré des grands chênes de leurs forêts. Les tisanes qu'ils en tiraient les rendaient malades et ils accusaient leurs femmes de vouloir les empoisonner. Elles le faisaient bien, certes, de temps en temps. Sans malice, toutefois. Uniquement quand leurs maris ne ramenaient plus la paye qu'ils avaient claquée en pariant sur les combats d'aurochs.

Les cérémonies religieuses des Gaulois consistaient à sacrifier une femme ou un enfant. Parfois même un taureau. On économisait toutefois les enfants de sexe mâle pour en faire de beaux guerriers et les taureaux qui étaient bien trop onéreux. On se contentait plus généralement d'une simple femme qu'on classait déjà, jolie lectrice, dans la catégorie « sexe faible ». Les ministres du culte des Gaulois s'appelaient des druides. Ces derniers, hormis le gui en salade avec des lardons, ne savaient pas faire grand-chose, il

2. Leur devise était : « Baisez-nous mais taisez-vous ! »

3. L'humour des gardiens de zoo était irrésistible, en ce temps-là.

4. En fait, ces braves Gauloises n'allaient aux portes du village que pour soulager la misère sexuelle du pèlerin de passage qui ne savait jamais où planter son bâton.

faut bien le reconnaître. Ils dépucelaient bien de temps en temps une Gauloise innocente, mais c'était plutôt rare, car, le temps de retrousser les dix-huit mètres de drapé de leur tunique, la mignonne était déjà passée à la casserole par un représentant de commerce en lingerie fine. La femme gauloise était en principe entièrement soumise à son mari. Le Gaulois à cette époque bénie savait se faire obéir[1]. Une Gauloise qui laissait trop cuire l'œuf à la coque de son Gaulois prenait deux torgnoles en pleine poire en guise d'avertissement. Le mari avait droit de vie et de mort sur sa femme et ses mouflets. Si ces derniers avaient briffé le cuissot de sanglier sans l'attendre, il étranglait d'abord son chien pour voir s'il n'avait pas perdu la main, puis il leur serrait à tous le kiki, jusqu'à ce qu'ils aient la menteuse comme un fer à repasser. Ces méthodes salutaires, bien qu'expéditives, encourageaient les femmes à être fidèles à leur mari et, bien entendu, les enfants à respecter la gamelle de leur papa. Pour être sûr, d'ailleurs, que sa femme observerait scrupuleusement cette fidélité, le Gaulois avait un truc très simple. Il la faisait mettre toute nue dans le salon. Puis il invitait ses meilleurs copains, qu'il obligeait à se déshabiller aussi devant sa femme nue. Le premier qui montrait un intérêt évident à un certain niveau, il le massacrait ! Ainsi, sa femme ne courait plus aucun risque. Il fallait y penser. Le bon sens de ces êtres, somme toute primitifs, force l'admiration.

La nourriture des Gaulois, pour le peu qu'on en sait, était simple et frugale. La garbure de fourmis et le salmis de crapaud-buffle revenaient hélas souvent sur la table. L'épaule d'ours, bouillie et avalée sans ketchup, faisait hurler de rire leurs ennemis les Romains, qui connaissaient depuis belle lurette le râble de lapin à la moutarde et le chevreuil sauce grand veneur. Ils étaient déjà vêtus de peaux de bêtes, tout comme les princesses de Monaco au bal des petits lits blancs. Les Gauloises passaient leur temps à taguer leur caverne, faire sécher au plafond la viande de bison, ou à tricoter un lardon avec leur bonhomme durant les longues soirées sans Internet !

---

1. Cela s'est considérablement dégradé depuis, hélas !

Les Gaulois avaient une façon amusante de combattre les Romains. Ils grimpaient sur des chariots dont les roues étaient armées latéralement de bons gros sabres bien aiguisés, en fonçant à fond la caisse sur l'ennemi. Ils tranchaient, charcutaient, découpaient des cuisses, des jarrets, des troncs ou décapitaient tout simplement à qui mieux mieux leurs adversaires terrifiés. Évidemment, ils s'amusaient comme des fous ! On comprend aisément après cela les plaintes des familles de ces pauvres héros tronçonnés. Les parents avaient un mal fou à retrouver et à recoller « leurs » morceaux avant de les mettre en terre. Ils s'en plaignaient aux autorités compétentes qui les dédommageaient en leur offrant un renard bouilli au vin de mûre, ou des quartiers de chèvre fumée. Il faut reconnaître, à la décharge de ces malheureux combattants, qu'ils ne connaissaient pas encore, hélas, ces guerres propres que nous offrent nos gouvernements depuis quelques décennies. La gégène, le gaz, la baignoire, ou même ce bon vieux garrot cher à Franco nous ont ainsi épargné la vue de ces sanglants découpages au cours des derniers conflits. On a beau dire, c'est malgré tout plus civilisé que ces tueries de brutes totalement dénuées de raffinement. Vercingétorix, d'ailleurs, le chef des Gaulois, était un véritable soudard sans la moindre éducation. Il était capable de violer à lui tout seul tout un couvent de bonnes sœurs sans se préoccuper de savoir si elles y prenaient quelque plaisir. J'ai du reste l'intention de vous dresser un portrait sans complaisance de ce grand chef valeureux certes, mais qui avait sans doute un peu trop tendance à noyer son chagrin dans le pommard.

… Et bien sûr, il trinqua, car Astérix malheureusement n'était pas encore né !

Vercingétorix, donc, était un chef gaulois né bien avant les années 30. Rien à voir avec Joséphine Baker. Je précise, les années 30 avant Jésus-Christ, bien sûr. Les spaghettis italiens étant, c'est bien connu, nettement supérieurs aux nôtres, la Gaule devint donc romaine. Après une forte tempête, les druides en train de cueillir du gui sur les chênes se retrouvèrent tous le cul par terre. En profitant pour se grouper, ils fondèrent la célèbre tribu des Arvernes[1]. Au terme d'une formidable partie d'am-stram-gram, ils désignèrent un chef nommé Vercingétorix, le seul qu'ils voyaient capable dans la région de filer une dérouillée à César, ce chef romain qui roulait trop sa caisse à leur goût. Vercingétorix entreprit dès lors de vaincre les légions de César, dispersées dans les bosquets en train de cueillir du muguet, des fraises des bois ou des châtaignes de l'Ardèche. César, qui était reparti tricoter un petit salé à Césarine dans son palais de Rome et déguster en passant une platée de *capellini al gorgonzola*, revint à toute bubure en prononçant ces paroles devenues célèbres depuis dans toutes les écoles : « Par les couilles de Belzébuth, ça va chier en Gaule ! » Effectivement, il fit beaucoup de peine à Vercingétorix en lui repiquant un par un tous les territoires qu'il venait de paumer. Vercin, qui possédait un beau briquet à mèche (cadeau de sa maman pour son premier massacre), adopta alors la politique de la terre brûlée. Il n'épargna que Bourges, la seule ville qui possédât déjà une douche et une boulangère qui massait aussi bien qu'elle pétrissait son pain ! César finit tout de même par prendre la ville, mais Gégé (comme il l'appelait familièrement) lui infligea une sévère déculottée devant Gergovie en l'an 52 avant Jésus-Christ. Après un tabac pareil, Vercingétorix se fit reconnaître commandant en chef et prit une musette mémorable à l'hydromel qui le fit basculer définitivement vers le Ricard sans glace. C'est qu'ils y croyaient, les Gaulois ! Ils se voyaient déjà refoulant l'ennemi jusqu'en Italie et enjamber les belles Romaines dont on leur avait dit qu'elles « grimpaient comme des folles[2] » ! Un beau matin, pourtant, près de Dijon, la moutarde monta au tarin de César, qui fila une décoction terrible à la cavalerie de Gégé. Cézigue se carapata dans le secteur, à Alésia exactement, avec, tenez-vous bien, ses huit cent mille hommes ! Rien que ça ! Vu qu'ils la sautaient tous allègrement après deux

1. Leurs descendants sont tous patrons de brasserie aujourd'hui à Paris.

2. Il arrive qu'on exagère et les imaginations s'échauffent facilement dans ce genre de situation. En fait, on est souvent déçu, car elles grimpent malheureusement comme les autres, en traînant les pieds !

mois de siège[3], Vercingétorix, qui en avait class de téter tous les jours du romanée-conti avec du méchoui de rat musqué, décida de se rendre à César. Sur son magnifique canasson blanc, paré pour le combat, il partit seul vers le camp de son ennemi pour s'y livrer prisonnier. Il entra chez César, car on lui avait donné le code de la porte, et sans un mot, sans descendre de cheval, il jeta à ses pieds sa belle épée bleue, son javelot framboise et son casque étincelant. César, méfiant, lui dit : « Et le portefeuille ? » Vercingétorix lui balança alors cette phrase demeurée historique elle aussi : « Te fatigue pas, j'ai tout dépensé ! » César le ramena à Rome pour l'exhiber devant son peuple qui se rendit compte ainsi de ce qui pouvait arriver à celui qui lui piquerait sa pompe à vélo.

Les Romains consommèrent les Gauloises qui étaient consommables et vendirent les autres, ainsi que les guerriers gaulois, au marché aux esclaves. Vercingétorix fut enfermé dans un cachot où le robinet de son lavabo fuyait[4] mais où les rats, par contre, ne voulaient pas en faire autant. Il y pourrit pendant six ans avant d'être, un beau matin, proprement étranglé dans sa cellule par un gus qui avait les doigts vachement musclés, et n'en était pas plus fier pour autant !

César fut reconnaissant à Vercingétorix de n'avoir jamais porté plainte et le fit enterrer debout dans son jardin pour lui prouver sa gratitude.

3. À peine douze mille gaspards à briffer pour huit cent mille affamés, même en comptant les rates pleines, ça faisait pas lerche !

4. Vercingétorix pensait que ce robinet avait bien de la chance.

ISABEAU DE BAVIÈRE

(1371 - 1435)

Isabeau de Bavière (d'après des racontars)

ISABEAU DE BAVIÈRE

La petite Isabeau de Wittelsbach-Ingolstadt pointa son blair à Munich en 1371. Contrairement à la légende, c'était pas un prix de Diane. Elle n'était pas vraiment tarte non plus [1]. Elle possédait en fait un charme indéniable et elle devint une grosse dévergondée. Grosse, parce qu'elle adora toute sa vie les bonbons, les pâtisseries et tous les bons morceaux. Dévergondée, parce qu'elle adorait aussi les minets et que, tout comme pour les éclairs au chocolat, il lui était quasiment impossible de ne pas s'en filer une indigestion [2].

Fleuron du Saint Empire romain germanique, la jeune Isabeau allait beurrer la tartine de Charles VI en consolidant la couronne de France, qui avait bien besoin de se remplumer. En mariant ces deux-là, on allait en effet contrebalancer l'influence du roi des Rosbifs, lui aussi entiflé avec une Teutonne. Charles VI avait choisi Isabeau sur portrait [3]. Rien ne prouvait en fait qu'en la voyant tout en chair et en bosses, il n'allait pas faire « beurk » et la renvoyer aussi sec à la cueillette du houblon. À quatorze piges, Isabeau avait un joli teint de pruneau (sa maman était milanaise) et une petite taille qu'elle compensait en portant des socquettes sexy et des talons de huit centimètres [4]. Elle avait la peau douce d'un abricot, l'œil noir pétillant, les miches bien fendues et une bouche qui appelait au viol [5].

On lui envoya tout de même des matrones qui la mirent à loilpé pour lui ausculter gentiment le millefeuille afin de constater

---

1. Comme disait élégamment Louis d'Orléans : « J'en ai baisé des pires ! »

2. Elle était capable, paraît-il, de consommer trois éclairs au chocolat à la fois. En ce qui concerne les hommes, on n'a jamais su vraiment.

3. Comme sur le catalogue de La Redoute.

4. Elle avançait toujours comme si elle avait peur de marcher sur quelque chose de pas propre.

5. Quand une reine vous appelait à l'époque, surtout pour un motif pareil, il était préférable de venir tout de suite.

qu'elle serait bien en mesure de pondre quelques petits baigneurs à son royal époux. Aucun problème, dit-on à Charles qui tomba aussitôt raide dingue de la mignonne. De son côté, Isabeau trouva Charles VI encore plus bandant que trois douzaines de meringues. Il avait de beaux tifs tout blonds et des biscoteaux de déménageur. Au lancer de javelot, il pouvait transpercer un dindon à trente-cinq mètres[6]. Au tir à l'arc, il crevait l'œil d'un type à cent mètres[7]. Bon cavalier, vachement courageux à la guerre[8], bref, il était adoré de tous et plus particulièrement de la môme Isabeau. Les noces eurent lieu à Amiens en 1385. La couronne d'Isabeau valait à elle seule une province[9]. Ils firent une java mémorable et passèrent huit jours au pieu sans prendre même la peine de ligoter le courrier. Pendant qu'il l'initiait au *tournedos à point* et à *la flèche qui siffle*, elle lui apprit l'allemand, et leur bonheur dura sept ans. Fameuse limite fatidique car, le jour où son beau Charles commença à se promener dans le donjon du château avec une casserole sur la tête et à balancer ses pages par les fenêtres, Isabeau s'inquiéta un tantisoit. Il piquait des crises de folie furibarde. Il balançait des écuelles de petits pois dans le décolleté des marquises et descendait l'escalier de la tour en traînant sa femme par les cheveux. Isabeau, qui trouvait ça moyennement drôle, avait un tracsir terrible de pieuter tous les soirs avec un barjo pareil. Il devint dès lors pour tout le monde Charles le Fou, mais ne fit tout de même pas moins de douze lardons à son épouse[10].

---

6. Bien sûr, c'était un peu idiot, il s'en rendait compte lui-même, car, après, il ne savait jamais quoi faire avec ce dindon.

7. Généralement, le type le remerciait de lui avoir laissé l'autre.

8. Il était très courtois et il ne tuait jamais du reste que des types en parfaite forme physique.

9. En plus des choux à la crème et du zizi-pan-pan, elle adorait aussi les bijoux de chez Van Cleef et particulièrement les couronnes.

10. Généralement en sortant de la messe, sur la table de cuisine.

En dix-huit années de règne, cette pauvre Isabeau[1] se retrouva tout de même en cloque pendant huit ans[2]. Mais n'anticipons pas, comme le fit remarquer Wellington à Cambronne qui venait de lui dire un truc dégoûtant pour un Engliche.

Avant de casser sa pipe, le vieux Charles V avait balisé un max pour assurer l'avenir du fiston. Il avait fixé sa majorité à quatorze ans. Il avait gambergé que les tontons ducs de Berry, d'Anjou et de Bourgogne assumeraient la délicate fonction de tuteurs pour Charles VI. Ce seraient toutefois les « marmousets » qui exerceraient le pouvoir car ils avaient été ses fidèles conseillers loyaux et tout le toutim. Ces sages mesures, vous vous gourez bien qu'elles n'avaient pas été suivies. Le petit Charles VI fut déclaré roi à la mairie, non pas à quatorze mais à douze ans, en 1380. Après une courte régence du duc d'Anjou[3], les tontons-tuteurs s'empressèrent de faire gicler les malheureux marmousets pour devenir les caïds du pays. Là, schéma on ne peut plus classique : augmentation des impôts, à casquer bien sûr par les plus démunis[4]. Après avoir ratiboisé le grisbi des pauvres, les tontons-rapetous ouvrirent chacun un compte en Suisse. Ils s'achetèrent de beaux cigares de La Havane chez Gérard et firent une java à tout casser[5].

« Les artisans, les paysans, les serfs, tous ces gens simples ont un mal fou à se rendre compte des perpétuels besoins d'argent de la noblesse. Ils ne connaissent pas leur chance ! Se rendent-ils compte de tout le carbure que nécessite l'entretien des châteaux, la chasse, les clebs, les oiseleurs, le personnel qui coûte les yeux de la

---

1. C'est une façon de parler !

2. On est en droit de penser que cela eût pu développer son instinct maternel. Eh bien, chez Isabeau, pas du tout. Elle raffolait de ses amants, mais pas du tout de ses enfants, car elle filait des beignes aussi souvent que vous zappez votre télé !

3. Le temps de prendre une douche, il était viré.

4. Il faut bien comprendre que les nantis n'étaient pas très chauds pour se laisser plumer, mettez-vous à leur place.

5. On a du mal à imaginer, aujourd'hui, ce qu'était capable de faire un gouvernement à l'époque !

tête, les fêtes, les festins, les bijoux, les chevaux, l'armée, de même que la guerre, qu'on ne fait pas pour notre plaisir ! »

Cette pertinente digression était exposée par Isabeau elle-même à son beau Charles qui trouvait, en effet, ces paroles pleines de bon sens. Il venait d'avoir vingt piges. S'apercevant soudain que les guerres dans son pays ne beurraient après tout que les fouilles de ses tontons-flingueurs au pouvoir à sa place, il leur balança hardiment un poulet recommandé avec cette phrase historique : « Taillez-vous, tocards. Je reprends mes billes. » Et pan ! Il lourda aussi sec le duc de Bourgogne (le plus teigneux) et rappela les marmousets pour l'aider à remettre la barque à flot. Le duc de Bourgogne pointa au chômedu durant quatre ans. Il envoya une bafouille à son tour à Charles VI en lui disant : « Mon salaud, je te scierai le cul à la première occase ! » Il entreprit dans la foulée la culture en serre des champignons de Paris, mais les cigares qu'il s'achetait désormais étaient beaucoup moins gros. Son heure n'allait cependant pas tarder. En attendant, victime de la pernicieuse influence de son frelot Louis d'Orléans, Charles VI prit goût lui aussi à la bringue, au jeu, au luxe, et même la môme Isabeau dépensait un max d'osier pour se pimplocher la frite[6].

Tout ça, il fallait pourtant bien le douiller. C'est qu'elle aimait ça aussi, la petite ! Bien qu'elle ne dépensât que la moitié de ce que son Charlot dilapidait, voici tout de même un tableau approximatif de ce qu'ils se goinfraient, elle et ses potes, chaque semaine pour les fiestas :

Quatre-vingts moutons, douze veaux, douze bœufs, douze porcs, deux barriques de bourgogne, etc. On n'insistera pas trop sur l'argenterie, les robes en satin étoilées de pierres précieuses, les dessous coquins et les colliers de diams. Nous aurions l'air mesquins.

Isabeau avait, on le voit, les paluches percées, mais le roi raquait tout sans bégayer. La coquine planquait aussi son blé et, loin d'être nulle en affaires, elle traficotait de plus dans l'immobilier. Elle revendait les bijoux qu'on lui offrait, et s'en payait d'autres avec un large bénef. Façon comme une autre de

6. Se maquiller.

se consoler des coups de canif dans le contrat de fidélité que son Charlot tailladait copieusement. À ce propos, du reste, elle n'avait pas tellement voix au chapitre. Il faut bien avouer qu'elle avait jusque-là bien plus déglingué les pageots de ses jules que celui de son époux[1]. Toutes ces fêtes et ces mascarades commençaient à pomper sérieux le trésor royal et… la santé de Charles VI. Le roi devint fragile comme une biscotte dans les paluches d'un étrangleur. Malgré sa belle apparence, il se mit à disjoncter sérieux et de plus en plus fréquemment[2]. Un jour, en sortant du guinche, voilà-t'y pas que son pote Olivier de Clisson se fait dessouder traîtreusement par son ennemi personnel, Pierre de Craon. Trois semaines plus tard, Charlot, redevenu lucide (si on peut dire), se laisse connement entraîner dans une expédition punitive contre le duc de Bretagne qui a planquousé le criminel.

Son départ et la suite des événements vont casser la cabane d'Isabeau pour qui le pain blanc ne sera plus tout à fait ce qu'il était[3].

Le 5 août 1392, Charles le Fou, qui avait l'air moins givré que d'habitude, chevauche gentiment dans la forêt du Mans. Il espère y débusquer quelques tendres marcassins dont un cuissot à la broche lui calerait bien les moustaches. Soudain, un homme surgit, qu'il prend pour l'armée ennemie. Croyant faire des galettes avec les Bretons insoumis, il perd de nouveau les pédales et trucide trois de ses hommes[4]. On l'embarque d'urgence à l'hosto de Creil où il se rebecte peu à peu, à condition, dit le toubib, qu'on ne lui parle ni de guerre ni du prix du gigot ! On se le tient pour dit. On le cajole tant et plus, on le gave d'abricots secs et de foie de morue, et Isabeau tombe enceinte d'une quatrième

1. Il faut peut-être préciser que Charlot la carambolait souvent avant qu'ils n'arrivassent dans leur chambre.

2. C'est dès cette époque qu'on commença à l'appeler Charles le Fou. Il passait des journées entières à pêcher dans son bocal de poissons rouges. Il finit par casser le bocal et fit étrangler les poissons qui ne voulaient pas mordre à son hameçon.

3. Remballez vos mouchoirs, elle n'alla jamais à l'Armée du salut !

4. Des hommes sans éducation, certes, mais tout de même…

pisseuse. Née en 1393, on la baptise Marie. Elle sera « consacrée » à Dieu par sa maman pour obtenir la guérison de son papa. À cinq ans, on l'embarqua pour le couvent de Poissy où elle prit le voile en 1408. Voilà comment on guérissait les rois, à l'époque[5].

Quelque temps plus tard, Charles remet le couvert au « bal des Ardents ». Cette fois-ci, il prend carrément feu en recevant une torche enflammée sur la théière. La duchesse du Berry, qui n'avait pas froid aux yeux, n'eut que le temps de l'enfouir sous sa robe pour l'éteindre[6].

Isabeau, énervée sans doute par ce satané tison, tombe dans les pommes[7]. L'Église s'émeut. Le malin pointerait-il ses cornes pour contrarier la royale destinée ? On déclare le roi envoûté. On tente des purifications pour filer les chocottes à l'intrus. On interdit les jeux qui font fureur et qui, c'est certain, doivent défriser Dieu. Les blasphèmes sont sévèrement punis ainsi que la prostitution. On vire les Juifs (tiens, c'est nouveau, ça !) porteurs de malédictions et on leur pique leurs biens[8]. Cependant, malgré ces draconiennes mesures, le roi demeure complètement louf. Il nie être le roi et fait tout un souk chaque fois qu'il aperçoit ses armes sur une assiette[9]. Quand Isabeau lui rend visite, il demande : « Quelle est cette femme dont la vue m'obsède ? » Un charlatan nommé Arnaud Guillaume, venu de Gascogne, déclare qu'il va le guérir en deux coups les gros. Il lui fait avaler des platées de cacahuètes pilées, mélangées à de la concoillotte. Et il échoue. On le pend pour voir s'il va trouver une recette qui dénouera la ficelle. Des pèlerins nu-pieds vont d'église en église dans tout le royaume,

5. Remarquez que, si elle avait vu le jour chez les Incas dans des circonstances analogues, elle eût été étripée comme un cabri sur une pierre de sacrifice. Finalement, elle a eu du bol.

6. C'est là qu'elle éteignait habituellement les tisons.

7. Les tisons lui faisaient toujours de l'effet.

8. L'Église était déjà très dévouée pour la sauvegarde de la morale et celle du bien public. On ne l'en remerciera jamais assez.

9. C'est pour lui qu'on inventa le sandwich. Il faut bien avouer que ce règne-là n'engendra pas que des choses bien.

en priant à s'en faire péter les jointures. On récite des litanies, on met des piécettes dans la sébile des curetons. Finalement, Charles reprend du poil de la bête[1]. On lui fait briffer des steaks de cheval avec des tartines de Nutella et Isabeau se retrouve prête à mettre bas d'une cinquième fille en janvier 1395. La mouflette s'appelle Michelle de France.

Hélas, trois fois hélas, Charles rechute de plus en plus souvent. Il cavale comme un dératé dans les couloirs de l'hôtel Saint-Paul en appelant désespérément sa jument préférée pour lui mettre du rouge à lèvres.

On est obligé de murer les lourdes pour l'empêcher de se tailler. On le ceinture. Il se débat comme un forcené qu'il est. Il renverse les nouilles à la tomate sur la tronche des loufiats qui essaient de le faire becqueter. Après cinq mois d'épique corrida, il faut trois semaines pour le convaincre de changer de limace, de draps. Surtout, on lui fait prendre un bain et on lui rase la barbouse, qui est un vrai piège à poux. Il est couvert de pustules, de vermine, et il schlingue à faire pâlir un coyote.

En 1405, Isabeau a fait le plein. Elle en a ras la pâquerette de cet allumé et refuse désormais la vie commune. On la voit à présent partout en compagnie de son beauf, Louis d'Orléans, qui a la réputation de cavaler comme une bête après les toisons d'or incandescentes et, particulièrement, de collectionner les putes. Pourquoi pas la reine ? On en fait des gorges chaudes dans les chaumières. Dans le petit peuple, on aime toujours ce roi dingo, mais on peut plus saquer cette souveraine pétasse qui se fait sauter comme une crêpe dans les hôtels Saint-Paul et Barbette, au luxe tapageur[2]. Ces lupanars, inaccessibles aux prolos, sont pleins de cages à oiseaux exotiques, de bassins où batifolent des marsouins et de jardins où les singes se paluchent allègrement en briffant des bananes. Isabeau s'y balade en exhibant un décolleté profond comme le gouffre de Padirac, tenant en laisse un léopard en tortil-

1. On a beau dire, Dieu est quand même vachement fortiche !

2. C'est vrai qu'on la voyait moins souvent dans un routier que dans un trois étoiles Michelin.

lant des miches pour exciter les sabreurs potentiels[3]. Elle aime le son des picaillons, la belle Isabeau, c'est sa musique préférée. Elle achète des tableaux, des immeubles, elle planque son fric un peu partout, dans une tour au Louvre, dans des poutres creuses de sa carrée, à l'abbaye de Saint-Denis sous la bonne garde des moines.

Remarquez qu'avec toutes ces émeutes qui l'ont fait calter de Paris à plusieurs reprises, il lui faut de l'osier à portée de la main, c'est préférable. Et puis, il en faut pour Louis aussi, Louis d'Orléans, le frelot du roi qui est à présent son julot officiel depuis qu'elle couche plus dans le pieu de Charles. Il y a aussi le frangin d'Isabeau, un ramier de première. Pas gêné du tout, le mec, de toucher les Assedic, tout en becquetant le caviar à la louche[4]. Isabeau, bonne fée généreuse malgré tout, se retrouve pourtant un jour dans un coltar pas possible. Elle se fait gauler connement en flagrant délit de rapine par les habitants de Metz furibards. Ces pauvres loquedus croulant sous les impôts interceptent un carrosse chargé d'or tiré par six chevaux en partance pour l'Allemagne. Car la mignonne beurre aussi les tartines de sa famille teutonne[5] ! La coupe est pleine. Elle se fait traiter de tous les noms d'oiseaux et, par chance, se carapate vite fait avant que ces pélegreux ne la transforment en saucisse fumante.

Elle retrouve le roi fulminant dans son pieu. Désormais, sa seule vue file des boutons à son époux qui ne peut plus l'encadrer. Pour le consoler et apaiser sa jambe du milieu, elle lui envoie une copine, Odette de Champdivers. Charles, encore pas trop ramolli de l'arbalète, lui fera une mouflette qui, pour d'aucuns, ne serait autre que... Jeanne d'Arc ! C'est-y pas Dieu possible !

D'autres historiens soutiennent, preuves en main, que la pucelle d'Orléans serait plutôt l'enfant adultérin qu'Isabeau aurait eu de Louis d'Orléans, le frangin de son royal époux. Ces messieurs prétendent même que Valentine Visconti, l'épouse de

3. La pauvrette se défendait avec ce qu'elle avait.

4. L'absence de cuiller ne le gênait pas du tout. Il était resté très simple.

5. Les Teutons ont un de ces appétits, on n'a pas idée !

Louis, aurait elle-même pendant ce temps squatté le lit du roi ! Quelle histoire[1] !

Il est vrai, par ailleurs, que cette très jolie gisquette était la seule à posséder derrière ses jarretelles de quoi calmer les ardeurs du givré[2]. Cette douce thérapeutique lui sembla sans doute préférable à l'électrochoc qu'on lui fit subir un jour. Six hommes déguisés en diables charbonneux lui avaient sauté sur le râble avec rudesse, espérant par là le réveiller de sa folie. Épouvanté, le malheureux Charles s'était laissé dérouiller docilement comme un enfant puni… et il était resté aussi barje qu'avant[3].

Tout le peuple connaissait ces pratiques, bien sûr, et on plaignait fort le pauvre roi qui continuait de becqueter des vers de terre sous le prunier de son jardin en s'éventant avec une poêle à frire. Pour la môme Isabeau, il faut bien avouer que c'était pourtant pas la joie non plus. Si elle avait quitté le domicile conjugal, c'est parce qu'elle en avait class de se manger des beignes et de se retrouver devant le miroir avec la frite comme un steak tartare. Elle avait à présent trente-trois balais, presque toutes ses dents et douze lardons, dont trois qu'elle avait perdus en route. Finalement, dans cette famille tuyau-de-poêle, tout le monde s'arrache la gueule. Cependant, le pouvoir, au gré des alliances, n'échappe jamais complètement à la reine Isabeau. C'est qu'elle aime ça, le pouvoir, la mignonne. Car il y a le grisbi au bout. Elle contrôle tout, la coquine. Même Charles, qui vit avec une Julie qu'elle lui a choisie elle-même ! Mais voilà qu'un beau matin, le roi, soudain, ne débloque plus du tout. Il laisse tomber sa poêle à frire et cesse d'éteindre les bougies en leur pissant dessus.

Se rendant très bien compte qu'il peut se remettre à yoyotter du jour au lendemain, il s'empresse de nommer un nouveau

---

1. Remarquez, c'était pas les premiers échangistes !

2. Elle faisait prendre, paraît-il, de la cantharide à ses amants qui succombaient parfois à la douzième reprise. Quoi qu'on en pense, la cantharide, ici, n'est pas coupable. On peut en user, certes, à condition de ne pas faire des tartines trop épaisses, évidemment.

3. L'évêque lui avait bien fait claper trois douzaines d'osties avec une rouille de Sancerre, mais ça ne l'avait pas guéri non plus.

Conseil d'État. Il sera composé des princes de sang, d'un conseiller et de ses ministres, le tout chapeauté par… Isabeau.

Il précise même par édit que s'il vient à lâcher la rampe[4], son fils aîné, même mineur, devra être reconnu comme souverain, sous la seule tutelle de sa mère. Dès lors, Isabeau possède toutes les cartes. Elle se frotte les paluches, pendant que Louis lui masse les nibards[5]. Après avoir favorisé et entretenu Louis d'Orléans comme une pute de haut vol, Isabeau, qui veut changer le goût de sa soupe, s'allie au bourguignon Philippe le Hardi. Dans sa disgrâce, Louis d'Orléans a du fion. Une épidémie étrange venue d'ailleurs éclate en 1404, et Philippe le Hardi, duc de Bourgogne, se retrouve les moustaches en croix[6]. Mais un autre ennemi guette ce couple infernal. C'est Jean de Nevers, le nouveau duc de Bourgogne. Il entre au Conseil royal à la mort de son vieux et gagne la confiance des Parigots en sciant la branche sous le cul de Louis d'Orléans. Il n'a aucun mal à persuader le peuple que ce dernier, non content de sauter la reine, a sûrement filé quelque poudre malfaisante dans la blanquette de son frelot le roi pour le faire yoyotter[7]. Il en a profité ensuite pour cocufier son propre frère – la honte ! De plus, ce salopard de Louis prétend lever un nouvel impôt, pour la simple et bonne raison qu'il est un peu à court de flouze. C'en est trop ! La haine du peuple est à son comble.

Louis a poussé le bouchon trop loin… et sa pétasse, itou. Le jour de l'Ascension, un moinillon attaque, en chaire, la reine bille en tête dans son sermon : « La déesse Vénus règne à votre cour… l'ivresse et la débauche lui servent de cortège. » La reine prend ça dans les dents et se retire dans son alcôve pour y prendre un Témesta[8].

---

4. Mourir.

5. Louis n'était pas vraiment kinésithérapeute, mais Isabeau lui faisait confiance.

6. Philippe meurt, et Louis reprit ses massages.

7. À mon avis, il lui en voulait.

8. On n'a pas idée parfois de l'ingratitude d'un peuple lorsqu'on n'est pas roi soi-même.

Le 23 novembre, Louis d'Orléans se rend au chevet d'Isabeau à l'hôtel Barbette. Elle a becqueté des choux-fleurs aux harengs qui, croit-elle, lui font des courts-circuits dans le gésier. En fait, elle accoucha de ce lardon soi-disant mort-né qu'on soupçonna d'être la pucelle d'Orléans (bien vivante en réalité!) dont Louis serait le paternel. Là, ce dernier reçoit un message (faux) du roi qui l'invite à une partie de saute-mouton. Louis repart à tout berzingue[1] sans escorte et se fait coincer comme un bleu dans la rue Vieille-du-Temple par les arcans de Jean de Nevers dit Jean sans Peur, qui lui dégringolent sur les arêtes en gueulant : « À mort! – Mais, proteste Louis, je suis le duc d'Orléans – Tant mieux! » répond l'un des gus en lui tranchant la paluche qui tenait la bride de son cheval. Un autre, aussi sec, lui fracasse la hure d'un grand coup de massue entre les deux oreilles. Jean sans Peur, qui s'était planqué au coin d'une porte cochère, se pointe alors. Il put vérifier que Louis avait la calebasse comme un clafoutis aux cerises qui aurait passé un mois sous la selle d'Attila. Manque de fion, douze piges plus tard, Jean sans Peur, à son tour, se fera cisailler le poignet avant de morfler un grand coup de hache en pleine poire qui lui coupera la moustache en deux. On le laissa plusieurs jours sans sépulture, et seuls les corbeaux trouveront que finalement c'était pas un mauvais mec. Mais ça, ce ne sera que bien plus tard...

En attendant, Louis d'Orléans, bien malgré lui, certes, laissait au moins deux gonzesses sur le carreau chialant comme des veaux. Sa légitime, bien sûr, sans compter la mère Isabeau qui en avait gros sur la patate de se retrouver seulabre sans défense face à cette tronche plate de Jean sans Peur. De plus, elle devait encore se goinfrer son époux qui avait définitivement paumé ses fusibles. C'était pas non plus très fastoche de faire face à un peuple qui vous tourne le dos alors qu'on lui tend si généreusement les bras pour lui demander des sous.

L'assassinat de Louis d'Orléans déclencha une véritable croisade sous le regard inquiet d'Isabeau qui se rongeait les salsifis. Deux armées de cent mille hommes! Armagnacs contre

1. Il adore jouer à saute-mouton!

bourguignons qui n'attendaient que ça ! Le peuple de Paris, lui, savoure la mort de Louis, ce salopard qui, pour un oui ou pour un non, vous inventait un impôt sur les cure-dents ! Pas question d'arrêter son meurtrier qui, d'ailleurs, clame partout qu'il est un bienfaiteur de l'humanité. À présent, les armées sont prêtes, il y a de la castagne dans l'air...

En 1412, Jean sans Peur bégaye soudain de trouille en apprenant que le parti orléaniste s'est allié aux Rosbifs en échange de l'Aquitaine, du Poitou, de l'Angoumois et du Périgord. Les troupes anglaises, qui ont pris le premier ferry, sont déjà en France sous le commandement du duc de Clarence. Il s'est pointé avec un casse-tête à changement de vitesse à la main droite et une panse de brebis farcie dans l'autre. Les Français sont blêmes de peur.

Face à cette inquiétante adversité, le duc de Berry et Jean sans Peur se rabibochent fissa. Finalement, les Français quels qu'ils soient n'apprécient guère les Rosbifs. Ils seraient bien capables, entre autres calamités, de leur interdire de becqueter des escargots ou, pire encore, de leur ramener un jour leurs femmes en France ! En fin de compte, les Anglais ont débarqué pour des prunes ! Fumaces, ils réclament le remboursement de leurs frais : billets de bateau en première classe, frais de séjour et dédommagement pour le temps perdu à sauter des Françaises dont ils ne verront même pas le lardon qu'ils ont tricoté à la plupart d'entre elles.

Charles d'Orléans, qui n'a jamais un fifrelin en fouille, leur refile son frelot en otage, et, pas très jouasses malgré tout de cette maigre compensation, les bouffeurs de pudding se retirent brouter leurs greens au pays de la perfide Albion ! Le pauvre Jean d'Angoulême resta tout de même prisonnier une trentaine d'années à becqueter du porridge chez les Rosbifs. Merci, petit frère !

Pendant ce temps-là, Isabeau, plus inconsciente qu'un goy entrant chez un marchand de ciseaux juif, se maquille la cerise à la fiente de crocodile. Elle se cloque aussi le soir sur la hure, avant de s'endormir, de la cervelle de sanglier mélangée à des dents de lion pulvérisées dans le santal !

Tout ça pour rester jeune[1].

Le pays est alors dans un bordel indescriptible. Les prédicateurs attisent le mécontentement du peuple qui glaviote sur les carrosses royaux en traitant la reine de salope[2]. Les garçons bouchers armés par le prévôt des marchands se déchaînent à leur tour. Ces écorcheurs pillent et serrent le kiki des bourgeois de Paris. Ces derniers, du reste, déçus par les bourguignons, retournent leur veste en faveur des armagnacs. Henri V d'Angleterre, qui est pas trop ramolli du pudding, choisit précisément ce moment le plus merdique de l'histoire de France[3] pour filer une monumentale dégelée à la chevalerie française. Souvenez-vous, Azincourt, 1415[4] !

Après ce gigantesque coup de pied au cul, Isabeau retrouve ses houppettes à maquillage, ses jules, ses combines, et reprend la foiridon de plus belle. Le peuple, ou ce qu'il en reste, est de plus en plus jouasse d'avoir une reine pareille ! Un qui est aussi vachement content dans ses rares moments de lucidité, c'est Charles, son bonhomme... enfin, là aussi, ce qu'il en reste ! Vu que les cornes qu'il se trimballait ne lui permettaient plus de passer par les portes sans baisser la tête, il prit un coup de sang un beau jour de 1417. Il fit arrêter et jeter en un sac en Seine l'un des chevaliers servants de sa greluche, Louis de Bosredon, qui avait la sale manie d'enjamber fréquemment Isabeau sans demander la permission, ce qui eût été la moindre des corrections.

Durant ces sanglants marivaudages, Yolande d'Aragon, duchesse d'Anjou, va alors jouer un rôle capital en fourrant discrètement son pif dans les affaires. C'est elle qui a pratiquement élevé le futur Charles VII délaissé par Isabeau. Rappelons-nous

1. On s'étonne aujourd'hui que les nanas soient louftingues des liftings ! Isabeau n'aurait sûrement pas hésité à se faire remonter les roberts sous le menton, elle aussi, si elle avait connu nos charcutiers actuels !

2. À dire vrai, la reine ne s'était jamais posé la question de savoir à quelle catégorie de femmes elle appartenait.

3. Oui, je sais, à y réfléchir, il y en a eu plein d'autres !

4. Dans la région, les radis poussent encore très bien sans engrais !

que Charles VI, sinoque, l'avait quasiment virée à coups de pompe dans les noix. C'est la douce et ferme Yolande qui veilla, elle aussi, en catimini, sur l'éducation de la pucelle à… Domrémy. Comme la plupart des rois et des princes de son temps, Yolande croyait dur comme fer aux prophéties. Elle était de plus au parfum de celle qu'on attribuait à Merlin l'Enchanteur : « Une fille venue des marches de Lorraine subjuguera les archers ennemis. » C'est donc tout naturellement Yolande qui organisa en 1429 la rencontre de Charles VII et de la pucelle à Chinon. Ils ont taillé là une sérieuse bavette durant une plombe, après quoi Charles lui aurait dit : « Bon, ma vieille, t'as encore ton berlingue, y a pas de honte à ça. Mais, d'après ce qu'on m'a affirmé, comme ton bras est vaillant, ta langue sage et que t'as pas la tronche pleine de courants d'air, VIRE-MOI CES PUTAINS DE ROSBIFS DE FRANCE !!! »

Que la pucelle soit fille d'Isabeau de Bavière et de Louis d'Orléans ou celle du roi et de la Champdivers, Yolande s'en tamponne le vertugadin. Si elle s'est emparée de la mouflette, c'est pour s'en servir en temps utile. Quel génial romancier oserait inventer ce qui se maquillait à l'époque où la réalité dépasse de loin la fiction ? Alexandre Dumas lui-même en eût été baba ! Car esgourdez bien ceci : afin de ne rien louper de ce qui se mijote dans les coulisses du pouvoir, Yolande va fourrer dans le plumard de Jean sans Peur la plus futée de ses espionnes, la mystérieuse dame de Giac. C'est elle qui obligera le bourguignon à aller au rendez-vous de Montereau. Son astrologue avait prédit à Jeannot : « Fais gaffe à tes arêtes, c'est pas ton jour de baraka », et, bien sûr, il avait plus vraiment envie de s'y pointer. Il eût été bien inspiré d'aller plutôt ce jour-là faire une partie de golf à Saint-Nom-la-Bretèche…

C'est donc à Montereau qu'il dégusta ce fameux grand coup de hachoir en pleine tronche, avant d'avoir le poignet tranché tout comme l'avait eu le malheureux Louis d'Orléans. Pierre de Giac et son espionne d'épouse passeront ensuite avec armes et bagages… dans le clan des armagnacs ! Lorsque le complaisant mari prendra plus tard trop d'ascendant auprès de Charles VII – dit Charlot le ramolli –, Yolande fera nommer La Trémoille grand chambellan, pour scier les cannes de Giac. Il sera arrêté aussi sec pour « haute trahison » et balancé dans la Seine du haut de la tour de Nesle dans un sac à patates[1]. Un mois après, le temps de pleurer raisonnablement son époux, la douce dame de Giac épousa… La Trémoille ! Comme vous pouvez le voir ici, chère lectrice ébaubie, la belle Yolande, digne représentante du sexe dit… faible, était largement de taille à guider pas à pas l'innocente pucelle jusqu'à son demi-frelot Charles VII. Elle était du reste bien placée pour savoir que c'était bien la pucelle la bâtarde, et non le roi Charles VII, qui gambergeait sec lui-même sur sa légitimité. Fier comme un paon qui vient d'enfiler un costard neuf, ce dernier se fit illico sacrer à Reims, et on connaît la suite qu'on a déjà vue à la télé.

Jeannette aurait échappé au bûcher, GRÂCE à la complicité de l'évêque Cauchon (voir l'histoire de Jeanne d'Arc) qui en fit cramer une autre, encapuchonnée, à sa place.

Mais encore une fois, revenons un chouïa en arrière et retrouvons la délicieuse Isabeau.

Après que son bel amant Louis de Bosredon eut été balancé en Seine par son époux furibard, on la sépare de ses lardons, la jugeant mère indigne. C'est là que, pour Isabeau, la bérézina commence vraiment. Elle est d'abord reléguée à Blois, où le château humide convient mal à ses rhumatismes, puis à Tours, où elle peut pas saquer les rillettes. Humiliée, elle fait du gringue à Jean sans Peur (lequel ne s'est pas encore fait trancher le colbac !) qui la délivre le 2 novembre 1417. Elle prend alors le titre de régente, et les deux complices créent à Troyes un gouvernement rival. Après quoi, ils filent une mémorable pâtée aux armagnacs (en juillet 1418). Dès lors, la douce Isabeau n'hésite plus à se bigorner ouvertement contre son propre fils, le dauphin Charles (futur Charles VII), qu'elle renie même furieusement après le meurtre de son pote Jean sans Peur[2]. Lorsque le nouveau duc de Bourgogne, Philippe le Bon, se met à flirter dangereusement

1. À l'époque, on se sortait moins facilement d'un sac à patates bien ficelé qu'aujourd'hui d'un scandale avec les fausses factures !

2. Il n'est pas certain que Charles VII aimât profondément sa maman. On se demande pourquoi.

avec les Rosbifs, elle renifle la cata *because* ce Lancastre qui a un féroce appétit pour la quiche lorraine et le chèvre du Poitou. Elle essaie alors de rebecqueter le coup avec Charles, à qui elle déclare qu'elle l'aime largement autant qu'une douzaine d'escargots à l'ail. Son fiston l'envoie aux fraises, et elle se rallie sans vergogne aux bourguignons. Elle fait prononcer alors l'exhérédation[3] du dauphin, avalisant ainsi totalement la légende de son illégitimité. Elle donne de plus (suprême honte pour la France !) sa mouflette Catherine (qui va sur ses dix-neuf balais) comme épouse au roi d'Angleterre, Henri V, qui devient l'héritier du royaume par le traité de Troyes le 21 mai 1420.

Après avoir été déguster une fricassée d'anguilles au siège de Melun, elle rallège à Paname avec Henri V où ils font une foiridon à tout casser pour fêter la victoire. Mais ce gendre dont elle espérait tant va hélas caner un beau matin[4].

Elle lui survit treize ans mais, dès lors, pour Isabeau, ce ne sera pas vraiment la joie. Son appétit vorace et ses douze grossesses la font à présent éclater en sanglots chaque fois qu'elle grimpe sur sa balance. Elle ne se déplace plus déjà depuis des mois qu'en chaise roulante ou en litière portée à dos d'hommes[5]. Elle crèche à présent à Vincennes dans un petit château de trois mille mètres carrés habitables, et c'est bien le minimum nécessaire à son gabarit. Elle s'est mise en cheville avec un marchand de bonbons en gros et devient de plus en plus d'une obésité monstrueuse.

En dépit de ses quarante-cinq balais et de son pauvre corps qui est un remède contre l'amour, les Français l'accusent tout de même (comme le faisait Marguerite de Bourgogne) de balancer ses jules dans la Seine du haut de la tour de Nesle[6]. Après le

3. Exhérédation : sorte de coup de pied au cul à l'identité !

4. Bêtement étouffé par un os de canard, contre lequel son bouclier n'a pas pu faire grand-chose.

5. Il en fallait au moins six balèzes ! Les hommes ont parfois bon dos !

6. Ça paraît bizarre tout de même qu'ayant réussi à dégotter un jules qui veuille bien la sauter elle le fit ensuite larguer à la baille !

sacre de son fils Charles VII, elle valait plus un coup de cidre pour personne.

Pour le peuple, bien sûr, c'était la plus pourrie des reines de France. Elle était par ailleurs copieusement méprisée par les Rosbifs, dont elle s'était faite la complice contre son pays et contre son propre fils(1).

À présent, la plupart de ses lardons fumaient les pissenlits au Père-Lachaise, et elle ne becquetait plus que de la chantilly depuis que ses tabourets s'étaient fait la valise(2).

Elle avala son dernier puits d'amour en 1435, abandonnée de tous comme une crotte de chameau dans le désert de Gobi. Et pourtant…

Un demi-siècle plus tôt, Charles VI et tout son peuple l'avaient accueillie comme ils avaient fêté la pucelle à Orléans après qu'elle eut ratatiné les Anglais ! Des lardons déguisés en anges étaient venus lui baiser les nougats. Du bourgogne jaillissait des fontaines pour réjouir le gosier du bon peuple. Des pisseuses en jupettes à ras le bonbon servaient à boire à la foule dans des coupes d'or ! Des troupes réputées jouaient des mystères sur des théâtres improvisés dans la rue. À la porte Saint-Denis, Dieu le père, son fils et le Saint-Esprit attendaient le passage du cortège quand la souveraine apparut. Deux anges descendirent alors d'un tilleul, déposèrent délicatement sur son front une couronne d'or garnie de pierres précieuses, et la reine mouilla alors son petit calebar.

Au Châtelet, on avait bâti un château en bois où trônait sainte Anne entre un aigle, un grand cerf blanc qui avait de grosses couilles et un lion qui en avait de minuscules. Un acrobate descendit même les tours de Notre-Dame sur une corde… Grandiose ! Après ça, vous trouvez étonnant, vous, que mémère ait disjoncté ?

---

1. Tout ça était bien cornélien. Heureusement qu'il lui restait les gâteaux.

2. Depuis qu'elle avait perdu ses dents. (Note de l'éditeur.)

GODEFROY DE BOUILLON

(1061-1100)

Godefroy de Bouillon mangeant une soupe

Il fut duc de Basse-Lorraine, marquis d'Anvers puis duc de Bouillon. Ça lui aurait fait vachement de points pour la retraite. Manque de bol, il n'y arriva pas.

Longtemps considéré comme le parfait Zorro chrétien, Godefroy de Bouillon doit un grand merci à ses chroniqueurs Albert d'Aix et Guibert de Nogent, qui en ont fait un Batman de l'épée et du goupillon. Ils ont, paraît-il, furieusement cherré dans les bégonias car il n'était en fait qu'un brave chrétien moyen, loyal, très pieux, bouffeur de Juifs et pourfendeur d'infidèles sur les terres saintes… Mais enfin, bon, à l'époque, il n'était pas le seul, et puis y avait pas des masses de distractions !

Né à Baisy près de Genappe, en Belgique, ce fils cadet du comte Eustache de Boulogne succéda à son oncle Godefroy le Bossu, plus familièrement appelé Godo le Bombé. Contrairement à son tonton, le jeune Godefroy était grand, beau et balèze. Il sentait bon le sable chaud des plages du Pas-de-Calais, du bord desquelles il ramenait souvent des palourdes et des filles de pêcheur. Il aimait tant humecter ses abattis dans le potage verdâtre de la mer du Nord que ses poteaux le surnommèrent Godefroy de Bouillon, avant d'en faire Boubou le Croisé ! Il était dévot, courageux et vaillant. Il pouvait taper pendant des heures sur la tête d'un infidèle sans jamais se plaindre. Il ne connaissait pas la fatigue. Un tantinet nunuche, certes, mais pas plus que la moyenne. Cependant, il osait à peine fredonner sa chanson favorite dont il adorait la musique, tant les paroles lui paraissaient culottées :

Jésus, où est passée ma croix
Je crois bien ma foi
Que j'suis assis d'ssus !

Ce qui faisait littéralement tordre de rire ses copains dans les boîtes branchées où ils allaient ensemble écouter des cantiques. Eh bien non, la gaudriole et tous ces petits jeux-là, Godefroy n'en voulait pas. D'ailleurs, Dieu, ou le pape qui prêchait pour d'autres distractions, venait de promulguer une « bulle de croisade ».

Késako ? Eh bien, un jour béni où l'air du matin fleurait bon l'encens, les Boulonnais et les Flamands reçurent une bafouille d'Urbain II qui les fit chialer comme des veaux en leur apprenant à quel point les pauvres chrétiens en chiaient des ronds de chapeau en Orient avec les Arbis. Ulcéré par les profanations commises depuis le début du siècle par le khalife Al-Hakim dans les lieux saints[1], le pape leur apprit qu'une petite expédition punitive partirait de la mairie le 15 août 1096 à dix heures trente du matin. Ils pourraient sauter leur meuf la veille une dernière fois, car après ils devraient se mettre la ceinture durant de longs mois, peut-être même pendant des années. Il ne leur resterait plus que la veuve poignet, car il était hors de question de culbuter la fille du khalife qui n'avait que trop tendance, hélas, à confondre la Bible avec le *Kamasutra* ! Précisons que, quelques mois auparavant, les plus humbles, mais non les moins acharnés d'entre ces pèlerins, n'avaient même pas attendu la bulle du pape pour se mettre en marche contre les infidèles. Mal équipés, cependant, armés seulement de pelles à gâteau, de battoirs à tapis et de balayettes à gogues, sans rien à claper et sans carbure dans le morlingue, ils eurent au bout de quelques jours le moral dans les baskets ! Ils avaient tous perdu dix kilos en même temps que leurs illusions et les semelles de leurs grolles. Ils avaient bien massacré une flopée de Juifs pour se faire la main en passant par l'Allemagne, mais le cœur n'y était plus. Ce manque d'opiniâtreté dans la foi leur fut fatal.

Un soir que, tous réunis autour d'une maigre pitance, ils se racontaient des histoires marseillaises qui les faisaient bien marrer, ils firent de grands feux de joie, car ils fêtaient leur dix millième Juif. Ils furent tous dégommés à grands coups de cimeterre sur la cafetière par les Hongrois et les Turcs, qui avaient un sens de l'humour et de l'hospitalité relativement limités. Une relève s'imposait. Certes, ce voyage à Jérusalem organisé aujourd'hui par le pape dans les moindres détails coûtait plutôt grisol. L'équipement des troupes, les costards, les armures, les lances et les boucliers, sans compter le transport, le ravito, la solde des grivetons, tout ça, c'est les croisés qui devaient le carmer. Mais en vendant ou en

1. Au lieu d'utiliser des toilettes comme tout le monde !

gageant leurs terres, foi de pape, le jeu en vaudrait la chandelle. Tous les macchabées infidèles, et leurs casbahs dépouillées de leurs richesses, devaient rembourser au centuple le sacrifice de ces pauvres chrétiens. En attendant, pendant qu'ils massacreraient ces salopards, leurs biens et leurs familles seraient placés sous la protection de l'Église. Leurs dettes s'effaceraient d'elles-mêmes de l'ardoise. Leurs péchés passés, présents et à venir, itou ! S'ils les confessent en temps et en heure, ils seront absous automatiquement. De toute façon, vous avez le choix, bien sûr, leur expliqua gentiment le pape, nous ne sommes pas des sauvages, mais ne pas accomplir ces vœux jusqu'au bout ne peut qu'entraîner votre excommunication ! Alors…

La chevalerie, qui avait la conscience aussi chargée que la menteuse d'un pochetron qui sort du Harry's Bar, se fit un devoir de courir défendre le peuple chrétien martyr contre ses « oppresseurs ». Quatre armadas s'ébranlèrent en renforts.

Le comte de Toulouse, Raymond de Saint-Gilles, et Adhémar de Monteil, le légat du pape, qui surveillait la moralité des croisés (pas question de guincher le slow avec les barbaresques voilées !), partirent du midi. Étienne de Blois et Robert de Normandie, du centre de la France ; le prince Bohémond, embarquant dix tonnes de spaghettis, quitta l'Italie. Quant à Boubou le Croisé, il prit la tête du régiment de France du Nord et de Basse-Lorraine et, enfilant ses rangers, marcha sur Jérusalem en passant par le Danube.

Tous ces preux chevaliers, excités comme des punaises de sacristie par un chibre d'évêque, firent finalement la jonction en terre d'Asie après un séjour à Constantinople. Godefroy, en passant, avait dû se friter avec les Grecs, ces salopards, qui avaient, eux, plusieurs dieux. Ces gens-là avaient décidément un mal fou à se foutre dans le caberlot qu'il n'y avait qu'un SEUL DIEU, et qu'il était appelé à faire une grande carrière ! À grands coups de goupillon sur les turbans, les croisés s'emparèrent de la ville de NICÉE, qui dut leur paraître blècharde puisqu'ils la rendirent aussitôt aux Byzantins. Après avoir attaqué Dorylée, ils réduisirent l'armée turque à la dimension d'un orchestre de brasserie. Ils atteignirent ensuite la Syrie et, ayant ébouillanté les trois quarts de la population à l'huile d'olive, occupèrent Édesse en 1097. Là, le prince Bohémond, qui avait tendance à se prendre pour Gengis Khan, après avoir conquis Antioche, voulut la garder pour sa pomme. Godefroy dut user de tout son prestige et de sa diplomatie en distribuant quelques mandales à ce morfalou prétentiard. Il modéra tant bien que mal les rivalités internes et arbitra les embrouilles en partageant lui-même le fade des conquêtes. Le gros morcif restait encore Jérusalem. Les croisés écrabouillèrent l'armée égyptienne à Ascalon, en 1099. C'est là que Godefroy de Bouillon remporta les Jeux olympiques en escaladant comme un dératé le mur de Jérusalem. Il atteignit le sommet le premier, ce qui lui valut la médaille d'or qu'il refusa avec sa modestie coutumière.

Les barons francs préférèrent cet arbitre conciliateur et impartial sans ambition à ce faux-derche de Raymond de Saint-Gilles, que le pape avait désigné comme chef militaire de cette croisade. Comme visiblement les chicos de Godefroy ne rayaient pas le parquet et qu'il s'en tamponnait le bouclier de devenir roi des territoires conquis, ils lui offrirent le titre d'avoué du Saint-Sépulcre et la gestion de ce nouvel État dont personne n'avait rien à branler[1].

Godefroy, décidément de bonne composition, arrangea tout le monde en avalant son ultime bouillon de onze heures, un an plus tard.

Bien que n'ayant jamais disposé de chèque en blanc pour la direction des opérations et que, par conséquent, son rôle décisif fut nul, la légende s'empara toutefois de sa modeste personne. Il devint presque aussi célèbre que le fut Saint Louis cinquante piges plus tard. La postérité lui attribua la naissance de l'Orient latin. Les historiens, cependant, se grattent furieusement encore la moumoute pour savoir s'il fut un vrai héros ou un parfait lavedu !

Pour ma part, je me demande certains jours avec angoisse : qu'est-ce qu'on peut bien en avoir à glander ?!

---

1. Il y avait tout de même ouvert une petite épicerie qui marchait très bien.

LOUIS IX

dit Saint Louis

(Poissy, 1214-Tunis, 1270)

Saint Louis assis sous un chêne truffier

Louis IX est devenu saint parce qu'il ne s'est jamais marré une seule fois dans sa vie. Fils de Blanche de Castille et de Louis VIII, il était suffisamment modeste pour devenir tout simplement Louis IX. Plus tard, compte tenu de l'extrême sainteté de son comportement, on l'appellera Saint Louis. Le petit Louis n'avait que douze piges lorsque l'info tomba sur les télescripteurs : « Fiston, ça y est, tu es roi. » C'est sa maman, Blanche de Castille, qui lui apprit la nouvelle. « Papa Louis, disait-elle dans son message, vient de se viander dans un platane, vu qu'il n'avait pas respecté la priorité, et le voilà soudain plus mort qu'un regard d'académicien. » Cela peina beaucoup le futur Saint Loulou. Il balança illico vers les cieux une rafale de prières de compétition qui ne pouvaient qu'assurer le salut de l'âme paternelle. Car il priait déjà beaucoup, le petit Louis[1]. Maman Blanche y veillait attentivement. Durant la régence qu'elle exerça jusqu'en 1235, elle apprit aussi à son fiston le dur métier de roi, qui n'était consigné dans aucun catalogue des 3 Suisses. Elle lui fit apprendre à tenir correctement son épée de la main droite tout en lui précisant que ça ne l'empêchait pas de faire des moulinets avec sa hache dans la main gauche. Il devint vite le top-modèle du chevalier chrétien. Il s'avéra capable de discuter théologie avec un évêque et priait toujours quotidiennement à s'en faire péter les rotules. Il apprit à conduire une armée[2] et imposa sa volonté aux barons qui ne voulaient pas paumer leurs allocations vieillesse. Tous les soirs, il lavait les nougats bordés d'astrakan des pauvres, ce qui n'était pas un mince mérite, compte tenu des odeurs et de la couleur. Pendant ce temps, Blanche de Castille, énergique et autoritaire, se chicorait à grands coups d'épée et de goupillon contre les révoltes aristocratiques mises au point par Pierre Mauclerc avec l'appui du

1. À l'âge de dix ans, il avait déjà mis K.-O. une bonne douzaine de chapelets.

2. Il obtint son permis du premier coup.

roi d'Angleterre Henri III[3]. Elle dézingua si bien tous ces loquedus que, lorsque son « bail » prit fin, Blanche de Castille laissa à son têtard un royaume entièrement pacifié et propre comme un bidet au George-V. Cependant, l'austérité naturelle du beau Loulou (car il est paraît-il beau, grand, blond et maigre comme un coucou !) a tendance à faire sérieusement tartir son entourage. Non seulement il becte des clous, mais il s'impose abstinences et mortifications à faire sangloter Jésus lui-même. Il supporte en permanence un cilice (chemise de crin rude portée par pénitence) qui lui gratouille les noix, mais il encourage ses potes à en faire autant[4]. Son pain quotidien, c'est la morale et la religion. Les *big boss* de sa conscience, ce sont les franciscains et les dominicains. Ils l'encouragent à partager son jambon-salade avec les malades, les clodos, les lépreux. Il fait bâtir des hostos à Paris et aux environs (les « Filles-Dieu » pour les prostituées, les « Quinze-Vingts » pour les aveugles), Pontoise, Vernon, Compiègne, etc. Non seulement il les lave, mais il baise aussi les ripatons des mendiants « rogneux et horribles » et les invite à briffer à sa table ses radis sans beurre[5]. Sa bonté naturelle ne l'empêche pas de rectifier proprement ses opposants, ni de convertir l'infidèle à grands coups de casse-tête sur la poire. Il ne se gratte pas non plus pour « donner de l'épée dans le ventre » de ces autres infidèles à sa religion, les Juifs. Il les prive par une ordonnance de « leurs possibilités de vie culturelle et de leurs moyens d'existence[6] ». À part ça, ils sont libres.

Bien qu'il soit poilant comme une couvée de corbeaux, il épouse la jeune reine Marguerite de Provence en 1234. Il lui fait onze lardons sans s'arrêter de prier et lui déclare royalement : « À présent, t'as plus qu'à les élever pieusement et à t'occuper de tes casseroles. » Elle fut en fait constamment tenue à l'écart par son époux et sa belle-doche, peu enclins aux effusions familiales.

3. Ces Rosbifs, dès qu'on a le dos tourné...

4. Signe de trahison évidente pour lui, il disgraciait immédiatement tous ceux qui ne se grattaient pas les fesses en sa présence.

5. Il n'a jamais été prouvé que le beurre était bon pour les pauvres !

6. Il avait horreur de l'intolérance !

Le pif collé sur la croix, il partit pour sa première croisade, massacra pieusement quelques Palestiniens, et revint sans arborer pour autant la mine d'un gus qui vient de gagner au loto. Il va passer désormais son temps à tapoter en France le caberlot des Rosbifs et des aristos révoltés et à repartir en croisade en Palestine pour y fricasser la hure d'une joyeuse bande d'enturbannés irresponsables qui ont tendance à confondre Dieu et Allah ! Le salut des âmes passait forcément par le renforcement du pouvoir monarchique ! Les évêques, ou même le pape, avec qui il partageait volontiers son yaourt, n'ont d'ailleurs jamais réussi à lui filer les chocottes. Ils échangèrent bien parfois leur scapulaire, mais ça n'allait pas plus loin. En fait, Louis IX était une sacrée pointure, un caïd pétri de contradictions. Caressant sans restrictions l'encolure des bons chrétiens de la main droite, tout en assenant de grands coups de catéchisme sur le citron des affreux qu'il appelait les hérétiques [1]. Il mitrailla une décoction de grains de chapelet sur le pif du comte de Toulouse qui fomentait une révolte et enfouilla définitivement la France méridionale. Déjà refaits comme des bleus par la régente, les autres barons s'écrasèrent mollement. Il assaisonna aussi quelques bataillons de cathares, vu qu'il était déjà en villégiature dans la région. Mais par le traité de Paris, il rendit au pieux Henri III qu'il avait à la bonne [2] une partie des terres du Limousin, du Quercy et de la Saintonge, ce qui fout en renaud l'opinion publique qui a du mal à entraver pourquoi on fait une pareille fleur à l'ennemi vaincu. Bien qu'il ne connût même pas le prix d'une baguette, Louis était soucieux des picaillons de l'État. Il fit frapper les premières pièces d'or françaises. Évidemment, il y fit marquer dessus : « *Christus vincit, Christus regnat, Christus imperat* », au cas où quelques hérétiques n'auraient pas encore pigé que c'est le Christ qui tenait la caisse enregistreuse. Il décréta donc, en 1263, que sa sainte monnaie aurait seule cours dans tout le royaume et que par conséquent les barons pouvaient s'asseoir sur la leur qui n'avait plus la cote.

1. Difficile d'être meilleur chrétien !

2. Il priait presque autant que lui.

Il leva des « tailles » sur les pélegreux de tous poils, des « décimes » sur les curetons, mais fila par contre un coup de sainte paluche aux universitaires, aux ordres mendiants dominicains et franciscains contre l'épiscopat et le clergé séculier. Le tabac qu'il fit dans ses conquêtes et même les gamelles qu'il récolta parfois contribuèrent à grandir sa réputation. Il rendait la justice sous un beau chêne centenaire qu'il avait loué au bois de Vincennes et punissait les coupables en les obligeant à se tremper une journée entière dans l'eau bénite. Ce qui foutait le moral à zéro des condamnés et des rhumatismes carabinés aux récidivistes.

Un jour de 1244, après avoir fait un mémorable gueuleton avec vingt grammes de pain bénit et deux œufs de caille, il dit :

« Tiens, je vais derechef enfourcher mon blanc destrier et repartir faire une petite croisade en Égypte. Je m'en vais faire bouffer leurs burnous à tous ces infidèles d'Égyptiens qui contrôlent les lieux saints[3]. »

Il s'arrête d'abord à Chypre où il prie tout l'hiver comme une bête, pour être sûr de son coup. Puis la flotte française s'empare de Damiette quasi désertée où il ne demeure que des vieillards et quelques poignées de femmes qu'on viole sans arrêter de prier. Mais les croisés commettent l'erreur d'envoyer aux pelotes le sultan qui leur proposait gentiment de leur rendre Jérusalem, la ville sainte, s'ils acceptaient de mettre les adjas. Saint Louis lui répond : « Des nèfles ! », et ils marchent sur Le Caire. Ils réussissent à passer sur la rive est du Nil non sans avoir morflé une décoction de babouches sur le tarin. Mais c'est à ce moment-là qu'ils commencent à paumer sérieusement les grains de leurs chapelets. Harcelés par les Égyptiens qui leur laissent même pas le temps de photographier les pyramides, ils n'arrivent plus à se dépoter du lieu, *because* une méchante épidémie qui les cloue aux cagoinces. Faits aux pattes, les chrétiens[4]. Leur déculottée est sanglante.

3. Les lieux saints, c'était son kif à lui. Les infidèles avaient quelque mal à se cloquer ça sous le turban.

4. Saint Louis se retrouve au mitard avec deux cents grammes de pain par jour. Il écrit au dirlo de la prison en lui précisant qu'avec la moitié ça suffira.

Pas découragé pour autant, Saint Louis, toujours confiant en Jésus qu'il avait planquousé dans son calbute, obtient sa libération en échange de Damiette. Il passe ensuite quatre ans en Syrie (de 1250 à 1254), où il fait réparer et fortifier à grands frais les murs des villes tenues par les croisés : Acre, Jaffa, Césarée et Sidon. Comme il lui reste encore quelques thunes, il rachète aussi les deux mille captifs [1]. Pour fêter l'événement, il leur offre un festin mémorable avec lait caillé en entrée et omelette géante de douze œufs arrosée de limonade bénite à volonté. En 1252, il apprend la seule funeste nouvelle qui pouvait le décider momentanément à lâcher la grappe aux infidèles : Blanche de Castille a dérapé sur son prie-Dieu. On n'attend que le retour de Loulou pour la cloquer dans le trou. Il n'y va quand même que d'une fesse, car il lui tarde déjà de revenir continuer sa guerre sainte et de fricasser les côtelettes à ces satanés adorateurs d'Allah !

En 1267, il bat le rassemblement pour remettre le couvert en Égypte avec ses seigneurs qui, cette fois-ci, lui tirent carrément la tronche. Après tout, s'ils veulent prier Allah, grand bien leur fasse. Eux, les roubignoles de mouton en tajine, ils en ont ras le bouclier. Louis est convaincu finalement par son frelot Charlot d'Anjou, roi de Sicile, d'aller plutôt cette fois-ci s'éclater à Tunis. D'après lui, c'est plein à ras bord d'infidèles, là aussi, qui passent leur temps à se prosterner devant Allah en tournant le cul à Jésus ! Banco ! Il part d'Aigues-Mortes le 1er juillet 1270 pour sa huitième et... dernière croisade. Il débarque à Carthage, dix-sept jours plus tard. Au bout d'un mois, son armée, qui a à peine eu la force de se castagner, a fondu comme une glace à la framboise sous un cagnard de plomb qui leur faisait méchamment fumer la théière.

En août, là-bas, même au Club Med, on vous laisse pas sortir. C'est dire ! Charlot d'Anjou a beau ralléger en renfort (le 25 août) à fond les manettes, Saint Louis, cisaillé par l'épidémie de peste qui se déclenche, vient de déguster sa dernière hostie.

La grandeur de son auréole fut proportionnelle au nombre d'infidèles à burnous qu'il avait occis au cours de ses huit croi-

---

1. Un captif qui prie correctement a toujours des chances de s'en sortir. La preuve !

sades. C'est-à-dire, immense. Saint Louis, soucieux toute sa vie de faire régner la justice (la sienne !), contrôla l'administration des baillis et des sénéchaux et confia à des légistes le soin de rendre justice à la cour[2] (ce fut l'origine du premier Parlement). Dans toute l'Europe chrétienne, on sollicita la médiation du roi de France, et il envoya des ambassadeurs jusque chez les Mongols. En Égypte, par contre, où on lui demandait rien, il leur a bien pompé l'air. Il prit des décrets concernant la mode (bonjour le look !) et la tenue des filles publiques (elles ont dû en chier des bulles !). Les bancals, clodos et autres résidus (il y en avait un pacson à l'époque !) pourraient désormais claboter dans un hosto, au lieu de crounir sur les grilles du métro. Bref, tout comme sa daronne Blanche de Castille, il fourra son royal tarin partout. Il fut canonisé par Boniface VIII en 1297, ce qui fut aussitôt consigné dans le *Who's Who*. Cela permit depuis à chacun des membres de sa famille résidant dans le seizième de faire mentionner sur sa carte de visite : « Descendant de Saint Louis ».

---

2. Ce type était obsédé par la justice. Y a pas à revenir là-dessus.

Hannibal

(247-183 avant J.-C.)

Hannibal passait le plus clair de son temps à se triturer le cuir chevelu car c'était un brasseur d'idées. On put le voir toute sa vie à la tête d'une interminable colonne arpenter vaillamment les sentiers de la gloire sans jamais être sur les rotules. Comme disait son beau-frère le caravanier, qui était un expert, c'était un meneur d'hommes. Trois cents ans avant J.-C., le monde n'aurait été que ce qu'il était[1] s'il n'y avait eu Rome et Carthage.

En 753 avant J.-C., un clampin du nom de Romulus, profitant un jour de ses congés payés, avait décidé de bâtir Rome[2]. Vous savez, Romulus, c'est ce têtard romain qui a été allaité par une louve. Cette pauvre bête était vieille et sourdingue. De plus, elle avait paumé tout son odorat depuis qu'une hyène en passant par là lui avait balancé une méchante louise en plein dans le tarin. Ça fait que Romulus, elle l'a pris pour son p'tit loup. Elle lui a cloqué ses mamelles dans le clapoir, et on peut voir aujourd'hui ce genre de statue les représentant un peu partout dans Rome.

La magnifique cité de Carthage, méchamment attaquée par les Romains, fut rasée un jour par ces derniers comme une motte de mouquère.

La Rome actuelle, par contre, est restée identique à celle que pillaient déjà les Carthaginois. Tout ça pour vous situer, que vous voyiez bien le décor...

Ne ressemblant absolument pas à l'empereur Hamilcar, son papa, qui en possédait une énorme et terrifiante aux yeux des dames, Hannibal, enfant, n'avait pas de barbe.

Dès l'âge de neuf ans, en 237 avant J.-C., il supplia papa Hamilcar de l'embarquer en voyage avec lui sur sa mule. Ce dernier devait en effet se rendre chez les Espingos pour bien leur faire entrer dans le melon que le patron, c'était lui, et pas ces brouteurs de cannellonis qui leur avaient squatté le pays !

---

1. Une crotte de zébu, tout au plus.

2. Sans grue et sans Togolais au marteau-piqueur, ça laisse tout de même rêveur !

De plus, il était plutôt ravi d'emmener son fiston qui apprendrait ainsi à jouer de la guitare classique et à dépecer les Espagnols !

Hamilcar embarqua aussi les deux sœurs et les deux frères de Hannibal, Hasdrubal II et Magon, à condition qu'ils prêtassent devant le Dieu suprême de la famille, Ba'al Shamim, un serment de haine éternelle à Rome[3]. Tous les mômes crachèrent solennellement aux pieds de leur vieux et levèrent la main droite en jurant, après quoi leur papa veilla à ce qu'ils reçoivent une éducation de première bourre[4].

Hamilcar pensait déjà qu'on pouvait conquérir un pays en lâchant un troupeau d'éléphants dans les jardins potagers de l'ennemi. Un beau jour de l'an 231, il partit donc à l'assaut des Espingouins et se noya tout connement en traversant la rivière sur un éléphant[5].Hasdrubal Ier, reprenant alors les rênes de l'armée punique (qui vient du latin *Puni* ou Poénique, qui signifie Phéniciens. Ça vous va ?), se fit trucider à son tour. C'est donc naturellement Hannibal qui fut bombardé commandant en chef des troupes carthaginoises. Ce jour-là, il changea de sous-vêtements et se laissa pousser la barbe.

Quand ils se sentaient en danger, les Carthaginois avaient pour habitude de sacrifier leurs femmes en les empalant sur des piquets de tomate. D'abord, ça n'éloignait pas le danger, et ça ne faisait aucun bien aux tomates. Ça perturbait aussi hélas terriblement les femmes qui avaient toujours une lessive en train ou une soupe sur le feu. Elles étaient horripilées par ce comportement bestial de leurs imbéciles de maris qui voulaient à tout prix faire

---

3. Cette haine féroce qu'entretenait Hamilcar contre les Romains venait d'une mémorable branlée qu'il avait dégustée en Sicile. Les Romains l'avaient laissé en plein soleil dans la campagne, attaché à un piquet, avec pour toute nourriture le restant d'une pizza sicilienne et un hérisson pour lui tenir compagnie.

4. Il leur fit apprendre le chinois et l'ostréiculture qui ne leur servirent jamais à rien.

5. Il pensait qu'un éléphant portant un homme, trente-huit jambons et cent kilos de figues sèches pouvait nager facilement.

les intéressants ! Hormis ces rapports conjugaux préoccupants, les Carthaginois n'avaient qu'un but dans la vie, c'était de ratatiner définitivement les Romains (qui ne rêvaient, eux, que de faire la même chose aux Carthaginois !). Comme vous pouvez l'imaginer, la sanglante castagne ne se fit pas attendre. Malgré un accord avec les Romains qui leur interdisait de franchir le Jùcar, Hannibal et ses Carthaginois, perchés sur leurs canassons à trompe, attaquèrent à l'aube et prirent, par surprise, Sagonte, une ville espingouine alliée de Rome. Devant cette violation de territoire, Rome déclara alors la guerre, et Hannibal leur fit un bras d'honneur carthaginois géant[1].

Pénétrant alors en Gaule, il y fit une fiesta démente ! Il contourna ensuite les villes grecques de Catalogne, où il avait laissé une femme en pleurs à qui il avait promis le mariage un soir où il était beurré comme un plat de moules au gratin. Il arriva enfin au pied des Alpes qu'il entreprit de traverser... à dos d'éléphant[2] ! Les historiens se disputent depuis des siècles pour savoir s'ils passèrent par le col du Petit-Saint-Bernard ou par celui du Grand-Saint-Bernard[3]. Tite-Live prétend que Hannibal fendit les énormes rochers qui gênaient le passage en versant du vinaigre dans les crevasses[4]. Quoi qu'il en soit, quatre mille de ses hommes, qui avaient oublié leur Thermolactyl, tombèrent raides dans le ravin. Par contre, tous les pachydermes, après deux semaines de traversée, arrivèrent de l'autre côté aussi frais qu'une

---

1. Les Carthaginois inventèrent le premier bras d'honneur géant avec une trompe d'éléphant. Impressionnant !

2. Un guerrier carthaginois demanda respectueusement à Hannibal s'ils ne feraient pas mieux de franchir les Alpes sur le dos de leur femme. Ça paraissait évidemment plus raisonnable, mais Hanni leur fit observer très justement qu'un dos d'éléphant était tout de même plus confortable qu'un dos de femme. Ce qui reste à prouver.

3. Je pense personnellement qu'il faudrait surtout savoir s'il faisait beau ce jour-là. Et si les éléphants avaient des skis.

4. Pourquoi pas, si le vinaigre était bon. Ils n'ont pas dû penser à la dynamite.

zigounette de communiant dans un confessionnal un matin de Noël.

Le spectacle de la tête des Romains, qui ont vu soudain surgir un troupeau d'éléphants de la montagne enneigée, valait son pesant de cacahuètes. Ne pouvant croire à ce qu'ils avaient sous les calots, certains se frottaient les yeux avec des brosses à chaussures, d'autres se lâchaient une enclume sur le pied pour voir s'ils ne rêvaient pas. Quelques-uns n'osaient plus frapper leurs femmes, ils n'en avaient vraiment plus le cœur, à vrai dire. Certains, hallucinés, croyant venue la fin du monde, déchiraient même leurs contraventions, au comble du désespoir !

À l'automne 218, les batailles du Tessin et de la Trébie donnèrent le contrôle de la Cisalpine à Hannibal, qui fit offrir un quart de vin chaud à chacun de ses éléphants pour les récompenser de leur comportement admirable. Les Carthaginois se reposèrent à Bologne dans des carrées douillettes où de jolies Bolognaises bousculées comme des Alfa Roméo leur apprirent que d'enfourcher uniquement des éléphants n'était pas forcément la meilleure façon de prouver leur virilité. Puis ils repartirent, le cœur léger et les bonbons au fond du sachet.

À Trasimène, ils escagassèrent littéralement le consul Flaminius, à qui ils incendièrent d'abord la barbe avant de lui trancher le cou parce qu'il n'y avait plus de papier dans les toilettes(5). Il est permis de croire que les trente-sept éléphants de Hannibal ont filé les flubes aux Romains(6), car après avoir contourné Rome, à laquelle les Carthaginois ne voulaient pas encore se frotter, le 2 août 216, ils occirent quarante-six mille Romains à la bataille de Cannes, en Apulie. Hannibal était lui-même perplexe lorsqu'on lui annonça le chiffre. Il fit recompter trois fois les morts avant de dire avec cet éclat de rire qui le rendait si sympathique : « Mais c'est ma foi vrai. Le compte est bon ! »

Bien qu'il eût ratatiné tant de Romains et malgré Capoue qui était passée dans son camp, suivie par les Grecs de Tarente et de

5. Les Carthaginois étaient très pointilleux sur les détails de ce genre.

6. Oui, il y en avait trente-sept. C'est lui-même qui l'avait gravé sur une plaque en bronze du Touring-Club, en arrivant en Italie.

Syracuse, il y avait quand même un os, et de taille : Hannibal ne parvenait pas à se farcir Rome. Ni par la mer, ni par la terre, où il était toujours à court d'éléphants. Il avait beau envoyer des lettres recommandées au marchand, ce dernier n'avait plus le moindre pachyderme en magasin. Il lui proposait bien des singes, des caïmans, des cochons d'Inde, mais Hannibal ne voyait pas bien comment il pourrait effrayer les Romains avec des cochons d'Inde. Cependant, il visitait tous les cirques de la région pour former un nouveau troupeau capable de piétiner définitivement Rome. Les légions romaines, elles, qui se gavaient de Mars et de Nutella, reprenaient du poil de la bête. Elles grignotèrent gentiment les positions carthaginoises pendant ces quinze piges que Hannibal, impuissant, passa en villégiature en Italie.

Les Romains, qui évitaient les grandes batailles comme la peste, ne voulaient se friter que dans des embuscades où ils avaient souvent le dernier mot. Hannibal était tout bonnement furibard du procédé. Désespéré, il tenta de monter un coup avec les Grecs pour se goinfrer enfin Rome. C'était son idée fixe. En 216, il s'allia avec Philippe V, le roi de Macédoine, qui dans tout le pays n'avait pas son pareil pour réussir une salade. Hannibal notera d'ailleurs la recette pour la filer à Carthage à son chef Girardetus, qui réussissait lui-même les rognons-bolo helvétiques de façon magistrale.

Malheureusement, Philippe, qui possédait pourtant la meilleure armée hellénique, avait un turbin terrible en Grèce. Il devait installer le tout-à-l'égout dans sa capitale, bâtir une conserverie de champignons à la grecque et faire pondre un décret à ses sénateurs pour qu'ils triplent l'impôt sur les mariages entre hommes[1].

En fin de compte, en 211, Capoue et Syracuse retombèrent entre les paluches des Romains qui fêtèrent ça à l'asti spumante. Carthaginois et Grecs ne prendraient plus l'Italie par la mer. Hannibal se rongea les salsifis. Sa manucure n'était pas contente !

Un beau matin, le futur fameux Scipion l'Africain décarra de son pieu, décidé, se lava les crocs, prit son bol de Nesquik, fila

1. Philippe était inquiet car la natalité en Grèce se barrait en digue-digue. Les trois quarts de ses sujets allaient traîner le soir dans les boîtes à travelos de Michoutus et finissaient par se marier entre eux.

un coup de cirage à ses tongs, et enleva Carthagène par surprise. Profitant de ce que Scipion occupait le pays, Hasdrubal II (le beauf de Hannibal) traversa à toute bubure la Gaule méridionale pour aller filer un coup de paluche à ce pauvre Hannibal, encore une fois à court d'éléphants en face des Ritals, dans le sud de la péninsule.

MALHEUREUSEMENT, Claudius Néro, un Romain futé comme les mouches (2), plaça un rideau de troupes dissuasives devant Hannibal et courut comme un dératé rejoindre son allié, Livius Salinator, sur le Métaure. Là, leurs deux armées romaines réunies, surprenant par-derrière Hasdrubal, Hannibal et leurs vaillants guerriers, ils leur en filèrent sans crier gare un grand coup dans la jupette ! Les Carthaginois ayant perdu l'habitude, ça leur fit très mal ! Hannibal, qui en avait paumé son bouclier, eut tout juste le temps de sauver sa femme, sa glacière portable et trois œufs d'autruche remplis de diamants (3) ! Scipion, quant à lui, finit de s'embourber l'Espagne.

Vaillant guerrier meurtri dans sa chair mais néanmoins patient, Hannibal renifla que c'était en Numidie que la prochaine et décisive partie allait se jouer. Aussi se repointa-t-il, non à Carthage où la ville était plus encerclée qu'une fourmi sous une bouse de vache, mais à Hadrumète, l'actuelle Sousse (4). Là, il s'empiffra une douzaine de briks à l'œuf, avec une rouille d'alcool de figues par-dessus pour faire passer. Il se fit un dernier pétard

---

2. Un guerrier remarquable qui avait des références en béton. Il avait combattu aux côtés du général Bigeardus, un étonnant stratège qui lui avait appris comment faire avouer à un Carthaginois où il avait caché ses éléphants !

3. Oui, je ne vous ai pas causé de la femme de Hannibal parce que lui-même n'en parlait jamais. Elle avait apparemment beaucoup moins d'importance que son éléphant. On croit savoir qu'elle était clitoridienne et végétarienne en même temps. Ce qui lui posait parfois des problèmes.

4. Vous voyez ? Juste en dessous du golfe de Hammamet, dans l'actuelle Tunisie, là où vous avez acheté un paquet de dattes lors de vos dernières vacances.

et marcha sur Zama, la capitale orientale des Numides. C'est probablement dans la vallée de l'oued Siliana que le grand choc se produisit. Hannibal aligna six douzaines d'éléphants au garde-à-vous sur le front de ses troupes. À son signal, les valeureux guerriers s'élancèrent coudes au corps et lance en pogne au cul des éléphants qui, têtes baissées et trompes en l'air, fonçaient déjà sur les Romains comme un commando de CRS sur un gréviste égaré ! Hélas, trois fois hélas, dix mètres plus loin, est-ce une souris terrorisée par le vacarme des Romains qui fonça courageusement sur les éléphants et qui les effraya ? Est-ce le formidable pet que l'un d'entre eux lâcha (parce qu'il avait mangé trop de foin) qui tétanisa le troupeau[1] ? Quelle qu'en soit la cause, le fait est que les braves bêtes firent volte-face telles des gazelles et, tournant soudain le cul aux Romains, aplatirent comme des crêpes bretonnes ces infortunés Carthaginois qui les suivaient comme des toutous.

Forcé de signer la paix, Hannibal, qui avait échappé une fois de plus au carnage, ne perdit pas espoir de conquérir un jour enfin Rome et de s'y installer un deux-pièces cuisine-salle de bains au Colisée, avec vue sur les collines.

Définitivement dégoûté des éléphants à qui il n'adressait même plus la parole, il se fit élire suffète à Carthage en 195[2], mais ses adversaires cafetèrent à Rome qui n'attendait bien sûr que l'occasion de le cisailler au ras des socquettes ! Il eut juste le temps de remettre les adjas pour reprendre la lutte. Il retrouva son pote le roi de Syrie, Antiochos III, avec lequel il fit des parties de billard où l'on avait dessiné sur les boules des têtes de Romains. Ce qui n'empêcha pas ces derniers de se farcir l'Asie Mineure, ni Hannibal, démoralisé, de refaire encore une fois ses valoches. Il demanda alors asile à Prusias, le roi de Bithynie, chez qui il apprit à faire la tarte à la rhubarbe et la confiote d'abricots. Pour son malheur, Prusias, qui n'aimait pas la rhubarbe et qui avait horreur

1. Vous n'ignorez pas bien sûr que le foin donne des gaz terribles ! Surtout aux éléphants !

2. Vous n'avez certainement pas oublié qu'il s'agit de l'un des deux premiers magistrats de la République, revêtus du pouvoir exécutif et du commandement des armées !

de contrarier les gens plus forts que lui, n'osa pas refuser de livrer ce pauvre Hannibal aux implacables Romains. À cor et à cri, ils réclamèrent sa tête pour la faire empailler et la poser à Rome sur la cheminée de la mairie !

À soixante-quatre balais, fait aux pattes, le grand et malheureux Hannibal se suicida courageusement en sautant du haut d'un éléphant dans une bassine d'eau bouillante. Il laissa un mot d'explication sur sa table de chevet. Il y avait écrit simplement : « Je n'ai jamais pu piffer les Romains. » On s'en doutait !

BERTRAND DU GUESCLIN

(1320-1380)

Bertrand du Déclin

BERTRAND DU GUESCLIN

Aîné d'une noble famille, néanmoins fauchée comme les blés, le jeune Bertrand poursuit des études qu'il a bien du mal à rattraper. Son truc à lui, c'est la castagne. Il apprend très tôt à se chicorner. Sa réputation naît dès son premier tournoi à Rennes où, avec un canasson et une armure qu'il a piquée à son vieux, il ne remporte pas moins de seize victoires. Il participe alors à tous les tournois de la région. Les nobles chevaliers des alentours en ont vite marre de se retrouver toujours la gueule par terre. Il est aussi laid qu'il est vaillant. Un australopithèque à côté de lui aurait passé pour Rudolph Valentino ! Il est tordu comme un bretzel. Il a un pif à rendre jalouse une aubergine, des calots globuleux, et il est plus pâle qu'une merde de laitier. Un chroniqueur de l'époque affirme : « Je crois qu'il n'est rien de si laid de Rennes à Dinan ! » Évidemment, avec une bougie pareille, bonjour les frangines ! Manque de bol, il est né en 1320, l'année où une épidémie de dysenterie fait caguer une population entière. Il reste plus un gogue de libre dans tout le pays. On massacrait bien, à tout hasard, les lépreux et les Juifs accusés d'avoir empoisonné les sources et les puits[1], mais ça n'empêchait pas les chiasseux de courir dans tous les petits coins. Tous ces menus désordres n'auraient pas dû entraîner de conséquences bien graves (sauf pour les Juifs et les lépreux !) si, en 1348, la peste elle-même n'avait surgi, entamant son troisième cycle pandémique après ceux de l'Antiquité et du haut Moyen Âge. La guerre de Cent Ans s'ajoutant à tout cela, il y eut comme qui dirait des trous dans les couches de la population française. Du Guesclin grandit malgré tout dans ce sinistre merdier, et le champion de tournois déjà reconnu devint très vite un homme de guerre. En 1350, à trente piges, il met son épée au service du roi. Elle ne lui sert guère qu'à découper le gigot jusqu'en 1356, où il se retrouve alors devant Rennes assiégée par les troupes des Rosbifs qui soutiennent Montfort et sont commandées par Lancastre. Du Guesclin, futé comme une belette, réussit par ruse

1. Il y avait, malheureusement pour eux, des Juifs qui étaient aussi lépreux, ceux-là n'avaient vraiment pas de vase !

à entifler dans la ville avec quelques potes de son acabit. Malgré un blair en lambeaux et le burlingue troué comme une meule d'emmental, il obligea Lancastre à se tailler la queue basse. Il rend la ville à Charles de Blois, qui lui offre la terre de La Roche-Rieu et l'arme chevalier de sa blanche mimine. Le vaillant capitaine est maintenant pleinement au service du roi de France, Charles V dit le Sage. Ce dernier le nomme gouverneur de Pontorson, où Bertrand se marie avec une superbe gazelle qui le trouve beau comme un balai neuf. Loin de se laisser ramollir par le marida, en 1364 à Cocherel, près d'Évreux, il va filer une savoureuse décoction sur la hure de Charles le Mauvais, roi de Navarre, qui espère bien s'embourber le royaume de France. Ce Charles le Mauvais, plus teigneux qu'un morbac dans le calbute d'un coureur cycliste, inquiétait sérieusement l'autre Charles, le Sage celui-là, le patron de Du Guesclin. Tout en allant se faire sacrer à Reims, histoire de meubler sa journée, Charles V le Sage apprend la pâtée que vient de prendre le Mauvais. De plus, on lui confirme que Captai de Buch, qui commandait l'armée du Mauvais, vient d'être capturé vivant et va lui être servi sur un plateau avec des câpres et des échalotes par Du Guesclin lui-même. Décidément, il est trop, ce Du Guesclin ! Pour le remercier, le roi lui cloque le comté de Longueville, le nomme capitaine de Normandie et le charge d'aller filer une avoinée aux Navarrais qui commencent à lui râper les castagnettes !

La même année, hélas, la guerre de Bretagne reprit, et Du Guesclin eut moins de bol à la bataille d'Auray à laquelle il prit part aux côtés de Charles de Blois. Ce dernier morfla un méchant coup de cure-dents dans le buffet par les hommes de Jean de Montfort, qui le laissèrent sur le carreau les moustaches en croix. Du Guesclin, quant à lui, se fit faire aux pattes par le capitaine anglais Jean Chandos : « Rendez-vous, messire Bertrand, lui dit-il. En cette occasion, cette journée n'est pas la vôtre. – Tu l'as dit, bouffi ! » lui répond Du Guesclin en lui remettant sa fidèle épée. L'avait beau faire le mariolle, il l'avait bel et bien à la caille. Ayant semé des petits pois dans son jardin avant de partir, il se demandait à présent si c'était lui qui les becterait. Eh bien oui, il les dégusta quelques semaines plus tard !... avec du jambon et des petits oignons blancs, comme les lui préparait si bien Georgette, sa doulce aimée. Car Charlot le Sage, pas chien, douilla aussi sec la rançon qui se montait tout de même à deux mille caisses de Château Margaux, douze kilomètres de saucisses truffées pur porc et un container entier de calendos faits à cœur !

Charles V, vachement content de le retrouver, le charge en 1365 de mener de grandes campagnes hors de France, histoire de le faire un peu changer d'air. Bertrand part en Castille pour sauver la mise à Henri de Trastamare en pétard contre son frelot Pierre le Cruel, qui lui avait engourdi son trône[1]. Il le fait derechef reconnaître roi de Castille, et l'autre lui offre une gigantesque paella aux fruits de mer pour le récompenser. Manque de fion, Pierre le Cruel, qui était parti se planquer à Bordeaux, s'acoquine avec le Prince Noir, qui lui file une armée entière commandée par Chandos (toujours là, cézigue !). Il faut bien préciser que cet Édouard, prince de Galles, le fameux « Prince Noir », était hélas pour Du Guesclin l'un des meilleurs généraux des Rosbifs durant la guerre de Cent Ans. Résultat, comme Bertrand lui-même l'avait prédit, ils morflèrent une terrible dégelée de pop-corns sur la frite à la bataille de Najera, en 1367 ! Bertrand jura solennellement cette année-là qu'il préférait crever plutôt que de remanger du pudding ! Encore une fois blessé et prisonnier de nouveau des Angliches, il fut ramené en Angleterre et soigné par son vainqueur magnanime, le prince de Galles. Charles V douille une deuxième rançon et le voilà reparti se taillader la tronche aux côtés de don Henri. Il remporte la victoire de Monteil en 1369 et recloque son protégé sur le trône. La même année, les Rosbifs, aussi têtus que les Bretons, remettent le couvert en France, et ça repart comme en quatorze[2] !

Durant une petite pause-café, le roi Charles V nomme Bertrand connétable, en 1370. Il sera désormais le patron suprême

---

1. Ce genre de pratique arrivait fréquemment dans ces familles nombreuses où l'on manquait parfois de sièges.

2. On ne peut guère en vouloir aux Anglais qui raffolent de notre beau pays, même si les grenouilles en persillade leur filent envie de gerber.

de l'armée. Ce grade portait à l'origine le nom de « comte de l'étable », ce qui tendrait à expliquer pourquoi de nos jours, à l'armée, les deuxièmes pompes ont parfois tendance à lancer : « Mort aux vaches ! » à leurs supérieurs au lieu de les saluer poliment.

Durant une dizaine de piges, Du Guesclin, qui connaît très bien la supériorité numérique des Angliches, mènera contre eux une guerre de harcèlement moins coûteuse en hommes que les grandes batailles où il prend de plus en plus de bides sanglants. Il les vire malgré tout de Normandie, de Guyenne, du Poitou, les ratatine en Saintonge puis finalement en Bretagne. Pour la première fois de sa vie, il tire la gueule à son roi Charles V qui vient de « confisquer » la Bretagne en 1378. Le moral dans les godasses, messire Bertrand, connétable de France, refuse de combattre ses potes bretons et se retire dans ses terres à Pontorson pour y vérifier si sa doulce Georgette ne se laisse pas trop butiner le far au pruneau.

En 1380, tout de même, il refout un petit coup d'épée sur la meule et se dirige vers l'Auvergne pour se chicorer avec les routiers. Il déguste une portion de vieux cantal arrosé de saint-pourçain et part mettre le siège devant Châteauneuf-de-Randon. Là, le 13 juillet, le palpitant le lâche et il avale définitivement sa chique[3]. Le gouverneur de la ville, qui avait dit qu'« il ne se rendrait qu'à lui », dépose quelques jours plus tard les caroubles[4] de la cité sur son cercueil. À la demande de Charles V qui crounit lui aussi deux mois plus tard, on enterra Bertrand Du Guesclin à Saint-Denis, près du tombeau que le roi s'y est fait construire.

Dans la mémoire du bon populo, Du Guesclin, parfait chevalier, devint aussi populaire que Zorro. Des chiées de poèmes ont célébré ses exploits en expliquant qu'il était un mec aux œufs, qu'il avait toujours défendu les veuves, les orphelins, et les chats qui se prenaient la queue dans la portière. Bref, tous les ans on en a rajouté une couche. Mais comme dit le proverbe :

« Grand, on vous traite de géant, petit, on vous appelle nain ! »

---

3. Il meurt.

4. Les clés.

PHILIPPE LE BEL

(1268-1314)

Philippe IV dit le Bel fut roi de France de 1285 jusqu'à sa mort en 1314. Sa maman n'était autre qu'Isabelle d'Aragon, que Philippe III, son papa, avait épousée faute de mieux. Cette remarque peut vous paraître merdiqueuse, mes mignonnes, mais vu que papa Philippe venait de prendre un bide retentissant en essayant de conquérir l'Aragon, il se rabattit sur Isabelle, qui le fit moins transpirer. Enfin, au moins au début. Par son mariage avec Jeanne Ire de Navarre, le fiston, lui, Philippe le Bel (tellement il était imposant et beau qu'on l'avait surnommé le Bel !), devint le taulier de la Champagne et de la Navarre en 1284. On n'a jamais vraiment pu savoir s'il avait épousé sa Jeannette par intérêt ou parce qu'il raffolait de sa foufounette cuvée « grand siècle » tant appréciée des amateurs ! Philippe le Bel, monarque redouté et autoritaire, surtout avec sa gonzesse, fut à l'origine de deux grandes calamités nationales bien avant le hamburger et le Coca-Cola. Il dota son royaume d'une VÉRITABLE ADMINISTRATION ! Et comme un malheur n'arrive jamais seul, il fut de même le créateur de l'IMPÔT ROYAL ! Pour que ce dernier soit accepté par tous, les receveurs du roi invoquèrent une règle du droit féodal : « l'obligation de l'aide due au seigneur en cas de nécessité[1] ». Gonflé, mais fallait y penser ! Il manquait pas de chou, Phiphi le Bel ! Pourtant, malgré cet impôt, les bas de soie de Philippe, ses pompes bouclées d'argent et les porte-jarretelles de sa Jeannette avaient mis la royale cassette à sec. Il était urgent de rebecter le trésor. Les impôts, c'est pas fait pour les chiens, les dévaluations non plus !

D'abord, comme il en avait ras la frange de voir des « jardins de curé » de cinq mille hectares, il institua un impôt sur le clergé, pour bien montrer qui c'était à présent qui tenait le goupillon. Fumace[2], le pape Boniface VIII fit un schproum pas possible ! Il dit au roi : « Phiphi, tu vas me sucrer cet impôt honteux et me relâcher Bernard Saisset, mon bon évêque de Pamiers, qui supporte

1. Il est bien connu que les seigneurs sont toujours dans le besoin.

2. Et pour cause : c'était la première fois qu'on osait piquer du blé aux abbés !

très mal le cachot *because* ses rhumatismes et son allergie aux lentilles qui lui détraquent la boyasse ! » En convoquant les premiers états généraux (1302), le bon Philippe se mit l'opinion publique dans la fouille en faisant carrément emprisonner le pape qui ramenait trop sa mitre. *Exit*, Boniface ! Son successeur, Benoît XI, n'aura pas vraiment le temps de s'incruster. Homme doux et PRUDENT, il s'empresse d'absoudre ce bon Phiphi et ses barons qui ont eu la bonne idée de zigouiller son prédécesseur. Pour la forme, il condamne cependant Nogaret, le principal conseiller de Philippe, ce qui va lui être fatal. On ne saura jamais si ce pauvre Benoît XI crounit de mort naturelle ou s'il a été empoisonné d'un grand coup d'encensoir sur la gaufre ! Toujours cachottier, ce Philippe [3] ! Gambergeant que Rome était décidément trop éloignée pour y surveiller correctement les magouilles d'un pape, pour la première fois dans l'histoire, il décida de faire élire un PAPE FRANÇAIS (en 1305), Clément V, qui aurait désormais son bureau en Avignon. C'est pas pour autant que ce bon Clément serait le patron, puisqu'au concile de Vienne (1312), sous la royale pression de son bienfaiteur Phiphi, il fut contraint de supprimer l'ordre des Templiers, ou du moins ce qu'il en restait.

À la fin de la première croisade, un ordre de moines soldats (genre prêtre-ouvrier mais avec une épée, vous voyez le truc) avait été créé pour garder le tombeau du Christ [4]. Eh oui, c'étaient les TEMPLIERS, vous avez gagné ! Mais depuis qu'on avait paumé Jérusalem, les templiers pointaient au chômedu. Ils subsistaient toujours, néanmoins, car ils avaient gardé, en même temps que le Christ, tout le carbure qui allait avec. En fait, ils avaient tout ce qu'une honnête organisation rêve d'avoir en même temps : Jésus et le pognon [5] ! Au début, Phiphi le Bel, un peu gêné aux entournures, empruntait de-ci de-là quelques piécettes en jonc aux templiers pour boucler ses fins de mois. Puis il fit circuler des

3. Ça n'aurait rien changé à son sort, bien sûr ! Mais vous savez ce que c'est, on aime bien être au courant.

4. Des fois qu'il se serait fait la malle !

5. Mais non, ça s'appelait pas encore le Vatican !

rumeurs pas très catholiques à leur sujet... On les soupçonna de sorcellerie, d'être même un peu suppôts du démon, tout ça, vous voyez ?

Ce brave Philippe le Bel, inquiet, voulut absolument faire quelque chose pour eux[1]. La mort dans l'âme, il fit alors arrêter et emprisonner les quelque quinze mille templiers de France. Ainsi, ils ne seraient plus menacés par la foule[2], et notre bon roi mit leurs biens sous séquestre. En bonne pomme qu'il était, il promit même de les gérer pendant leur emprisonnement à vie. Plus sympa, tu meurs ! « Phiphi la Peste », qui avait toujours des sacs de nœuds pas possibles avec ses banquiers, histoire de se remettre à flot, taxa lourdement (en fait il les saigna littéralement) les Juifs et les Lombards. Il confisqua leurs canassons et leurs maisons de campagne, et pour faire bon poids mitonna une bonne dévaluation bien de chez nous !

En ce qui concerne la bagatelle, Philippe le Bel n'était pas une épée, si on en croit le journal des dames qui ont eu l'occasion de s'en servir ! Par contre, pour ce qui était de piquer leur osier aux braves gens, il avait pas son pareil. Finalement, hormis pour les Juifs, les Lombards, les templiers, le clergé et les pauvres, Philippe le Bel fut un roi formidable !

1. Il pria d'abord. Intensément. Mais ça n'avait pas l'air de suffire !

2. Ça peut être dangereux, la foule !

Catherine de Russie

La Grande Catherine

(1729-1796)

La future Grande Catherine de Russie n'était pas plus russe que vous et moi. Si l'on veut remettre totalement les choses à leur place, elle ne s'appelait pas non plus Catherine. Elle naquit le 2 mai 1729 à Stettin, dans un petit bled de Poméranie. Ses dabes la prénommèrent Sophie Frédérique Augusta, ce qui n'était pas pire que de s'appeler Paulette. Fille d'un obscur prince teuton, le duc d'Anhalt-Zerbst, et de sa femme la princesse Johanna Elisabeth de Holstein-Gottorp, la petite Sophie, fière comme un pou sur une tête couronnée, rêvait déjà d'une grande carrière. Son enfance fut pourtant plutôt blècharde, entre son vieux qui buvait de la bière en jouant aux quilles et sa vieille qui collectionnait les jules en buvant du schnaps. Sophie, à quatorze piges, était déjà sexy comme Betty Boop et futée comme une tortue Ninja. Comme elle ne disait pas encore de gros mots, elle fut invitée par l'impératrice Elisabeth elle-même pour venir en Russie ÉPOUSER LE GRAND-DUC PIERRE, héritier du trône. Elle sauta sur sa première valoche Hermès en peau de porc apprivoisé. Elle la remplit jusqu'à la poignée de ses douze paires de bottines en chevreau glacé, de ses robes en pilou et de ses quatre adorables petits barsli en dentelle groseille qu'elle gardait pour les grandes occasions. Elle embrassa ses nombreux parents émus, pleura un chouïa pour leur faire plaisir, et dit tchao la compagnie ! En fait, elle était plutôt jouasse de jouer des flûtes. Y a des lunes qu'elle attendait ça. En arrivant à la cour, Elisabeth lui fit virer ses vieilles fringues et la couvrit de superbes robes de soie brodée. Elle lui offrit des zibelines, des visons tout neufs et de minuscules nuisettes en soie, de quarante-cinq grammes, à rendre dingue l'empereur le moins obsédé. Elle apprit à se servir d'un cure-dents et se convertit aussi sec à l'orthodoxie. Après quoi, elle fut rebaptisée illico Catherine, et apprit dare-dare à jacter le russe. L'année suivante, elle épousa Pierrot en grande pompe. De noces plus grandioses, on n'en avait jamais vu de mémoire de moujik. Cathy arborait une couronne de quatre kilos de diamants sur la calebasse et avait un mal fou à se déplacer dans sa robe d'or et d'argent, qui en pesait six fois plus. Le fiancé, par contre, était pas laubé. C'était un grand sécot avec du poil partout et deux petits yeux rapprochés qui se croisaient les bras. Il avait les cheveux huileux, sa moustache empestait le hareng, et il rotait tous les trois mots, quand il parvenait à les articuler. Elisabeth, qui avait reniflé le malaise, dit à Catherine en la prenant à part : « Je t'en supplie, ma belle Catherine, je sais bien qu'il est tartignol, mais prends-le quand même. Plus tard, tu feras ce que tu voudras[1]. » Catherine se « sacrifia » donc et entra dans le pageot de son taré d'époux. Entre deux rots, le grand-duc Pierre la mit au parfum du nom de ses huit maîtresses avec les détails de leurs galipettes. Il avala ensuite deux carafes de vodka et passa la moitié de la nuit à jouer avec ses soldats de plomb. En ricanant, il lui demanda si elle était vierge, lui précisa qu'il avait horreur de ça, et se mit à péter un grand coup pour changer de conversation. Il vomit avant de s'endormir sur le tapis et ronfla bruyamment jusqu'au lendemain midi. Cette étonnante nuit de noces fit beaucoup réfléchir la désormais grande-duchesse Catherine. Dès le lendemain, elle cassa le morceau à l'impératrice Elisabeth qui, sans se démonter, lui dit : « Ma chérie, tu n'as qu'à faire comme moi. » Cette dernière, qui avait jadis piqué le trône au tsar Ivan (encore mouflet), faisait preuve d'un tempérament qui fit dégringoler plus d'un cosaque de son cheval.

En effet, à cette époque-là, un certain Razumovsky venait régulièrement lui ranimer le samovar, et elle conseilla à cette pauvre Catherine d'employer la même méthode. On vit dès lors la grande-duchesse revenir encore toute pleine de soupirs de ses leçons de musique. Elle fut également une patiente extrêmement coopérante avec son docteur. De même qu'une élève passionnée pour apprendre les langues avec son professeur blond qui lui donnait des cours de technique appliquée.

Pour suivre jusqu'au bout le judicieux conseil d'Elisabeth, elle partait faire de longues randonnées à cheval avec son prof d'équi-

1. Elle aurait dû penser que c'était imprudent de lui dire un truc pareil. Mais Elisabeth avait fait son héritier de ce débile profond, et elle l'avait à la caille de pas pouvoir arriver à le caser.

tation, et le moins subtil des observateurs pouvait en déduire à son retour que le cheval n'est pas un animal de tout repos.

Au bout de quelques années, Elisabeth, entre deux verres de cherry brandy[1], fit gentiment observer à Catherine que les jules, c'était bien, mais qu'il n'y avait toujours pas d'héritier à la maison. Certes, le grand dadais continuait de jouer au petit soldat, mais ce n'est pas de cette manière que son épouse récolterait un polichinelle dans la soupente. De plus, il se permettait de reprocher amèrement ses parties de jambes en l'air à cette pauvre Catherine, qui lui rétorquait : « Mais qui c'est qui t'a mis ces idées dans le citron, mon biquet ! » Finalement, Catherine eut un moujingue de son mari qui ressemblait comme deux gouttes d'eau à Sergueï Saltykov, en compagnie duquel elle jouait souvent de la flûte traversière. Pierre, qui détestait la musique et particulièrement la flûte traversière, se mit à avoir des doutes sur sa paternité, surtout en faisant chambre à part depuis maintenant des années…

Saltykov parti chasser les papillons dans le Caucase, Cathy tomba sur le comte Poniatowski, un éjaculateur nerveux qui bégayait. Avant d'avoir terminé sa longue phrase de déclaration d'amour, il lui avait fait un bébé de huit livres qu'elle baptisa Anna. Un jour qu'elle avait peur de l'orage, elle se réfugia dans une grange à foin et en ressortit avec un troisième têtard mâle dans le tiroir, qui fut nommé Bobrinsky. Elle expliqua bien à son époux qu'elle pensait avoir été fécondée par un éclair, mais ce dernier eut un « doute sérieux » durant le peu de temps qui lui restait à vivre.

En 1762, Catherine ramait en Russie depuis déjà dix-huit ans aux côtés de ce demeuré. Elle ne voyait toujours pas de solution à l'horizon pour lui permettre d'enjamber un jour le trône.

Pourtant, cette fois, les dieux furent avec elle. Le foie complètement immergé dans le brandy, Elisabeth lâcha soudain la rampe. Avant de caner, elle bredouilla agreu agreu, et on en déduisit qu'elle venait de désigner Pierre, qui lui succéda presto en devenant Pierre III. Catherine ne douta pas une seconde qu'elle allait faire une bouchée de ce mollasson puant.

1. Elle aussi levait le coude à hauteur des oreilles.

Après vous avoir narré si brillamment le « mystère » de la natalité précédente que Catherine fit tant bien que mal avaler à son époux aussi tolérant que nunuche, il est temps à présent de mettre les bouchées doubles. La grande-duchesse, amante incorrigible et un tantinet imprudente, à peine accouchée du fameux « éclair » qui l'avait gratifiée d'un fils, tomba raide amoureuse d'un beau géant de la garde, Gregori Orlov. Ils partirent enlacés sur un traîneau dans la steppe. Il réchauffa si vigoureusement ses petites mimines glacées qu'elle eut deux fillettes coup sur coup – si vous me permettez l'expression. Évidemment, cela créa des liens entre eux. Six mois après l'accession au trône de son époux, la chère Catherine – on ne saura jamais par quel moyen exactement – convainquit son Pierre III d'abdiquer. En fait, on peut subodorer qu'il se laissa détrôner gentiment, après qu'elle lui eut fait téter deux rouilles de vodka au beau milieu de ses soldats de plomb. De là à le cloquer en prison, il n'y eut qu'un pas. Elle l'aida à le franchir et se proclama aussi sec impératrice, aidée un petit peu, faut bien dire, par le bel Orlov et ses obligeants frelots. Les Ruskofs, l'armée, ainsi que ses sujets, trouvaient Pierre débéquetant. Ça tombait bien, car lui pensait que c'étaient tous des veaux. Il trouvait les traditions populaires russes à chier et affichait un mépris pour le peuple qui foutait les boules aux moujiks. De ce fait, ces braves Ruskofs oublièrent complètement que la môme Catherine n'était en fait qu'une « pièce rapportée ». Elle n'avait légitimement aucun droit à la couronne. Quand ils se réveillèrent, il était trop tard. Les Russes étaient bel et bien désormais gouvernés par une Teutonne ! Après quelques jours de prison, où Catherine lui rendit de fréquentes visites en lui amenant des chocolats fourrés[2], Pierre mourut subitement. On semble avoir un certain mal à en établir la cause. Catherine expliqua qu'il avait trépassé d'une crise d'hémorroïdes aiguë et que son cœur avait lâché en même temps que ses bretelles. Le fait qu'on l'ait retrouvé dans sa cellule dans les bras d'Orlov avec une plaie à la tête signifie, bien sûr, que le siège de la douleur avait brusquement changé de place. Bon, de toute façon, tout le monde s'en tamponna la zigounette et, dès 1764, la Grande

2. C'était plutôt sympa comme attention.

Catherine squatta le trône au détriment de son lardon, qu'elle pria d'aller jouer dans le jardin avec ses petits camarades. Le cerveau de l'impératrice, qui excédait largement la taille d'un petit pois, lui permit non seulement d'apprendre à jacter couramment le russe et le français, de pratiquer scrupuleusement les rites de l'orthodoxie, mais elle maniait aussi avec une superbe élégance le langage des philosophes parisiens. Histoire d'en filer plein la vue à la noblesse russe, elle devint la copine de Voltaire, de d'Alembert et de ce vieux Diderot. Néanmoins, malgré les éventuelles influences qu'elle aurait pu subir de l'esprit voltairien, elle n'en était pas moins déterminée à régner en « despote éclairé », selon sa délicieuse formule.

Le pouvoir, auréolant sa jeunesse et son intelligence, embellissait Catherine. Pour faire tartir les belles comtesses de sa cour, elle se baladait dans de superbes robes de deuil en dentelle vachement sexy, décolletées jusqu'au nombril. Bien entendu, Orlov et les autres en paumaient leurs étriers. Elle avait une haleine de fleur d'oranger et tout son adorable corps fleurait bon la vanille. De sorte qu'elle attirait en premier les hommes qui aimaient les pâtisseries. Finalement, le drame chez Catherine, c'est qu'elle recherchait en permanence l'« homme idéal ». Elle s'apercevait, hélas, après un galop d'essai plus ou moins long, que celui-ci n'était peut-être pas aussi à la hauteur qu'elle l'eût souhaité. Elle dénichait donc aussitôt un autre oiseau rare qui, immanquablement, serait bien plus idéal que le précédent. Elle décida de ne pas se choper un lardon pendant quelque temps et, pour varier un peu les plaisirs, entreprit d'unifier l'empire russe. On a du mal à imaginer à quel point ces gens-là étaient désunis. Catherine, spécialiste des rapprochements, voulait faire quelque chose. Ses réformes administratives et législatives touchèrent toutes les classes de la société à l'exclusion des serfs qui constituaient cependant cinquante pour cent de la population laborieuse. Elle leur offrit malgré tout la chance unique de passer sous son règne du servage médiéval à l'esclavage antique.

Enfin, les nobles n'étaient pas touchés. C'était déjà ça ! Elle passait en fin de compte autant de temps au bureau qu'au lit, ce qui l'occupait à plein temps. Le bel Orlov ayant encore le rein solide et le reste musclé, elle expédia son ex-favori Stanislas Poniatowski cuver sa vodka sur le trône de Pologne. Elle avait gambergé que ce semi-protectorat ouvrirait à la Russie une grande brèche sur l'Europe centrale. Elle alla ensuite amidonner le turban des Turcs, sans pour autant se friter avec eux, car elle n'en avait guère les moyens. Elle leur fit comprendre, toutefois, qu'ils avaient intérêt à brouter sagement leurs loukoums dans leur coin sans trop faire de vagues. Ils pigèrent vite et se tinrent à carreau, car ils n'avaient pas tous que de la semoule dans la couscoussière.

Au fil des mois, la volupté qu'appréciait tant Catherine dans les bras de Gregori Orlov devint de moins en moins voluptueuse. Il avait de plus en plus de mal à faire face aux affaires du royaume. Son frère Alexis, par contre, afficha tout de suite des dispositions qui convainquirent l'impératrice au premier coup d'œil[1]. Elle sut utiliser tout de suite ses dons naturels. Pour ne pas en abuser par ailleurs, elle lui permit de partager la tâche avec ses trois autres frères, car il y avait beaucoup d'ouvrage.

Ils s'en acquittèrent à tour de rôle avec le plus grand dévouement. Catherine ne souffrait pas de solitude. Autant au lit elle aimait être surprise par les délicieuses inventions de son partenaire, autant dans sa robe d'impératrice lorsqu'elle siégeait au Conseil, elle détestait qu'on la surprît désagréablement. En 1768, pourtant, le sultan la prit au dépourvu[2]. Une formidable expédition de guerriers tartares venait de lui ratatiner impunément l'Ukraine, pendant que les frères Orlov lui faisaient *le traîneau des steppes* ! Elle avala tant bien que mal la pilule. En attendant, elle se promettait de lui garder un chien de sa chienne. Pour gommer cet échec, elle envoya quelque temps plus tard Souvorov et Potemkine qui lui ramenèrent les clés de la Crimée sur un plateau. Elle l'annexa totalement en 1783 après le traité de Kutchuk Kainardji (signé en 1774). En effaçant ce dernier vestige de la domination mongole, Catherine vengea son peuple d'une humiliation sécu-

1. Elle savait parfaitement dévisager un homme, et certains détails emportaient vite sa décision de lui faire confiance.

2. Elle n'eût pas détesté qu'il la prenne, mais pas au dépourvu.

laire que leur faisaient subir impunément ces tronches plates. Pour remercier Potemkine, elle lui fit visiter sa chambre sabre au clair. On peut dire que, pour ce dernier, elle tomba encore une fois raide transie. Il n'avait pourtant physiquement rien de commun avec le bel Orlov. Il se tenait droit comme une jambe de chien, et il avait un pif qui tenait plus du topinambour que du radis rose. Il avait les ongles en deuil, les nougats bordés d'astrakan, et passait les trois quarts de son temps à se gratter les meules dans un vieux pyjama pisseux avec des raies en long qui le faisait ressembler à un échappé de Cayenne[1]. La guerre et les dentelles faisaient ma foi bon ménage avec Catherine. L'occupation de la péninsule[2] lui permit de fonder aussitôt le port de guerre de Sébastopol.

Elle consolida sa position stratégique dans la mer Noire et désenclava l'Ukraine[3]. Il lui manquait encore un bon port de commerce sur les côtes méridionales[4]. Une fausse manœuvre des Turcs permit d'y remédier en 1786. Le sultan, inquiet des armements russes, repartit en guerre en serrant les flancs de son cheval entre ses petites jambes. Il faisait de grands moulinets avec son sabre au-dessus de sa tête et tous ses guerriers trouvaient ça intelligent. Les cavaliers russes lui collèrent cependant une douloureuse branlée. Ce ne fut pas du miel, certes, d'emporter le morceau, car les troupes alliées autrichiennes s'avérèrent pires que de la roupette de sansonnet[5]. Cependant, la fougue du brave Souvorov l'emporta en dépit d'une diversion tentée par le roi de Suède contre Saint-Pétersbourg[6]. Le traité d'Iasi (1792)

---

1. Il devait bien avoir, malgré tout ça, un atout caché quelque part, mais personne n'entravait pourtant ce que la Grande pouvait bien trouver à ce ouistiti.

2. Elle savait très bien s'y prendre avec les péninsules.

3. L'Ukraine, elle l'avait toujours sur la patate !

4. Elle avait un mal fou à trouver du hareng frais au marché et trouvait ça inadmissible.

5. C'est Catherine elle-même qui avait formulé cette image. Et elle s'y connaissait en sansonnets !

6. Le roi de Suède se retira sur la pointe des nougats sans insister en

repoussa la frontière russe jusqu'au Dniestr. La ville d'Odessa fut construite sur le territoire annexé. Le port, d'emblée, attira les excédents de céréales dont regorgeait l'Ukraine polonaise, et Catherine, soulagée, put de nouveau briffer des corn-flakes avec son petit déj' (7).

Tous ces événements capitaux, durant lesquels notre héroïne n'avait guère eu le temps de malmener l'élastique de son cache-minou, n'avaient pas pour autant affaibli son ardeur amoureuse. Potemkine qui, à l'exemple de ce malheureux Orlov, n'avait pas pu suivre, avait très tôt manifesté des signes de relâchement musculaire bien compréhensibles.

Douloureusement préoccupé par ces mille petits soucis quotidiens qui risquaient d'empêcher Catherine de s'épanouir davantage, il lui présenta des brochettes de jeunes loups des steppes qui semblaient posséder toutes les qualités requises pour être auprès d'elle de bons « secrétaires ». L'impératrice, qui adorait les animaux et les secrétaires, laissa ces jeunes loups en question investir sa bergerie sans la moindre hésitation. Son pourvoyeur de viande fraîche prenait une honnête récompense pour chaque nouvel arrivant qui s'avérait être à la hauteur de sa mission. Il y avait eu, entre autres, Pierre Zavadovski, qui avait vingt ans et des boutons d'acné plein la tirelire. Au bout de trois semaines d'efforts répétés, il avait perdu son innocence en même temps que ses bonbons à liqueur. Il y eut ensuite le beau lieutenant Zoritch à qui elle ne laissait jamais le temps d'enlever ses bottes tant elle avait hâte de voir comment il se comportait à cheval. Il y eut aussi son petit-fils, en partant du principe sacré qu'il est plus que légitime de s'entraider en famille. Il y eut également ce crétin de Korsakof, qui se brisa les deux jambes un soir où elle lui apprenait *le tremplin*

---

observant que « décidément, cette Catherine, elle en avait ». On n'a jamais très bien compris ce qu'il voulait dire par là.

7. Les historiens se gardent bien généralement de faire état d'un petit billet que Catherine fit parvenir alors au sultan. Elle ne put s'empêcher de lui écrire : « Tiens, prends toujours ça dans les moustaches, gros loukoum. » Ce qui dénotait singulièrement, en regard de son élégance et de sa finesse habituelles.

moscovite. Lanskoy, lui, eut carrément un arrêt du cœur alors qu'elle s'ingéniait de toute son âme à lui faire *le piston du cosaque*. Est-ce bien la peine d'évoquer ici Dimitri Olaf, qui battait de vitesse les lapins les plus pressés ? Yermalov, qui n'arrivait pas à conclure au bout de quatre heures et qui s'endormait sur le rôti ? Manomov, qui hurlait comme un cochon qu'on égorge ? Enfin… l'amour n'était pas toujours un lit de roses, pour Catherine. Dieu est témoin qu'elle y mettait pourtant tout son cœur et sa modeste expérience.

Fière, non sans raisons, de toutes ses conquêtes (nous parlons ici des territoires), la Grande Catherine, que Voltaire appelait « le Grand », se targuait à présent d'une réussite complète. Après tout, sur tous ces territoires reconquis, son aïeul Pierre le Grand lui-même n'avait-il pas morflé de jolies branlées ? Elle ne lui en fit pas moins ériger une belle statue équestre (de Falconet) qu'on peut encore admirer sur la grand-place de Saint-Pétersbourg. Poniatowski, l'ancien jules de Cathy, les miches toujours calées sur le trône de Pologne, avait de sacrés sacs de nœuds avec le roi de Prusse. Frédéric II avait profité des emmerdes de la tsarine avec les Turcs pour lui imposer un partage de la Pologne en 1771. Cathy renvoya aussi sec l'ascenseur à Stanislas. À sa façon. Elle poussa ce grand benêt de Frédéric à s'empêtrer dans une guerre contre la France révolutionnaire, puis prépara tranquillement une intervention armée en Pologne[1]. Le second partage de la Pologne, en 1793, revu et corrigé par la môme Katia, fut, on s'en doute, vachement plus avantageux pour la Russie que le premier[2]. Frédéric et même Stanislas Poniatowski l'avaient dans le baba. Du coup, les Ukrainiens et les Biélorusses, fidèles à l'orthodoxie, se rangèrent sagement sous la bannière de la Grande. En ce temps-là, les Russes ne séparaient jamais la nationalité de la religion. Dès lors, la Grande Cathy devint dans son pays, et même à l'étranger, « la tsarine de toutes les Russies », en dépit de sa flotte qui ne valait

---

1. Ce qui prouve par là qu'elle n'avait pas que de la sciure dans le tronc !

2. Elle leur avait piqué les meilleures terres en leur expliquant qu'ils y gagnaient.

pas un coup de cidre et de sa marine marchande réduite à quelques barlus nazebroques.

Catherine avait à présent cinquante-cinq balais et la cuisse toujours aussi accueillante. Elle « essaya » le petit Platon Zubov, que lui avait chaudement recommandé Potemkine. Elle put très vite constater que le beau Platon n'avait pas du sang de lézard dans les tubulures. Il avait une façon bien à lui de lui faire vibrer la balalaïka et, jusqu'aux fins fonds des couloirs du palais, on entendait Cathy hurler : « Au secours, mon Dieu, qu'est-ce qu'il me fait là[3] ? » Ne recevant jamais de réponse, Catherine crut bon d'avouer à ses intimes qu'elle n'avait jamais connu de secrétaire qui possédât une aussi belle plume. Elle engagea aussi Valérien, qui n'avait que dix-huit ans, le frère de Zubov. Il était cependant moins « lettré » que le jeune Platon[4], mais, avec une patience qui l'honore, prenant elle-même dans la main sa plume et son encrier, Catherine lui apprit à ne pas faire de pâtés n'importe où. Valérien, qui retenait bien les leçons, écrivit très vite tout seul des paragraphes entiers durant de longues nuits, et l'impératrice ne manquait jamais de le féliciter à la fin pour sa belle écriture. À partir de ce moment-là, elle prit d'ailleurs régulièrement DEUX secrétaires de vingt-cinq ans qu'elle échangeait volontiers contre UN de cinquante. Potemkine fut d'accord mais précisa que ce serait un peu plus cher.

Pendant ce temps, les serfs bectaient des racines en pensant que c'était pas bien. Les nobles briffaient du caviar et trouvaient qu'il manquait du beurre. La corruption se généralisait en même temps que les exactions aux dépens des faibles. Il y avait même DES PASSE-DROITS AU PROFIT DES FORTS ! On vivait alors dans une drôle d'époque ! La Grande avouait d'ailleurs cyniquement en évoquant les serfs : « Si je les payais mieux, ils me coûteraient davantage et n'en voleraient pas moins[5] ! »

---

3. En dépit du statut social exceptionnel et des excellentes relations qu'il avait avec sa cliente, Dieu n'est jamais venu.

4. Forcément !

5. On ne peut pas lui donner complètement tort. Ses amants la mettaient déjà sur la paille… et puis elle avait des frais. Après tout, il ne

Jusqu'à la Révolution française, son esprit démocratique lui inspira une tolérance et même une liberté de pensée jusque-là inconnues en Russie[1]. Elle admit même la publication de revues satiriques auxquelles la majorité des ploucs illettrés n'entravait que dalle. Ces « concessions » étaient donc réservées aux classes dominantes qui trouvaient la Grande vachement démocrate.

Elles impliquaient en même temps un choix politique interdisant de remettre en cause le système social[2]. Les nobles et les marchands, qui trouvaient que décidément le serf est une denrée périssable[3], demandaient des renforts pour labourer leurs champs enneigés. Catherine en envoya quatre cent mille à ses favoris en leur recommandant de les nourrir « au moins une fois par jour[4] ». En 1783, elle n'eut pas le cœur de refuser aux nobles l'asservissement des paysans ukrainiens[5]. C'est également la mort dans l'âme que la Grande élargit les pouvoirs des propriétaires terriens MENACÉS par les paysans résistants. Ce qui leur permit – heureusement – de faire déporter les fortes têtes en Sibérie[6] sans jugement et de condamner les autres aux travaux forcés dans les mines[7]. Malgré cela, quand on a une bonne attachée de presse, l'« image » reste valorisante. Ces pauvres paysans

s'agissait que de pauvres ! Il est bien connu que ces gens-là n'ont pas les mêmes besoins que les autres.

1. Désormais, on avait le droit de penser : tiens, il fait beau !

2. C'était la Cathy elle-même qui pondait ces horreurs entre deux galipettes.

3. Il en calenchait dix mille par semaine ! Comment voulez-vous compter sur des gens comme ça !

4. C'est vrai quoi, après tout, restons humains que diable !

5. Je sais, il est de bon ton depuis la Révolution de tomber à bras raccourcis sur les nobles. Il faut cependant essayer de les comprendre, ces gens-là. Ils n'allaient tout de même pas travailler leur terre EUX-MÊMES !

6. Mais non, ça ne s'appelait pas encore le GOULAG !

7. Fallait quand même bien les exploiter, ces mines !

naïfs, cocus et battus, continuèrent d'appeler Catherine « la petite mère » avec un sourire attendri.

En 1774, le cosaque Pougatchev, pensant tirer parti de leur ingénuité, les incita à ruer dans les brancards. Il leur dit :

« Bande de truffes, vous ne voyez pas qu'on vous becte la laine sur le dos ? Vous n'en avez pas encore marre de vous geler les noix, au cul d'une charrue, en clapant des pissenlits, pendant que les ducs et les barons pètent dans la soie que nous leur tissons nous-mêmes[8] ? »

Comme ils avaient l'air d'entraver que pouic à son discours, il prétendit être Pierre III en personne. Il leur expliqua que sa mort annoncée jadis dans les gazettes était totalement bidon et qu'il avait attendu son heure pour remettre le pays à flot. Tout le monde le crut ! La rébellion gagna la vallée de la Volga où les serfs firent des hamburgers avec leurs maîtres et intendants. La Grande, qui eut soudain le tracsir, envoya un bataillon de cosaques pour mater les insurgés. Lorsque la Révolution française prouva qu'un cou de roi arrêtait difficilement le tranchant d'une guillotine, Catherine pigea très vite cette leçon de physique appliquée. Elle exila aussi sec en Sibérie l'écrivain rebelle Raditchef, « un cloporte » !, « pire encore que Pougatchev » !, c'est dire ! Un traître qui prenait au sérieux et, hélas, à la lettre, des principes révolutionnaires que l'impératrice, certes, défendait bien un chouïa du bout des lèvres, mais qu'il serait catastrophique d'appliquer ! « En France, peut-être, mais pas ICI ! » C'est déprimant d'être incomprise quand on est à la tête d'un pays de bornés !

L'âge venant, la Grande avait tendance à se mélanger les pinceaux entre ses secrets militaires et ses secrets d'alcôve. Ses « secrétaires particuliers » étant montés en grade, elle les nommait à présent « aides-majors généraux ». Elle les fit crécher dans une cambuse à côté de la sienne, afin d'être toujours à pied d'œuvre pour y affiner d'autres stratégies auxquelles elle n'aurait pas encore pensé ! Mais elle en connaissait déjà beaucoup. Elle ne mettait à présent jamais au point plus d'une stratégie nouvelle chaque

8. Évidemment, cette question méritait d'être débattue.

soir. Cela suffisait amplement à lui préparer une nuit douce, après avoir sifflé son bol de tilleul à la vodka.

Potemkine avait rendu sa quittance de loyer[1], malgré cela, ses « aides-majors généraux » coûtaient toujours davantage à Cathy. Le prix de leurs services devenait de plus en plus inversement proportionnel à son âge et à sa beauté.

Un historien indélicat de l'époque évalua à près de cent millions de roubles le coût total de ses parties de zizi-pan-pan. Un hareng saur valait un kopeck et dix kopecks valaient un rouble. Vous n'avez qu'à faire le compte. Remarquez, on ne voit pas vraiment ce qu'elle aurait pu faire avec tant de poisson fumé ! En fin de compte, elle s'est bien plus marrée en apprenant *le vol du bourdon mongol* et *la toupie schanghaïaise* à ses minets que si elle avait essayé de faire des éconocroques pour son pays.

Certains biographes mal intentionnés ont laissé entendre qu'elle avait eu trois cents amants. Comme elle le répondit elle-même à un journaliste qui lui avançait ce chiffre : « Vous n'y pensez pas ! » Bien sûr, je n'ignore pas que ce n'est pas véritablement une réponse. Évidemment, le doute subsiste. Voulait-elle dire par là : « Mais non, à peine deux cent cinquante ! », ou bien alors : « Mon pote, trois cents, c'était juste la première année ! » Bref, je crains que nous ne demeurions à ce propos dans une éternelle ignorance.

Le 10 novembre 1796, à soixante-sept balais, elle eut une crise d'apoplexie dans les bras musculeux et câlins de son aide-major préféré qui venait de lui secouer le prunier. Le dernier mot qu'elle lui chuchota à l'oreille fut : « Encore... »

Durant le règne de la Grande Catherine, le rouble-assignat avait paumé trente pour cent de sa valeur nominale. La Cathy avait coûté plutôt chérot à son pays. Elle avait appliqué toute sa vie à la lettre le principe de ce merveilleux proverbe polonais que lui avait appris son papa lorsqu'elle était enfant : « Le riche est soigné par le docteur, le pauvre est sauvé par le travail. » Et les pauvres, y a pas à dire... elle en avait sauvé un paquet, vu qu'on ne pouvait pas l'accuser de leur avoir laissé les bras ballants !

---

1. Il était mort.

De toute façon : « Il vaut mieux être riche et cruel que pauvre et charitable, sinon personne ne parle de vous ! »

LE ROI DAGOBERT

Né au début du VIIe siècle à Saint-Denis, Dagobert Ier devint roi des Francs en 629. C'était une responsabilité très lourde car les rois francs étaient généralement très bien cotés en Bourse. Dagobert demanda au télégraphiste qui venait de lui apporter la nouvelle : « Roi, c'est ce métier où l'on peut faire pendre qui on veut ? » Sa philosophie simplette, son humour et sa bonhomie naturelle, ont fait de lui un monarque très populaire. Le matin, au saut du lit, il était si pressé d'aller courir les jolies Franquettes qu'il enfilait son cache-misère à toute pompe et, bien sûr, il lui arrivait de le mettre à l'envers. Il était perpétuellement enjoué, farceur impénitent et terriblement distrait. Il lui arriva de trouver un soir une belle femme dans son lit et se déclara enchanté de faire sa connaissance[1]. Il lui demanda son nom et ne voulut même pas savoir si elle était mariée et avec qui. Elle lui répondit qu'elle se prénommait Franca et que si sa mémoire était bonne, elle avait épousé quinze jours auparavant un dénommé Dagobert qui lui ressemblait fort et qui prétendait être roi[2]. Certains confrères historiens ont soutenu qu'il était trompette solo à l'Opéra-Bastille, mais la foule de détails qu'ils ont fournis sur la vie de Dagobert tendrait à prouver qu'ils étaient payés à la ligne. On est tout de même à peu près sûr aujourd'hui que ce n'est pas lui qui a ouvert la première fabrique de blue-jeans en France. Fils aîné de Clotaire II, on l'initia très tôt à tenir son épée par la poignée (ce qu'il ne faisait pas toujours), à ne pas enfourcher son cheval face à la queue, à ne pas enfiler sa chaussure droite avec son pied gauche et inversement, à ne plus se moucher dans ses doigts et à remettre sa culotte à l'endroit autant que possible. On ne sait pas grand-chose de ses goûts, sinon qu'il adorait les harengs pommes à l'huile, les omelettes aux sardines, le civet de requin, l'odeur de patchouli et les femmes à gros seins. Ce descendant des

1. En fait, il était très poli. Par exemple : il faisait toujours goûter son plat à un ami et ne mangeait qu'après, si son goûteur n'était pas tombé raide.

2. Il hurla de rire en se tapant sur les cuisses, avant de s'occuper de celles de Franca.

Mérovingiens (il était peut-être descendu un peu vite !) n'était pas à vrai dire un symbole du raffinement. Il avait les cheveux pisseux et les yeux en trou de pipe. Il se goinfrait lorsqu'il était affamé, et on pouvait voir sur sa poitrine les résidus stratifiés de tout ce qu'il avait becqueté depuis un an ! Il exhalait de sa bouche, comme de ses nougats, l'odeur nauséabonde d'un putois qui a avalé un livarot ! Pour couronner le tout, il buvait aussi des bonbonnes entières de sirop de cassis mélangé à de l'eau-de-vie de genièvre. Il avait la manie de claquer la langue et de dire : « Putain, que c'est bon ! »

Sous la surveillance de l'évêque de Metz, son père l'envoie, alors qu'il est encore tout jeune, régenter carrément l'Austrasie. Il s'en tire très bien, l'animal. De plus, les femmes d'Austrasie avaient toutes de formidables loloches, ce qui n'était pas pour lui déplaire. Le soir avant de s'endormir, il tenait un journal où il consignait soigneusement tout ce qui s'était passé dans la journée[3]. Puis, le lendemain matin, il allumait le feu avec. Ces précieux renseignements consumés nous auraient tout de même bien aidé dans la rédaction de cet ouvrage exhaustif. On sait, toutefois, qu'il s'ingénia à limiter les pouvoirs de l'aristocratie[4].

---

3. Les lois qu'il avait promulguées, les prénoms des femmes qu'il avait honorées, ceux de leur mari à côté duquel il dessinait une tête de mort, la recette de la journée, le prix du kilo de morue, le passage du rémouleur qui avait aiguisé son épée ainsi que ses couteaux de cuisine, l'adresse du seul dentiste (celui de saint Éloi !) qui possédât une paire de tenailles, la température de son cheval, les premières mesures d'une musique de ballet entendues fredonner par le laitier, le remboursement par la Mutuelle franque de ses onguents contre les rhumatismes (enfin, depuis le temps !). L'annonce murmurée d'un complot contre lui, entendue chez un coiffeur où il s'était rendu déguisé en moine sourd-muet, l'enquête à mettre en route le plus vite possible afin de punir les traîtres, demander à sa femme Franca le nom et l'adresse de son amant pour lui faire envoyer des fleurs et un cheval en cadeau, c'est la moindre des choses.

4. Il fit pondre un décret interdisant aux aristocrates leur fameux « droit de cuissage » sur des créatures de moins de huit ans. Ça fit du bruit dans Landerneau, car les virils châtelains, qui faisaient l'honneur à leur servante de dépuceler leur fille, ne voulaient pas entendre parler de vieilles de neuf ou même dix ans ! Effectivement, Dagobert aurait pu y réfléchir avant.

Il édicta plein de lois qui n'étaient jamais appliquées[1]. Comme il avait un sens de l'humour très aigu, il coupait les mains de ceux qui lui désobéissaient et leur offrait une paire de gants. Ce qui le faisait littéralement tordre de rire. Il faisait des javas mémorables avec son pote, le bon saint Éloi qui avait écrit la chanson sur lui, et, bien sûr, ils se partageaient les droits d'auteur. Il essaya toute sa vie de se rapprocher des humbles, mais il schlinguait tellement que même le plus humble a jamais voulu qu'il l'approche. Il adorait la musique et avait l'oreille absolue. Comme il avait un sens aigu de la justice, il faisait pendre aussi bien les riches que les pauvres qui chantaient faux, car ça, il supportait pas[2]. Afin de concilier son grand sens de la morale et son penchant pour la débauche, il avait fait construire des « maisons de plaisir » où il abritait ses nombreuses concubines. Les abbayes qu'il faisait bâtir à côté n'étaient là que pour rétablir l'équilibre moral. Il payait d'ailleurs grassement des centaines de chœurs de moines et de nonnettes qui chantaient à tue-tête pour le salut de son âme. Ce qui faisait un sacré tintouin dans tout le royaume. Mais, au moins, de ce côté-là, il était paré. Les efforts incessants qu'il déploya tout au long de sa vie pour assurer l'unité de son pays sont tombés à l'eau après sa mort. Comme le dit lui-même ce pauvre Dagobert avant de rendre ses clés : « Finalement, ça ne sert pas à grand-chose de mener une vie exemplaire ! »

---

1. Dans un plan d'austérité qui devait être salutaire au pays, il interdit le beurre sur les tartines. Ce qui eut pour effet de quadrupler la consommation de beurre dans le pays.

2. Malgré les apparences, il était resté très humain. Car avant de faire tirer sur la corde qu'ils avaient autour du cou, jusqu'au bout il leur laissait une chance en essayant sans relâche de les faire chanter juste afin de les sauver du nœud coulant !

Jules César

(100-44 avant J.-C.)

JULES CÉSAR

Caius Julius Caesar, de son nom d'artiste Jules César, naquit un siècle avant Jésus-Christ dans l'une des plus illustres familles patriciennes de Rome. Déjà, enfant, on le disait audacieux et cruel[1]. Sa vieille nourrice, elle, le trouvait émotif comme un soldat de plomb. Elle prétendait qu'il jouait tous les après-midi à la marelle avec la tête d'un chat qu'il avait décapité le matin. C'était sûrement très exagéré… Il détestait les enfants et les animaux, certes, mais comme dit l'autre, ça ne prouve pas qu'il était mauvais pour autant. Bref, pour se faire une situation, il dut bien tout de même occasionner quelque bobo à des méchants, par-ci par-là, car il devint assez vite général, puis homme politique, comme il est d'usage dans le seizième. Il fut nommé consul en 59, puis devint proconsul de Gaule pendant dix ans[2].

La conquête de la Gaule le hissa au rang de grande star et lui valut aussi pas mal de maux de tête. On l'accusa d'avoir étripé des milliers de Gaulois sans anesthésie et d'avoir méchamment fait consumer des gauloises, par paquets entiers ! Mais aussi, Ambiorix, ce chef gaulois, ne lui massacra-t-il pas quinze cohortes de soldats dans les forêts de chênes ? Ses troupes étaient composées de violeurs pas toujours polis, certes, mais ne furent-elles point assiégées un peu partout par ces barbares moustachus ? En 52, les Carnutes (des clients pas faciles !) ne firent-ils pas de la chair à saucisse avec les commerçants romains installés paisiblement à Orléans ?… Et les Arvernes, qui n'étaient pas encore bougnats à Paris, ne prirent-ils pas la tête d'une formidable coalition commandée par un certain VERCINGÉTORIX ??? Avouez qu'il y a de quoi avoir les boules de gui qui vous démangent comme disait Jules, non sans humour, mais un poil agacé par ses accusateurs malhonnêtes. Il sella son meilleur cheval (le gris avec des couettes !) et, à bride abattue, dégoulina sur la Gaule, assiégea

1. C'est bien connu, TOUS les enfants sont cruels ! Après, ça s'arrange. Pour César, hélas, ce ne fut pas exactement le cas.

2. Un emploi fixe comme ça, même de nos jours, c'est pas fastoche à trouver.

Avaricum (Bourges) et massacra finalement tout ce qui n'était pas romain[3]. Comme au fond il n'était pas vraiment méchant, il égorgeait les enfants en dernier pour ne pas faire de peine à leurs parents[4]. Après cette divertissante récréation où il n'avait perdu que quelques poignées d'hommes, craignant un soulèvement général en Celtique[5], il se carapata vers le nord à la tête de onze légions qu'il avait gavées de biscuits survitaminés.

Le pauvre Vercingétorix tenta bien pourtant de lui couper l'herbe sous les pataugas, mais il morfla la dégelée de sa vie près d'un bled nommé Alésia dans lequel il courut vite se planquer avec ses milliers de guerriers[6]. Malheureusement, il se fit encercler comme un ver de terre par quatorze dindons et, après avoir déposé les armes, enfermé dans une prison roulante, il fut exhibé devant la foule de Rome. Cette situation burlesque le fit s'étrangler de rire dans sa cage à serin, ce qui dispensera César de l'empoisonner[7]. Mme Vercingétorix ne put que dilapider l'héritage en sanglotant. Le bras encore douloureux d'avoir décapité tant de Gaulois diaboliques, le pauvre Jules César apprend alors que le triumvirat, qu'il avait fondé à Rome avec Crassus et Pompée, roule sur la jante. Le temps de revenir à toute bubure, le beau Crassus[8] avait eu le bon goût de casser sa pipe. Restait Pompée. Il avait ni plus ni moins passé son temps à lui faire des enfants dans le dos, pendant que lui, César, se défonçait la rate chez ces loquedus de Gaulois. De plus, c'était l'évidence même, ce Pompée de malheur voulait le pouvoir pour lui tout seul[9]. Jules, c'est pas du tout le genre de mec qu'on peut rouler dans la farine

---

3. Ce qu'on peut faire tout de même sous le coup de la colère !

4. L'humanité d'un tel comportement ne peut être passée sous silence.

5. Les Celtes manquaient terriblement de loyauté.

6. Il aurait dû se douter que ça risquait de contrarier César.

7. Vous pouvez ligoter la vraie version qui vous coupera le souffle dans « Vercingétorix ».

8. En romain : l'homme qui fait des crasses.

9. Pompée se mettait parfois des choses en tête dont même Mme Pompée avait du mal à le faire démordre.

pour en faire un gnocchi. Il franchit le Rubicon à la tête de ses trancheurs de citrons pour aller souffler dans les bronches de ce mielleux faux-cul. Le Rubicon, comme vous le savez, n'est autre que ce petit fleuve frontalier qui coule entre la Cisalpine et l'Italie. Il était alors strictement interdit à un général romain en armes d'y pêcher des écrevisses, de s'y baigner et encore moins de le franchir sans l'ordre du Sénat. « *Alea jacta est !* » s'écria le grand Jules en faisant un gigantesque bras d'honneur au Sénat. Ce qui en latin signifie en clair : « Le sort en est jeté[1]. » Cet événement, anodin en apparence, marqua le début d'une guerre civile en Italie. Bien sûr, on en a fait tout un plat, mais il y eut à peine vingt mille morts, et, dans la glorieuse carrière de César, avouez que ce serait mesquin de le bassiner pour une telle peccadille. Sachant César teigneux comme une couvée de poux dans la tête d'un manchot des deux bras, Pompée s'enfuit en Grèce en moins 48, mais, n'étant pas fou des champignons à la grecque, il opta finalement pour le méchoui qu'on lui proposait en Égypte. Son plan était nazebroque, car malgré toutes ses précautions (il attachait, pourtant, par sécurité, un cerf-volant de casseroles en travers de la porte de sa chambre) il se fit arracher les poumons par les hommes de Ptolémée[2], ce qui le mit définitivement HS aux épreuves du 100 mètres des Jeux olympiques.

Jules César, qui talonnait Pompée pour lui faire passer le goût de la semoule, en fut pour ses frais, car personne là-bas ne voulut lui rembourser son billet de chameau. Il dut, par contre, faire face à Alexandrie aux partisans de Pompée (vétérans étrangleurs, transfuges, esclaves, etc.). Les féroces Alexandrins s'étant soulevés contre lui[3], une véritable guerre de rue s'ensuivit et, bien sûr, les pauvres commerçants avaient de plus en plus de mal à escroquer leurs clients en toute tranquillité. Fumace, César, qui malheureusement dans sa jeunesse avait appris à faire du feu chez

1. En français : « Rien à glander. »

2. Ptolémée était une brute épaisse qui terrorisait même son contrôleur d'impôts.

3. César, authentique poète, craignait terriblement le soulèvement des Alexandrins.

les scouts, fit brûler aussi sec la flotte égyptienne avec une seule allumette. Il occupa ensuite l'île de Pharos et le célèbre phare d'Alexandrie réputé déjà pour ses fameux appels !

De fil en aiguille et de vous à moi, sa dernière et plus superbe espièglerie fut d'incendier la bibliothèque d'Alexandrie. Selon Sénèque, qui ne mentait qu'à sa femme, quatre cent mille bouquins d'une valeur inestimable sont partis en fumée(4). Deux mille ans plus tard, on estime que cela fait au moins cinq millions par an de perte sèche pour le « Livre de poche » !

À quarante balais, après cet exploit qui ôtait tout espoir à César de devenir un intello, il devint à défaut le jules de Cléopâtre. C'était une frangine hyper bien bousculée, mais tellement arriviste qu'elle avait les dents qui lui trouaient les babouches. Elle aurait fait bander un régiment d'eunuques quand elle avait fini sa toilette matinale. Après s'être briqué les tabourets avec l'argile la plus fine, elle se cloquait sur les joues la chair chaude d'un pigeonneau fraîchement étouffé de ses propres mains. Pour faire bon poids, elle se plâtrait ensuite la frite au blanc de céruse puis terminait le ravalement en se rosissant les pommettes au minium. Un jour où elle s'était particulièrement surpassée dans son maquillage, César ébloui lui fit un lardon. Après trois nuits d'insomnie à se creuser le citron pour lui trouver un blase, ils l'appelèrent Césarion. Il fut bien forcé d'expliquer à Cléo en pleurnichant (car en amour, il devenait émotif comme une poire à douche !) qu'il ne pourrait pas l'épouser, vu qu'il avait déjà ce qu'il fallait à la maison. Il la remit tout de même sur le trône, en lui recommandant de faire bien attention aux traîtres et aux mal élevés, et repartit vaillamment à la tête de ses troupes se chicorner avec les derniers partisans de Pompée éparpillés en Afrique et en Espagne. Là, il fit égorger quelques dizaines de milliers de « dissidents » et revint tranquillement à Rome au bout de quelques mois en sifflotant *Auprès de ma brune*, que lui avait apprise Gaston, l'eunuque préféré de Cléopâtre. Après quelques assassinats mineurs à Rome, il acquit

4. Il est vrai que ce jour-là, Jules devait faire cuire des brochettes pour le dîner, mais entre nous, il n'avait pas besoin d'un feu pareil.

une apparence de pouvoir légal, qui fit de lui, mine de rien, un véritable dictateur et le maître absolu du pays [1].

À présent, plein aux as, carburant au foie gras et au Dom Pérignon, soutenu par la plèbe et surtout par trente-neuf légions à son entière dévotion, il eut soudain comme qui dirait un petit vélo dans la tête, mais hélas, il perdit vite les pédales.

Il en vint à se considérer comme étant d'« essence divine » et ne tarda pas à se prendre pour Dieu lui-même. Il organisa son propre culte [2] et installa ses vétérans dans les colonies conquises. Tout le monde se mit à prier pour lui à tour de bras !

Les Romains, tout de même, qui commençaient à se gratter les cuisses (c'est là qu'ils se grattaient quand ils étaient inquiets !), se demandèrent si ce pouvoir quasi mythique ne cachait pas le désir secret de Jules de devenir roi [3] ? Il venait du reste de se faire élire « dictateur à vie » lors des Lupercales de février 44 (la fête annuelle du dieu Loup et de la fécondité). Lors de cette mémorable fiesta où ils avaient organisé un « concours de dépucelage » (et où, bien sûr, Jules avait gagné avec un score de huit secondes trois dixièmes !), Marc Antoine, son lieutenant préféré, n'avait-il pas tenté de lui ceindre la calebasse d'un superbe diadème qui n'était autre que l'insigne des rois ? César, qui connaissait trop bien tous les jalminces de son entourage, avait eu la sagesse de refuser cet honneur en faisant sa mijaurée.

Mais l'ingratitude humaine existait déjà, et quelques conspirateurs nostalgiques de la République jugèrent, eux, que l'affreux César avait poussé le bouchon trop loin. Aux Ides de mars 44, alors qu'il allait gentiment au marché acheter du romarin pour parfumer son civet d'écureuil, César fut quasiment saigné comme un poulet. Il morfla vingt-cinq coups de poignard dans le buffet

1. Il y avait longtemps qu'il voulait en arriver là, ne serait-ce que pour ne plus faire la queue dans les magasins.

2. Un jour, il se frappa le front du plat de la main droite en disant : « Mais bon sang, pourquoi n'y ai-je pas pensé plus tôt ? Être Dieu, c'est quand même un sacré beau métier ! »

3. Là, il y a quelque chose qui m'échappe. Roi, c'est moins bien que Dieu, non ?

et s'écroula en râlant[4] au pied de la statue de Pompée, son rival, qui lui avait déjà tant ripoliné la tonsure. Parmi ses bourreaux, il retapissa Brutus, son fils adoptif. Il essuyait son couteau ensanglanté sur la manche de sa toge, bien que César lui ait dit cent fois de pas faire ça !

Dans la société romaine d'alors, le chef de famille avait droit de vie et de mort sur ses enfants. Au moment de fermer ses volets, César a dû gamberger qu'il aurait mieux fait de jouer à la marelle avec la tête du sien.

4. Il avait déjà eu l'occasion de râler des milliers de fois, mais ça lui faisait moins mal !

ALIÉNOR D'AQUITAINE

(1122-1204)

Aliénor, duchesse d'Aquitaine, puis tour à tour reine de France et reine d'Angleterre, fut une femme magnifique, LA NANA. Elle n'obéit toute sa vie qu'à son génial instinct et aux pulsions éprouvées par son royal petit calefouète en pilou. Elle passa sa vie à aimer les mecs passionnément sans pour autant les ficeler en un sac et les faire balancer dans la flotte après s'en être servie, comme cela se pratiquait beaucoup à une époque dans le métier de reine. Non. La môme Aliénor, ou Éléonor, comme vous voudrez, s'assumait pleinement. Les faux-culs la faisaient gerber ainsi que les cagots, les culs-bénits, les mielleux, les bien-pensants... Bref, les irréprochables. Elle est née en Languedoc, terre d'artistes, de parfums, de soleil, d'amour... Pour ne pas désobéir aux volontés de son papa le duc Guillaume d'Aquitaine, qui avait calenché lors d'un pèlerinage à Saint-Jacques-de-Compostelle[1], la petite princesse (elle n'a que quinze piges) épouse Louis, l'héritier du roi de France, en 1137.

Elle lui file une dot pas dégueu dans sa corbeille de mariage : l'Aquitaine. Éléonor, c'est le jour et la nuit avec son mec. Lui, il se cloquera la couronne sur le caberlot un mois après le marida. Elle, elle est sensuelle et n'a pas attendu d'être reine pour être bandante comme un saladier de crème fouettée devant un chat de gouttière. Son mari, par contre, est sec et plus jaune qu'une cosse de haricot à la fin août. Il est grave, austère et constipé comme un portefeuille d'Écossais. Il est aussi gauche et lourdingue qu'elle est gracieuse et cultivée. Espérant sans doute que l'air marin provoquerait quelque viril soubresaut à son mollasson d'époux, elle l'accompagne pour la deuxième croisade de 1147 à 1149. Là, elle a beau essayer de lui faire *le chameau accroupi*, *l'abricot du*

1. Les rois allaient souvent en croisade en Terre sainte avec leurs meilleurs sujets à cette époque-là, séduits par les préceptes du Christ qui avait dit : « Tu ne tueras point. » Ils partaient sur leurs gentils chevaux « corriger » de méchants infidèles qui s'appelaient Mohamed et qui avaient le culot d'habiter leur pays. Ces derniers n'avaient pourtant pas encore eu l'idée saugrenue de demander aux croisés une HLM aux Minguettes avec une carte de séjour !

désert ou *la figue offerte au voyageur*, elle prend bide sur bide. Son royal époux reste aussi froid que des balloches d'Esquimau dans le blizzard de l'Alaska. Au bout de quinze ans d'union, elle avait eu le temps d'être séduite par l'Orient, entre autres, et aussi par l'oncle Raymond de Poitiers. Le bon tonton, désespéré de subodorer que le bouton de rose d'Éléonor allait finir en pruneau sec, avait vaillamment attaqué les collines désertes de sa jolie nièce. Ce viril assaut, loin d'effaroucher la belle, avait tant fait tressauter sa croupe de bonheur qu'elle prit goût à ces chevauchées fantastiques. Ce genre de galop fringant la changeait terriblement du triste canasson qui l'enfourchait depuis quinze piges, tous les 36 du mois !

C'est donc en arrivant à Antioche qu'elle annonça au clerc royal son intention d'envoyer son époux aux fraises. Le divorce, elle voulait. Rien que ça ! L'austère Louis en resta sur le fion. Le clerc dit à Léo, un soupçon d'angoisse dans la glotte :

« ... Mais enfin, belle enfant, que lui reprochez-vous ?

– J'ai cru épouser un homme, non un moine. »

Voilà ce qu'elle osa leur balancer en pleine poire.

Finalement, toute féminine et gracieuse qu'elle était, c'était elle qui EN AVAIT ! Quand elle eut suffisamment tâté du tonton, elle tourna ses expertes caresses vers un beau musulman qui ne manquait pas de piment. Il était courtois comme un majordome et plus viril qu'un étalon qui a sifflé une fiole de tabasco. Il avait un blase de hors-d'œuvre de restaurant, il s'appelait Saladin. En plus de l'arabe, il lui apprit : *la feuille de lotus bleu, le saut du lièvre, la patte du paon, la griffe du tigre, l'arc-en-ciel aux sept couleurs, la morsure du sanglier* et *la porte du corail sous l'averse*. Elle eût bien voulu rester avec lui, pardi. Au lieu de ça, elle se retrouva sur les bords de la Seine quelques mois plus tard. Louis refusa le divorce. Il ne voulait pas l'« abandonner », disait-il, pas plus qu'il ne voulait perdre... l'Aquitaine, le gros malin.

Éléonor, furax, l'envoie se faire cuire une poêlée d'hosties, et il est bien forcé de lui lâcher les tétines (2).

---

2. C'est une image, bien sûr, car il ne les lui avait jamais tenues vraiment.

Après avoir sué le burnous[1] pour faire constater qu'il existe un lien de consanguinité au sixième degré entre elle et son époux Louis de France, Éléonor obtient du concile de Beaugency l'annulation de leur mariage le dimanche des Rameaux 1152. Éléonor est LIBRE. Loulou l'a dans le baba.

La duchesse va-t-elle pour autant reprendre ses galipettes en Terre sainte ? Va-t-elle retrouver le viril Saladin et son couscous aphrodisiaque ? Pas du tout. Saladin, certes, l'avait totalement révélée sexuellement comme on dit dans les émissions médicales de nos jours à la téloche, mais CE N'ÉTAIT PAS L'AMOUR ! C'est bien beau *la fente du bambou, la position de la jument, le polissage de la mangue*, mais le palpitant, là-dedans, il est où ?

C'est qu'elle vient de rencontrer l'AMOUR, Éléonor, l'AMOUR avec un grand A ! Elle vient de morfler un grand coup de pied de cheval dans le battant, la jolie môme. Oublié Saladin et son braquemart magique. Elle est folle dingue à présent de Henri Plantagenêt. Il est comte d'Anjou et duc de Normandie pour ce qu'on sait de son CV. Il l'a conquise en deux coups les gros, lorsqu'il s'est pointé pour prêter l'hommage féodal au roi de France. La première fois qu'Éléonor l'a vu, elle a dit : « Paf[2], c'est lui ! »

Lui, il était beau. Il sentait bon le sable chaud de la Loire. Ils sont partis faire une randonnée à cheval le long des châteaux, il lui a offert sur le chemin une barbe à papa et un verre de limonade à la menthe[3]. Ils ont ensuite visité les meules de foin des environs qui étaient comme chacun sait des purs joyaux de l'architecture du XIIe siècle. Après quoi, ils se sont mariés et ils ont pris une douche. Officiellement divorcée depuis deux mois, Aliénor a conservé l'Aquitaine pour son nouveau mari chéri. Henri de Plantagenêt, dit Henri II, et sa jolie polka, sont donc désormais souverains d'Angleterre dès 1154. Ils vont régner sur un modeste lopin de terre qui s'étend de l'Écosse aux Pyrénées. Par devoir,

1. Offert par Saladin.

2. Nous vous demandons une certaine indulgence pour ce type d'images audacieuses que l'auteur utilise parfois sans en mesurer certainement la portée. (Note de l'éditeur.)

3. Ça les a mis dans un état d'excitation incroyable.

donc, ils jouent au cricket chez les Rosbifs, éclusent du cidre en Normandie, dégustent du bordeaux en passant et font une partie de pelote basque en arrivant dans les Pyrénées, après avoir savouré un cassoulet à Toulouse. À dire vrai, son duché d'Aquitaine, c'est surtout elle qui le gouverne. Son bonhomme, lui, il passe son temps à se chicorner à droite à gauche, des marches septentrionales de son royaume à la Normandie. Avec tous ces braves guerriers qui tombent en morceaux sur les champs de bataille et qu'il faut bien enterrer malgré tout, il ne lui reste lerche de temps pour faire la récolte des pruneaux d'Agen. Le ciel printanier de leurs tumultueuses amours s'étant quelque peu obscurci, la môme Éléonor reprend les affaires en main. La belle duchesse-reine tient une cour brillante. À Poitiers, à Niort comme à Bordeaux, elle s'entoure de minettes aux yeux de biche qui ont l'esprit aussi vif que le coup de reins. Les jolis seigneurs « prompts aux jeux de l'esprit » sont aussi ses protégés et elle les choisit avec soin. Elle prend sous son aile câline les peintres, les poètes, les lettrés, les philosophes. Elle institue les fameux « cours d'amour » car elle vient de se souvenir qu'elle était elle aussi « prompte aux jeux du corps ». Elle se glisse discrètement dans le pageot des « gentilshommes ménestrels » qui s'avèrent, ma foi, être aussi des hommes gentils avec elle. L'un d'entre eux, Bernard de Ventadour, lui apprend notamment à pincer la chanterelle de son instrument et elle se met soudain à raffoler de la musique.

Amante attentionnée, mais aussi taulière d'un pays, notre nouvelle musicologue ne se laisse pas distraire pour autant par ces coups d'archet intempestifs. Elle gère les affaires publiques, juge, légifère. C'est elle qui rédigea, dit-on, un code maritime, le code d'Oléron[4]. Bref, elle ne passe pas ses journées qu'à faire de la tapisserie ou à jouer au bilboquet poitevin avec ses ménestrels. Son bel Henri, quant à lui, est de plus en plus absent. Il descend bien de son canasson de temps en temps pour lui tricoter un moujingue entre deux guérillas, mais elle commence à en avoir ras la couronne de ce mari à mi-temps. Il lui a tout de même fait trois filles et

4. Vous savez, ce fameux code qui interdit la pêche sous-marine après dix heures du soir !

cinq garçons, et elle a depuis quelque temps délégué ses pouvoirs pour s'occuper d'eux. Les mouflets aiment leur père, comme ils peuvent aimer un cornichon dans leur bol de corn-flakes. Par contre, Éléonor, pour eux, c'est un bonbon.

Après avoir été tenus près de vingt piges à l'écart, Henri, Richard et Geoffroy fomentent carrément une révolte, soutenus par leur mère, contre leur daron, Henri de Plantagenêt. Ce dernier, qui en a gros sur le bretzel d'être attaqué par sa propre couvée, se venge aussi sec en emprisonnant sa femme, la pauvre Éléonor. Il la cloque d'abord derrière les murailles d'un monastère où ça manque furieusement de ménestrels, puis derrière celles du château de Salisbury, où les crottes de chameau séchées qu'on lui sert le matin avec son petit déj' n'ont pas grand-chose à voir avec les croissants parisiens. Elle y moisira seize piges. Elle a eu tout le temps d'y tricoter neuf cents pull-overs raglans, d'attraper six cent trente-cinq rhumes, douze bronchites, un lumbago chronique et huit cent douze souris dans les tapettes. Elle ne retrouve ses ménestrels que lorsque le prince lâche la rampe en 1189.

Dépourvue totalement de rancune, la belle Éléonor voue alors le restant de sa vie à la conservation de l'héritage des Plantagenêt. C'est beau comme du Shakespeare ! Le mouflet chéri entre tous d'Éléonor, c'est Richard Cœur de Lion, Richard Ier, le nouveau roi d'Angleterre. Seulement voilà, le beau Richard, il a fait une royale connerie. Il s'est fait faire prisonnier, lui aussi. Il becte des fayots, sans confit d'oie, dans une méchante cellule offerte gratos par l'espiègle empereur Henri V. Pour l'attaquer, le Henri, macache bono, son château est inexpugnable. Et puis il a des troupes de méchants, bien plus nombreuses et bien plus teigneuses que celles de la pauvre Éléonor [1]. Celle-ci céda alors aux énormes exigences de Henri V, qui réclamait cent mille livres de rançon pour rendre Richard Cœur de Lion à sa maman et... à ses sujets.

---

1. Ces types-là n'hésitaient pas à vous balancer l'huile bouillante du haut des tours sans même vous demander si vous aviez l'intention de faire des frites pour dîner.

C'est elle-même qui convoie le grisbi au roi germanique avant de refuser la choucroute royale au gewurztraminer qu'il lui offrit pour fêter l'événement. Brave et courageuse Éléonor !

Ne faisant ensuite que rarement ce qu'on attend d'elle, Éléonor soutient les droits de Jean sans Terre le mal-aimé [2] contre les droits, incontestables ceux-là, de son petit-fils (le mouflet de son fils Geoffroy) Arthur de Bretagne. Adversaire teigneux et irréductible des lardons de Guillaume le Conquérant, Arthur, instrument involontaire de Philippe II, Auguste de son prénom, ne se gratte pas pour piquer les terres qui jouxtent les frontières du royaume capétien. Son coup baigne dans la saumure, grand-maman est avec lui.

En 1202, l'indomptable mamy Éléonor, qui a paumé trois dents, mais qui ne s'est pas pour autant mise à la blédine, traverse les Pyrénées sur un canasson presque aussi vieux qu'elle. Là, elle négocie pied à pied les fiançailles de Blanche, sa petite-fille, qui n'est autre que la mouflette du roi de Castille, avec un grand dadais boutonneux qui est le futur Louis VIII.

Ce projet d'alliance met fin à toutes les mortelles salades qui divisaient la France et les Rosbifs. Elle assure, de plus, si Jean sans Terre vient à caner sans descendance, une maîtresse de la race des Plantagenêt, à l'Anjou, à la Normandie et à l'Aquitaine. Elle a tout prévu, la souveraine coquine.

En 1204, Aliénor la magnifique ferme tranquillement ses quinquets dans un royal plumard, après s'être assurée que les draps étaient propres.

Le moins qu'on puisse dire d'Éléonor, c'est qu'elle n'avait pas le moindre fiel dans le palpitant, ni de la gélatine sous le diadème.

---

2. Auxquels il n'a pas droit, d'ailleurs !

Gengis Khan

Contrairement au vœu de sa maman qui souhaitait avoir une fille, Gengis Khan naquit vers 1167 dans une famille honnête mais un peu agitée.

Ho'elun, sa maman, avait été enlevée sur les rives du fleuve Onon au retour de ses noces avec un prince de la taïga par Yesugeï, qui chassait le faucon dans les parages. Frappé par l'extraordinaire beauté de cette femme, il choisit un gros caillou de porphyre avec lequel il écrabouilla la tête du prince tout en lui bredouillant des excuses. En bon nomade qu'il était, Yesugeï emporta la femme sous le bras et sous sa jolie tente en feutre décoré, il lui tricota sur-le-champ le futur Gengis Khan. Rentré chez lui pour y poser sa belle et voir s'il y avait du courrier, il repartit aussi sec traquer les Tartares qui avaient pris la sale habitude de venir la nuit lui voler ses poules. Il revint presque un an plus tard avec deux princes tartares en travers de la selle de son cheval pour amuser les gosses du quartier. Après la petite opération qu'il leur avait fait subir, ils avaient toutefois changé leur voix de basse en soprano. Malgré qu'ils se fussent avérés de dévoués serviteurs durant le voyage, il les étrangla de joie, en arrivant, lorsque le chaman lui apprit qu'il était papa d'un fils qui allait soumettre la surface entière de la terre.

Le futur Gengis avait un caillot de sang dans son petit poing fermé lorsqu'il vint au monde sur une peau de bouc. Ce qui signifie dans le clan mongol des Borjigin qu'on est un sacré veinard qui n'a pas fini d'emmerder le monde. Au départ, sa petite taille l'inquiétait un peu. Vers l'âge de douze ans, il était obligé de monter sur un tabouret pour cueillir les tomates et ça l'énervait beaucoup. Il décida que ça changerait, et il commença d'ingurgiter des tonnes de soupe. Ses petits yeux enchâssés dans deux boutonnières horizontales étaient surmontés de sourcils broussailleux et longs comme des lacets de chaussures. Il avait une poitrine en calandre de Mercedes et des mollets comme des citrouilles à force de filer de grands coups de pied dans des cailloux qui ne lui avaient rien fait. La face plus ridée que la mer un jour de tempête, il foutait la trouille aux commerçants du quartier qui n'hésitaient pas une seconde à lui faire crédit. Selon la légende, sa lignée était issue d'un loup bleu et d'une biche fauve. Ce qui rendait les gens méfiants quand il se rendait dans un cocktail. Son grand-père était Qabul-Khan, le chef des Borjigin, l'une de ces nombreuses tribus installées sur le haut Amour. À sa naissance, notre futur conquérant avait reçu le nom de Temüjin, ce qui voulait dire : « Grand, costaud et pas commode ». Son clan, hélas, avait perdu sa puissance au profit des Tartares, des Merkit et des peuplades chrétiennes nestoriennes, les Neiman et les Kereit. Le petit Temüjin décida que ces gens-là dépassaient les bornes. Lorsqu'il eut neuf ans, son papa Yesugeï partit sur la colline d'en face lui choisir une épouse dans le clan des Quonggirat. Il lui dégotta une vieille de dix ans bien sonnés, mais d'une époustouflante beauté. Il la fit réserver pour son fiston, en échange d'un cheval qui lui aussi ne manquait pas d'attraits.

Hélas, en retournant à la maison, Yesugeï rencontra des Tartares en train de becqueter un ragoût de chauves-souris. Ils l'invitèrent selon l'usage mongol. Mais ce n'était là qu'une sombre fourberie qui dissimulait une terrible vengeance. Depuis neuf ans déjà, ils rêvaient de lui rendre la monnaie de sa pièce.

Il devint soprano à son tour et ne résista pas au gobelet de *strychnos nux-vomica*[1] qu'on lui fit ingurgiter en guise de digestif.

Selon la coutume, son cadavre fut enterré au fond d'une grande fosse, assis à une table garnie d'un plat de viande et d'une tasse de lait de jument. Il y avait de plus, à sa gauche, une jument et son poulain vivants, ainsi qu'à sa droite un cheval sellé et harnaché pour qu'il puisse aller voir ailleurs s'il lui en prenait l'envie. Son fils Temüjin ne pleura pas. Il jura, en crachant à huit mètres, que désormais lorsqu'on demanderait un tartare au restaurant, on le servirait haché dans une assiette avec des câpres, de la sauce anglaise et un œuf par-dessus. Il a tenu parole. Car huit siècles plus tard, on le sert toujours de cette façon au Fouquet's des Champs-Élysées. Après cet enterrement tumultueux[2], les

1. Noix vomique.

2. Les chevaux n'étaient pas d'accord !

quarante mille tentes du camp du défunt se vidèrent comme les caisses d'un chef d'État africain qui vient de toucher l'aide aux pays sous-développés. Ho'elun et sa famille pleuraient à gros bouillons. Comme un malheur n'arrive jamais seul, leurs alliés, vassaux et esclaves les laissèrent tomber comme des vieilles chaussettes trouées. Dépouillés de leurs troupeaux et harcelés sans répit par d'autres affreux aussi sanguinaires qu'eux, Temüjin et ses frelots ne survécurent que grâce au courage inouï de leur vaillante maman Ho'elun[1]. Pendant des années, ils clapèrent des chiens bassets (parce qu'ils les attrapaient plus facilement !), des marmottes, des couleuvres, des hérissons, des œufs de corbeau, des chats, des poissons-chats, des fraises des bois, des renards et des rats musqués dont ils gardaient les peaux pour se fringuer. Il leur fallait cent vingt-huit rats pour un costard trois pièces et cent quatre-vingts pour la chasuble de maman qui lui tombait jusqu'aux pieds car elle était très prude.

Malgré cette bérézina, Temüjin, encore jeune, ne pensait qu'à jouer. Il se fit un bon pote qui appartenait à la noble lignée des Jadarat. Leurs jeux d'enfants étaient pleins de haches qui leur sifflaient au ras du pif, de hurlements sauvages quand ils se tailladaient les joues à coups de poignard, de fer rougi dont ils se transperçaient les oreilles « pour se faire avouer » ! Bref, Temüjin devenait un homme. Dès son adolescence, il surpassa même ses frangins en stature[2]. Il avait aussi fait de sérieux progrès en intelligence et en férocité[3]. Son demi-frère Baktar, qui commit l'erreur de contester un jour son autorité, n'eut plus jamais l'occasion de recommencer. Le cruel Temüjin et son aîné Qasar

1. Cette mère héroïque avait cinq enfants à nourrir. Comme, déjà en ce temps-là, les femmes n'avaient que deux seins, ça posait des problèmes d'arithmétique terribles. Malgré sa bonne volonté, cette pauvre Ho'elun avait la prunelle humide, mais la mamelle sèche !

2. Il avait grandi tout d'un coup après une cure de soupe aux pois cassés !

3. Il tranchait la veine du cou d'un sanglier et aspirait la blessure jusqu'à ce qu'il fût vidé entièrement de son sang. Connaissant le bonhomme, les pauvres bêtes n'osaient pas protester !

balancèrent deux flèches dans le palpitant de leur frangin, ne lui laissant même pas le temps d'annuler les deux places pour *Arrête ton char, Ben-Hur* qu'il avait réservées pour le soir même. Ho'elun pleura beaucoup Baktar, mais reconnut avec une certaine fierté que son aîné était bel et bien aussi sanguinaire que son papa !

Dès l'âge adulte, il enfourcha un beau cheval volé le matin même pour aller sur la colline d'en face chercher la môme Börte, la promise que lui avait choisie son papa. Logiquement, elle lui avait gardé son petit berlingot bien au chaud dans sa petite culotte en peau de rat des champs et il en salivait d'avance. Elle avait un joli ventre plat avec un coquin nombril en trou de grillon et une paire de doudounes à vous défroquer un évêque !

Il l'emporta en travers de son cheval après avoir dit poliment merci beaucoup à ses vieux de la lui avoir gardée en bon état. Il la posa délicatement dans sa tente sur la peau de bouc et lui fit, quatorze fois d'affilée, *le moulin à poivre mongol*, une spécialité à lui qu'il avait inventée le jour de sa première communion. Au bout de trois mois de folies sans sortir de la tente, en plus de sa femme, il avait épuisé toutes les figures amoureuses que son imagination lui avait dictées. C'est ainsi qu'il lui avait fait sans accuser la moindre faiblesse : *le citron pressé du Caucase, le char du gladiateur, la grenouille inversée, le tournedos savoyard, l'araignée dans sa toile, le marathon de l'oiseau-mouche, la bergère qui cherche des pissenlits, la brouette de Zanzibar* (déjà très célèbre !) et *le manège phénicien*, avant que la belle ne demandât grâce à genoux. Il l'honora pour la forme une dernière fois tant qu'elle était à genoux et lui dit en tapotant ses jolies miches : « Ce sera tout pour commencer. » Au début, vaut mieux pas abuser. Il but au goulot trois fioles d'alcool de genièvre de sa fabrication et partit faire allégeance à Togril-Khan, le souverain des Kereit qui avait été le « anda » de son père (allié juré), un lien encore plus puissant que celui du sang. Togril lui dit : « T'es un bon gamin », et Temüjin alla retrouver son pote Jamuka, le anda de ses jeunes années devenu chef d'un petit parti. Quelques fidèles, attirés par sa bonne tronche[4] et la réputation de ses ancêtres, commencèrent à se joindre à lui et à le servir avec

4. Généralement, les autres étaient encore plus affreux que lui.

un dévouement à toute épreuve[1]. L'un d'entre eux ne fut autre que le fameux Jalair Muqali, qui devint plus tard son représentant en Chine du Nord. Il pouvait étrangler cent types par jour sans jamais se plaindre d'avoir mal aux bras.

Tous ces raids victorieux amplifièrent le renom de Temüjin. Il recousait ses blessures avec du crin de cheval et les oignait de graisse de marmotte mélangée à la bave d'un crapaud. Il était tellement cabossé et couturé de partout[2] que son épouse lui faisait répéter trois fois son nom avant de le laisser pénétrer dans le salon. Il rentrait une ou deux fois par an de ses expéditions avec deux ou trois concubines qu'il avait ramassées en route. Il demandait alors timidement à sa chère Börte de bien vouloir leur faire une petite place dans le dortoir et de lui remettre des chemises propres dans la valise. Il filait à présent tellement la trouille à tout le monde que des clans entiers se ralliaient à lui et finissaient par le reconnaître solennellement comme leur chef. Börte lui dit alors : « Profites-en, gros bêta ! », et il organisa aussitôt son armée. La police ne faisant pas grand-chose pour l'arrêter, il déclencha alors une véritable vague de criminalité. Les gens n'osaient plus sortir le soir, les vierges n'étaient plus sûres de rentrer chez elles intactes, les commerçants mettaient les volets à la boutique à trois heures de l'après-midi et le facteur n'assurait plus sa tournée. Les plus loyaux serviteurs de Temüjin devinrent ses gardes du corps, et il échappa à plusieurs attentats de types sans scrupules. Une rançon était même offerte à celui qui ramènerait sa tête couturée dans un compotier. Ne perdant pas le nord pour autant, il nomma des estafettes pour aller faire ses commissions, d'autres s'occupèrent de ses chevaux, de la discipline, de l'hygiène, etc. Il était désormais interdit de faire cuire un renard sous la tente pour le dîner à cause de l'épouvantable odeur. De violer des femmes après dix heures du soir à cause des cris qui empêchent les autres de se reposer, etc. Les cadres d'un État militaire nomade furent ainsi mis en

1. Tous ceux qui n'avaient pas incendié, pillé et violé la population d'au moins dix villages ne l'intéressaient guère.

2. Il ressemblait à un filet de pêcheur.

place par étapes, avant même, hélas, qu'il ne disposât d'un effectif suffisant.

Durant quelques mois, pourtant, cet état de choses sembla lui convenir parfaitement. Il passait d'une contrée à l'autre au gré des pâturages qu'il trouvait. Il massacrait par-ci par-là quelques bergers, leur piquait leurs moutons et leur femme si elle n'était pas trop tarte pour la ramener à Börte. Cette dernière lui disait bien parfois : « Tu exagères », mais c'était plus fort que lui, il n'avait pas le courage d'abandonner des veuves dans le besoin. Il avait alors une quarantaine de femmes et à peine une centaine d'enfants. Il se sentait terriblement seul. Il en parlait au chaman, qui lui disait : « Celui qui a une femme, a toutes les femmes. Qui a TOUTES les femmes, n'a pas de femme », et Temüjin pleurait sur le cou de son cheval toutes les larmes de son pauvre corps couturé. Ce qui le rendait triste, par ailleurs, c'est qu'il était encore sous les ordres d'un souverain Kereit[3]. De plus, en 1201, Jamuka, en compagnie duquel il avait tant rigolé en violant des centaines de femmes qui n'avaient pas osé porter plainte, se fit nommer dans son dos chef des tribus qui lui étaient hostiles. Le voilà trahi par son meilleur pote qui se croit autorisé à porter maintenant le titre de Gur-Qan (« Khan Universel »). Ce pauvre Temüjin, après avoir étripé non sans peine des dizaines de milliers d'ennemis, se voit à présent obligé de se fricasser la hure avec ses anciens alliés. Obligé quelques jours plus tôt de faire zigouiller son autre petit frelot à cause d'un petit problème d'héritage, la mort dans l'âme, il fit de même pour Jamuka. À la fin du mois d'août 1205, à peine revenu de ses congés payés, Jamuka morfla en plein cœur une flèche à pointe quartz effilée double zéro, qui lui stoppa illico une récente poussée de cholestérol.

Temüjin deviendra dès lors le maître incontesté des steppes de la Mongolie sous le nom de Gengis Khan[4]. Son armée était

3. Les Kereit mangeaient leurs chevaux vivants en avalant la chair crue du train arrière dont ils étaient friands. Cela horrifiait Temüjin, qui n'aimait que la viande cuite à point.

4. Dès qu'on prononçait son nom, le monde entier avait les chocottes et chacun fuyait le plus loin possible à son approche.

immense et terrible. Il faisait systématiquement zigouiller tous ceux qui se trouvaient sur son passage. Et même les autres. Il n'y avait plus assez de rats dans les champs pour confectionner des fringues à ses soldats. On se rabattit sur les moutons qui, non contents d'y laisser leur peau, subissaient auparavant les féroces câlins de toute l'armée, vu qu'il n'y avait plus lerche de gonzesses à l'horizon. Attentif aux conseils d'un intello turc, Gengis dota son État d'une administration civile prête à gouverner le monde. Il fit graver sur le fronton de la mairie « LES PAUVRES DOIVENT SERVIR LES RICHES PARCE QU'ILS NE PEUVENT PAS FAIRE AUTREMENT » ! Il avait déjà une saine philosophie de l'humanité. D'aucuns laissent entendre qu'elle s'illustre encore de nos jours entre Maxim's et les Restos du cœur. Les mauvais esprits ont toujours existé.

Par la volonté de Tengri (Le ciel bleu éternel)[1], qui incarne la force surnaturelle révérée par les Turco-Mongols, Gengis Khan entend bien conquérir le monde. Il veut brider les calots – et le porte-monnaie – du reste de l'humanité, et il le proclame tout fort avec sa belle trompette en corne d'aurochs. De grands troupeaux d'humains sédentarisés, intermédiaires entre les nomades et les Chinetoques, viennent en courant lui becqueter dans la paluche. Il est rallié par les Ongüt des marches chinoises en 1207. Par les Turcs Uigur en 1209 ; les Qarluq et autres zigotos turcs des rives de l'Illi et du lac Balkhach rallègent aussi à toute bubure en 1211. Puis, c'est autour des Kitan, race mongole de Mandchourie, en 1212. Les peuples forestiers de Sibérie, les Turcs Kirghi, les Mongols Oirat, les Tumet et les Bouriate, avaient déjà été conquis dès 1207 et un chouïa ratatinés.

Montés sur leurs petits poneys chevelus, les peuples qui se ralliaient à Gengis se ressemblaient tous. Il était impossible de mettre un nom sur leurs faces rapiécées. Gengis Khan appelait chacun d'eux glandu, et ils lui en étaient tous généralement très reconnaissants. Il avait à présent des territoires un peu partout et des généraux par centaines. Il les réunissait une fois par mois pour entendre, de leur bouche édentée, les petits potins du régiment.

---

1. Une espèce de démiurge, cousin plus ou moins lointain de notre Dieu à nous qui est le seul « VRAI », comme chacun sait.

Il « déléguait » beaucoup, car les cent douze femmes qu'il possédait à présent l'accaparaient un tant soit peu, sans pour autant apporter le vrai remède à sa solitude. En 1209, Gengis, surnommé GK (prononcer JK) par ses soldats, prit toutefois lui-même la tête de son armée pour aller soumettre le royaume des Tangut dont le chef croyait pouvoir la ramener. Ce peuple sinisé de race tibétaine était gouverné par le général Xia-Xia, réputé pour ses coliques intempestives. Cette carence incontrôlable rendait ce féroce guerrier très malheureux, car on pouvait le voir soudain sauter de son cheval à la vitesse d'un éclair pour aller faire ses besoins dans le fossé. C'était le seul Tibétain VERT de tout l'empire, et il était aisément reconnaissable. Gengis le rattrapa facilement car tous ces arrêts fréquents qu'il imposait, malgré lui, à son armée, lui étaient tout à fait préjudiciables sur le plan stratégique. GK n'en fit qu'une bouchée. Il occupa le pays et laissa la vie sauve à Xia-Xia en lui faisant promettre de se soigner et de ne plus recommencer. L'aventure chinoise des Mongols commença dès 1211. Au fil des ans, Gengis « affina » ses pillages en Chine. Il ne gardait plus que l'or et les pierres précieuses. De même, il ne faisait plus décapiter que les vieillards et les femmes laides. Ce n'est qu'en toute dernière extrémité qu'il faisait rôtir les enfants en bas âge. Il se réservait les plus jolies Chinoises dotées de gros seins et de petits pieds (les plus rares !) et laissait généralement les grands pieds – petits nibards – à ses troupes. Les ennemis, enrôlés de force et privés de leurs femmes, s'arrangeaient entre eux. Au contact de la civilisation chinoise, GK devint raffiné et apprit les bonnes manières. Il ne mangeait plus à présent les rats qu'avec de la moutarde. Il ne dormait plus que sur des peaux de bouc parfumées de santal et se faisait laver les nougats tous les soirs par ses femmes dans des baquets remplis de lait de jument. Les circonstances l'obligèrent à inaugurer une stratégie de combat contre les villes murées. Il octroya alors généreusement une prime de courage à ses soldats les plus dévoués qui acceptaient de se laisser ébouillanter la théière en arrivant en haut de l'échelle d'assaut[2]. Pékin tomba tout de même

2. C'était pour lui un marché très économique, car il en revenait à peine trois sur huit cent cinquante…

en 1215. Le grand Gengis félicita chaudement son pote Muqali, un fidèle des débuts, à qui il avait confié cette délicate mission. Ils n'avaient perdu que quarante-cinq mille hommes, et ils fêtèrent l'événement en sirotant douze jarres de tord-boyaux pour faire descendre les rôtis de chats siamois. Il restait cependant encore à conquérir des fourmilières entières de rebelles chinetoques qui en avaient ras la natte de se faire davantage aplatir le pif par ces sauvages mongols. Las de cette domination incongrue, les Chinois, qui avaient inventé la poudre, se dirent que c'était le moment ou jamais de s'en servir. Ils balancèrent de gros boulets incendiaires en pleine tronche des Mongols qui avaient de plus en plus de mal à rester perchés sur leurs canassons (1). Ces marches occidentales du nouvel empire mongol en faisaient baver des ronds de chapeaux chinois à ce brave GK. Le dernier souverain du peuple naiman réussit l'exploit de ratatiner les Qara-Kitai (dynastie du lac Balkhach au Turkestan) réputés pour leur férocité, leurs greniers pleins de riz et leurs belles gonzesses à la fine moustache et au crâne rasé.

Un détachement mongol de Gengis en fit à son tour de la chair à pâté en 1218. Le grand Khan se posa alors en libérateur de ces braves musulmans, qu'opprimait un chrétien nestorien converti au bouddhisme (2). Le superbe royaume de Khorezm, limitrophe des possessions gengiskhaniennes, s'attira lui aussi la scoumoune et les foudres de GK. Quelques guerriers, dérangés pendant leur casse-dalle où ils se régalaient d'une omelette de fourmis rouges bien baveuse, commirent une impardonnable erreur. La moustache encore pleine d'œuf, ils trucidèrent en rigolant une poignée de marchands de ginseng utilisés par GK comme agents de renseignement et de propagande. Furibard, blessé dans son

---

1. Au début, Gengis Khan pensait que les boulets de canon étaient des éclairs amenés par l'orage. Comme la pluie ne venait jamais, il commença d'avoir des doutes…

2. GK n'aimait guère cette catégorie d'individus qui changeaient de dieu comme de caleçons. De toute façon, si quelqu'un avait le droit d'opprimer, c'était lui.

orgueil de conquérant, le grand y vit un affront au ciel éternel[3]. Il en fit une jaunisse qui ne changea rien à son teint. Ce qui le vexa d'autant plus.

Gengis venait de fêter sa deux centième femme, et il se sentait de plus en plus seul. Il fit décapiter son chaman qui lui répétait la même chose depuis des années et déclara en sanglotant à cette brave Börte que c'était toujours elle, sa seule bien-aimée. Elle lui fit une camomille bien chaude avant de le coucher, et il repartit le lendemain matin frais comme un poisson rouge attaquer sa première grande campagne d'Occident. Son mode de conquête prit alors un tour nouveau. Hormis quelques villages en paille de riz qu'il incendiait distraitement, et mis à part bien sûr les villes murées comme Pékin, il n'avait jamais eu affaire à ces purs joyaux de la civilisation qu'étaient par exemple les cités iraniennes. Il les saccagea consciencieusement les unes après les autres. Sous sa tente, il remplaça les peaux de bouc par de splendides tapis de soie, et les Chinoises par de jolies Iraniennes au nombril en croissant de lune, qu'il consommait tout chaud le matin avant de partir au casse-pipe.

Ces nanas de rêve oriental lui apprirent des figures amoureuses dont il n'avait même pas entendu parler dans le *Kamasutra*. Il découvrit ainsi *le derviche allumé, le chariot de Samarkand, les olives au fond du bocal, le tapis volant à moustaches* et le fameux *puits d'amour de la voisine*, qui le laissa trois heures sans connaissance dans un état de léthargie post-coïtum qu'il n'avait jamais connu. Il garda précieusement toutes ces beautés à portée de main et entreprit le pillage et le saccage de leurs superbes villes. Les larmes aux yeux devant tant de beauté, il fit détruire entièrement les cités d'Oträr en 1219, puis Bukhara (les sublimes tapis !), Samarkand en 1220, et Urgene en 1221. Ses valeureux guerriers incendièrent les palais, les livres, les tapisseries et les eunuques. Ils massacrèrent les garnisons, les chiens, les moines bouddhistes qui jeûnaient et les chrétiens qui mangeaient trop. Ils étranglèrent les

3. Il se considérait alors comme étant lui-même l'incarnation du CIEL ÉTERNEL. Il commençait sérieusement à déjanter.

enfants en leur interdisant de crier[1]. Ils décapitèrent les statues, scièrent les oliviers et arrachèrent les vignes. Ils étouffèrent les vieillards sous des édredons et violèrent les femmes. Parfois, le contraire. Bref, ce fut pour Gengis Khan et ses Mongols une belle partie de rigolade. Sincèrement, ils ne regrettaient pas le voyage ! Cependant, le fils du Shah du Khorezm, qui avait senti le vent à l'approche des Mongols[2], avait mis les adjas sur son mulet Gontrand, réputé le plus rapide et le plus endurant du royaume iranien. GK le coursa à travers l'Afghanistan jusqu'à la vallée de l'Indus. Là, avec les douze mille cavaliers de sa garde personnelle, le pauvre Shah mordit la poussière. Lui, qui n'avait mordillé jusqu'alors que des petites fesses de vierges, trouva là un changement considérable.

Lui, qui faisait étrangler les bonnes avec son turban quand elles l'avaient mal repassé, fut très étonné quand on lui trancha le colbac. Il pourrait désormais se passer aussi de foulard. Pendant que notre bon GK faisait rendre gorge à ce pauvre Shah, son dernier fils, Tolui, fit carrément main basse sur le Khorassan. En ayant plus que marre de découper les gens en rondelles, il avait quitté le pays en emportant l'or et les vivres et s'était contenté d'empoisonner les puits en laissant la vie sauve à la population[3].

Deux brillants généraux, qui n'avaient pas inventé la Cocotte-Minute, mais qui étaient néanmoins des militaires d'élite appointés, firent de leur côté une audacieuse virée de reconnaissance pour la future conquête de la Crimée. Chemin faisant, ils pillèrent gentiment[4] les comptoirs génois et le royaume bulgare de la Volga. Ils noyèrent les bateliers qui chantaient *Kalinka* et violèrent leurs femmes qui n'avaient pourtant pas le cœur à plai-

1. Sinon, quel raffut !

2. C'est vrai qu'on les sentait de loin.

3. Tolui était, reconnaissons-le, plus humain que son papa. Il laissa pas mal de survivants qui se dévorèrent peut-être un peu entre eux, mais sans haine, juste pour tromper l'appétit.

4. Je sens bien, chers lecteurs, que vous protestez, goguenards : « Mais comment peut-on piller gentiment ? » Mais si, mais si, le monde n'est pas fait que de brutes !

santer. Gengis Khan, gavé d'or et de gloire, regagna ses pénates en Mongolie vers 1225. Il avait hâte de retrouver sa fidèle Börte, pour lui apprendre le fameux *puits d'amour de la voisine* et lui demander par la même occasion, si, par hasard, elle n'avait pas découvert de nouveaux trucs. Il était parti en laissant le Turkestan pacifié derrière lui et, ma foi, ça l'avait mis de très bonne humeur [5].

Il ramena à Börte deux cent trente-huit concubines supplémentaires, en lui conseillant de faire bâtir deux autres dortoirs. Puis, pour le coup de l'étrier, il sella de nouveau son beau cheval marron qui, tout comme lui, avait maintenant de l'arthrose et la moustache grise.

Il repartit cette fois vers le sud reconquérir le royaume de ce salopard de Xia-Xia, qui en avait profité pour reprendre les rênes dès qu'il avait eu le dos tourné. En 1227, il rencontra donc de nouveau son rival en train de se soulager sur le bord d'un fossé [6]. Il n'eut pas le courage de décapiter un type dans cette position et, pour une fois, ces maudites coliques servirent au moins à ce pauvre Xia-Xia à sauver sa tête. Entre chefs d'État, GK condescendit même à parler boutique avec le malheureux vaincu. Ils en conclurent finalement que la vie n'était pas facile et que les saisons n'étaient plus ce qu'elles étaient. Gengis lui recommanda une tisane qui devait définitivement le constiper et le renvoya dans ses foyers, où sa femme l'attendait avec un nouveau pot de chambre qu'elle lui avait acheté pour son anniversaire.

GK brûla pour la forme Zhongxing, la capitale de Xia-Xia, avant de repartir. C'est là le dernier bienfait dont il gratifia l'humanité avant de calencher doucettement dans les bras de sa bonne et fidèle Börte. Plusieurs jurèrent l'avoir vu partir retrouver ses ancêtres le loup bleu et la biche fauve vers le ciel éternel. N'ayant pu voir de mes propres yeux le rapport de police établissant cet

5. Je sais bien qu'il n'est guère facile d'être mort et pacifié en même temps. Gengis Khan arrangeait pourtant ça à sa façon. Laissons tomber un peu les menus détails et arrêtons d'accabler ce pauvre homme.

6. Toujours ces fameuses coliques qui avaient empêché toute sa vie ce poète-guerrier de contempler les étoiles durant plus de dix minutes sans courir aux gogues.

étrange fait, je me garderai, pour ma part, de tout commentaire. Il laissa à sa descendance des tonnes de vaisselle en or, un empire immense gardé par cent cinquante mille hommes tout au plus [1], et un copieux harem en parfait état de marche. C'est ce dernier cadeau que ses héritiers apprécièrent le mieux !

1. C'est-à-dire, surveillé par deux gus tous les cent kilomètres. Pas fastoche.

CHARLEMAGNE

(742-814)

Charlemagne et Roland
- la leçon de cor -

Charlemagne avait la folie des grandeurs. Il fut le plus prestigieux des souverains de la seconde dynastie franque à qui il donna le nom de Carolingiens, qui devait faire un tabac par la suite. Tout comme Attila, roi des Huns, il convoitait si fort les empires voisins qu'il fut bien obligé de massacrer un tant soit peu lui aussi au-delà des frontières avoisinantes. Comme il disait les larmes aux yeux à sa soubrette qui le consigna dans son journal : « C'est bien plus fort que moi[1] ! » Il ne le faisait pas méchamment, certes, mais il aimait bien voir du pays, rencontrer des gens. Il avait tellement pris l'habitude de faire des guerres incessantes que les moines rédigeant ses chroniques pour la postérité notèrent comme un fait exceptionnel : « Cette année, les Francs se reposèrent ! » Ayant horreur de perdre son temps, il honorait ses femmes le temps d'un éternuement, mais il était souvent enrhumé ! Il était fils de Berthe au grand pied et de Pépin III (dit Pépin le Bref). Ils avaient eu l'idée saugrenue de lui tricoter un petit frère prénommé Carloman. Peu avant sa mort, Pépin, qui avait subodoré la cata, partagea son royaume entre ses deux fils qui se détestaient cordialement. Loin d'en être réjoui, cette initiative rendit Charlot fou de rage. Malgré maman Berthy, qui essayait régulièrement de les réconcilier autour d'une tasse de jus de châtaigne, il faut bien admettre qu'ils étaient prêts à se filer une belle peignée entre Noyon (domaine de Charles) et Soissons, qui appartenait à Carloman. Ce dernier eut tout de même la bonne idée de mourir en 771, et sans vergogne aucune, Charlemagne s'attribua toutes ses possessions, qui représentaient tout de même un joli morceau de terrain à bâtir viabilisé, dépossédant ainsi ses neveux. Marié auparavant par papa et maman sans qu'on lui demandât son avis, il répudia aussi sec sa princesse lombarde et, après trente bonnes secondes de réflexion, se dit que ce ne serait pas plus mal de monter un harem. Après tout, quand il avait besoin d'un cheval, il le choisissait bien ! Gaudriole mise à part, il entreprit illico un programme de vastes conquêtes qu'il appela sans la moindre connotation sexuelle… « la dilatation ». Il

1. Il faisait souvent preuve d'une terrible franchise !

fit alors des tas de misères à des tas de gens qui comprenaient pas bien l'utilité d'être plutôt Franc que Saxon, vu qu'ils n'auraient pas davantage de saindoux à mettre dans leur riz pilaf. Puis il vola au secours de son vieux pote le pape Hadrien, menacé par Didier qui marchait sur Rome.

Il franchit alors les Alpes, perpétra un joli massacre à Pavie, se fit faire un plat de spaghettis à la carbonara et se proclama lui-même roi des Lombards en 774. Sans risquer de défigurer l'histoire, on peut dire qu'il avait la moelle, le père Charlot.

Il fut appelé ensuite en Espagne au secours de ses potes les Arabes, qui trouvaient que décidément la paella ne remplacerait jamais le couscous. Franchissant les Pyrénées, il prit un bide monumental à Saragosse, où il ne put même pas entrer pour y goûter les fameuses crêpes au chorizo[2]. Il reprit donc la route vers les rivages de la Seine, et quel chemin emprunta-t-il ? Je vous le donne en mille : le fameux col de Roncevaux. Par malheur, son arrière-garde, commandée par le comte de la marche de Bretagne Roland, se fit ratatiner par des montagnards basques dont l'éducation et le sens de l'hospitalité laissaient alors à désirer. Voici les faits exacts. Car il est certain qu'il y eut des centaines de versions toutes plus fausses les unes que les autres. On est à peu près sûr, en fait, que Roland, qui était premier cor solo à l'orchestre philharmonique de Soissons, avait effectué une halte à l'ombre de ce vieux col de Roncevaux pour y faire un bœuf avec quelques-uns de ses copains musicos. Sa compagne Maryvonne, une brave fille qu'il avait ramassée à Concarneau où elle faisait de la sardine en boîte, lui avait fait remarquer après quelques éructations sonores amplifiées par l'écho que la sono ici était exceptionnelle et qu'il serait sans doute niais de ne pas en profiter. C'est donc avec son pote Carolus de Salzbourg au violon, Juventus « doigts-de-fée » à l'accordéon diatonique et Priscilla de Bavière sa cousine germaine qui jouait du luth comme une folle, qu'il entama *Valse de Vienne* dans une interprétation bouleversante, n'ayons pas peur des mots. Les Basques, qui détestaient les valses, et principalement les vien-

2. Le peuple espagnol, à cette époque sans touristes, était parfois très dur envers l'étranger.

noises, ont littéralement massacré ce pauvre Roland, son orchestre et ses fans. Charlemagne, quant à lui, chevauchait très loin devant pour ne pas entendre ces sucreries viennoises qui, selon lui, n'arrivaient pas à la cheville d'une vraie java. Voilà enfin la vérité rétablie, et nous sommes heureux, lecteur attentif et parfois pointilleux, de vous en avoir pratiquement fait cadeau ici, compte tenu de la modicité du prix de cet ouvrage. Charlemagne avait quelques douzaines de femmes qu'il honorait dans son harem aussi souvent que ses ennemis et sa virilité le lui permettaient. Il n'en était pas moins chrétien jusqu'au bout du sceptre. Entre 779 et 788, il va passer à la moulinette la Saxe quasiment entière, toute la Frise orientale (du Zuiderzee aux bouches de la Weser) et enfin la Bavière.

Tout ce petit monde de survivants faisait partie désormais de l'État franc, au nom du christianisme, s'il vous plaît. Il massacrait un peu, certes, mais il y avait des raisons[1] ! Il fut contraint de réprimer les Saxons, un peu férocement il faut bien l'admettre, vers l'an 790. Ces derniers supportant mal la cuisine franque qui les faisait grossir, il fallut bien en déporter quelques milliers (c'est devenu par la suite une coutume dans le pays !) et les disperser dans les camps de travail à travers l'empire, où un régime alimentaire plus strict leur était assuré.

Ses conquêtes s'arrêtèrent aux alentours de l'an 800. Il s'amusa à prendre Barcelone en 801, mais il n'y alla plus que d'une fesse. La guerre l'amusait moins. Beau mec comme il l'était (et un peu aussi le patron, faut bien dire !), il vira gentiment ses concubines qui avaient leurs dix-huit ans bien sonnés pour faire rentrer des troupes fraîches dont les plus vieilles d'entre les minettes devaient aller sur leurs treize ans. Il mesurait 1,90 mètre sans ses talonnettes[2]. Il tombait toutes les filles qu'il voulait[3]. Il n'avait pas un poil sur la figure, quoi qu'en dise la légende. Il était plutôt

1. Il ne massacrait jamais sans avoir de raisons MAJEURES, vous vous en doutez bien !

2. Comme il le disait lui-même : « Pourquoi des talonnettes ? Je ne cueille jamais les cerises moi-même ! » Et il avait raison.

3. Il ne les ramassait pas toujours, hélas !

exubérant quand on lui amenait des éclairs au café, et avait une vitalité épuisante pour ceux qui essayaient de vivre normalement dans son entourage. Sa réputation de chaud lapin était amplement méritée [4]. Il eut quatre femmes légitimes au cours de sa vie d'empereur : la fille de Didier, qu'il avait combattu et vaincu, l'histoire lui laissa le nom de Désirée. Charlemagne, lui, l'appelait familièrement gros nibards. Il épousa aussi la Franque Hildegarde en 783. Elle lui donna quatre fils et cinq filles. Il s'arrêta là avant qu'elle ne continue. Puis il se maria avec la Franque Fastrade qui lui donna deux filles en 794. Il épousa enfin Liutgarde, une Souabe qui n'eut pas le temps de lui pondre un têtard car elle mourut en l'an 800.

À la fin du VIIIe siècle, Charlot le Grand était loin d'avoir fini de démolir tout ce qui était démolissable. On n'a hélas que deux bras ! Néanmoins, un peu las, il s'écroula sur son pieu, ôta ses pataugas et, enfilant ses chaussons d'appartement, déduisit de tout ça qu'il était à présent le taulier d'un Occident ultrapuissant en face d'un Orient dirigé par des bouffeurs de nouilles. Il assécha une marie-jeanne d'hydromel pour ponctuer l'événement et décida de prendre cinq minutes pour se faire sacrer un bon coup empereur. Le nouveau pape Léon III, qui lui avait demandé un coup de paluche contre ses ennemis l'année précédente, allait forcément lui sortir ses hosties de luxe ! La couronne atterrit finalement sur la terrine de Charlemagne le jour de Noël 800 en présence de milliers de ses braves guerriers, qui hurlèrent en chœur : « À Charles Auguste, couronné par Dieu, grand et pacifique empereur des Romains, vie et victoire ! »

Après ça, il pouvait clamcer peinard !

Il fit une semaine de java d'enfer avec ses généraux en portant des toasts toutes les cinq minutes à ce pauvre Roland de Roncevaux, qui aurait sûrement sangloté de bonheur avec eux, en étant aussi bourré !

Après ça, il enferma gaiement dans son harem quelques brochettes de concubines dont il eut des flopées de mouflets

4. Il copulait vraiment comme un lapin, mais son orgasme était plus rauque.

pour assurer définitivement sa descendance, on ne sait jamais! L'Église, disent les chroniques, ne fut pas un poil « gênée » par cette situation qui ressemblait fort à la polygamie condamnée par les chrétiens, faut bien avouer. Nul blâme officiel ne fut signifié à l'empereur qui, « chrétien sincère et assidu à la pratique religieuse sous toutes ses formes » (*sic*!), ne perçut jamais vraiment l'écart qui existait entre sa religion et sa vie privée. D'ailleurs, il tapait régulièrement le carton avec Léon III. Alors...

Il faut bien reconnaître que, pour un homme aussi occupé à brûler les villages, conquérir un empire entier, déporter les prisonniers et tirer au sort tous les soirs six nouvelles concubines, il n'était pas très fastoche de percevoir clairement TOUS LES ÉCARTS, non?

Ceci dit, il fit plein de choses excellentes pour encourager la lecture, l'écriture, la culture, les lettres, etc. Il fit faire la queue derrière un bureau à un tas de types incultes qui posaient plein de questions à un autre gus diplômé de Saint-Cyr qui se tenait de l'autre côté. Il appela ça l'école.

Il créa des bibliothèques où, tous les mercredis, contre une paire de poulets, on pouvait venir louer un livre tamponné par la mairie.

D'aucuns prétendirent, parmi les historiographes, que ce vieux Charlemagne serait mort d'épuisement en recomptant pour la huitième fois les 614 concubines de son harem. Il en avait chiffré, paraît-il, 611, puis 617, puis 613, bref, le cœur aurait lâché face à cette impuissance à dénombrer exactement les membres, somme toute, de sa famille. D'autres soutiennent qu'en revanche il se serait suicidé pour avoir fait une demi-faute à sa dictée.

Cette dernière version nous paraît beaucoup plus raisonnable, toute à son honneur, et digne d'être enseignée au lycée Charlemagne!

JEANNE D'ARC

(La pucelle… mon œil !)

(1412-1431)

Tout semble avoir été dit sur Jeanne d'Arc. Dans tous nos livres d'histoire, on nous raconte qu'un beau jour elle esgourda saint Michel lui-même tout en gardant ses moutons dans un pré de Vouthon-Haut, situé à une portée de fusil de Domrémy (d'aucuns certifient que c'était à Vouthon-Bas !). Le bon saint lui dit : « Ma Jeannette, tu vas aller me virer ces Rosbifs qui viennent jusque dans nos sillons égorger nos fils et nos compagnes… » Chiche ! lui dit-elle, et on apprend quelques pages plus loin qu'elle finit sa glorieuse carrière sur un bûcher, grillée comme une vulgaire saucisse. Mais halte-là ! Pour un certain nombre d'érudits qui sont loin d'avoir du mou de veau dans la terrine, bien des points demeurent encore aussi obscurs que le calebar de Mussolini quand il apprit sa défaite. Quelques historiens futés et affamés d'authenticité n'auraient-ils point levé un petit coin du voile jeté intentionnellement, il y a de cela cinq cents ans, sur les origines de la bonne Lorraine ? Ils se demandent sérieusement si elle fut réellement cette humble péquenaude que nos manuels font naître à Domrémy et finir en 1431 sur un tas de fagots à Rouen. Leur version mérite qu'on l'esgourde, même si vous pensez qu'ils ont la théière qui fume.

Pour commencer, replaçons cette pucelle dans le contexte historique.

Au début du XVe siècle, la France stagne dans un assez joli merdier. C'est l'anarchie la plus totale, et la chronique précise alors qu'elle est « frappée au chef ». Autrement dit, le roi Charles VI, dès 1392, commence à perdre ses bas. Il pionce avec son cheval dans son lit à baldaquin, découpe ses pages en rondelles et fout carrément le feu à son bénard au « bal des Ardents » en voulant, disait-il, « allumer son tison pour les gentes demoiselles » ! Pour l'éteindre, il fait dans la foulée son onzième lardon à son épouse légitime, Isabeau de Bavière. Ce mouflet n'est autre que le futur Charles VII, qu'elle ne pourra jamais saquer par la suite. Elle ne peut d'ailleurs plus blairer non plus son époux Charles VI, qui essaya en la coursant dans les couloirs du palais de lui trancher le kiki avec son Opinel [1].

C'est ici que l'affaire se corse. Selon nos chercheurs fouille-merde professionnels, la belle Isabeau [2] serait alors tombée amoureuse de Louis d'Orléans [3], frère de son époux adoré.

Le beau Louis, qui avait alors trente-trois balais, était grand, mince, élégant, lisait Cicéron dans le texte, et était couvert de gonzesses ! Ce qui l'hiver peut rendre des services [4].

Il eut tôt fait de la mettre en confiance en même temps que dans son pageot. Ils affichent partout leur liaison scandaleuse, dont serait né le douzième têtard d'Isabeau… la future PUCELLE D'ORLÉANS !

Hélas pour la belle pécheresse, dès la naissance de la petite Jeannette, Louis d'Orléans se fait trouer la paillasse sur ordre de Jean sans Peur, rue Vieille-du-Temple, le 23 novembre 1407. Rappelons que Jean sans Peur n'est autre que le duc de Bourgogne, que Louis d'Orléans appartenait au clan des Armagnacs, et que ces deux familles n'arrêtaient pas de s'étriper joyeusement pour se piquer mutuellement leurs Clos Vougeot millésimés et leurs armagnacs hors d'âge. Voici donc du coup, quelque cinq ans plus tard, la belle Isabeau, avec une fillette sur les bras qui n'est autre en fait que la demi-sœur du futur Charles VII. Reconnaissons que cette version change la couleur de l'eau du bain !

Mais ne mettons pas la charrue avant le tracteur. La reine Isabeau, craignant que l'ignoble Jean sans Peur ne file un bol

1. Isabeau dramatisa l'événement, mais c'était probablement pour jouer.

2. Je dis la belle Isabeau car l'histoire précise que pour retarder un max le spectre de la vieillesse, elle se cloquait de la colle de poisson sur le coin des calots pour éviter les pattes d'oie et, tout comme Cléopâtre, se plâtrait le visage au blanc de céruse. Ça devait être agréable au pageot, une gonzesse qui sent le merlan !

3. Voir « Isabeau de Bavière » dans ce fascinant ouvrage tricoté pour vous au point d'Alençon, lectrices et lecteurs chéris.

4. Le fait de lire Cicéron ne le réchauffait pas beaucoup. Ceci pourrait expliquer cela.

de Nestlé empoisonné à la petite Jeanne (l'enfant de l'amour !), l'aurait aussi sec confiée à l'une de ses dames de compagnie nommée... JEANNE D'ARC ! Entièrement dévouée à la famille d'Orléans qui l'avait pistonnée pour lui faire avoir un F4 en banlieue, la bonne Jeanne aurait caché la petite en grand secret, chez des parents à... Domrémy. Cette planque avait des avantages. Elle était située dans le fief de la reine Yolande, épouse du roi de Sicile, Louis d'Anjou, ennemi juré de Jean sans Peur. Jacques d'Arc et son épouse Jeanne – née Isabelle Romée –, lestés d'un bon paquet de fifrelins par la reine Isabeau, élèveront comme il se doit l'innocente pucelette. Né de petite noblesse, Jacques d'Arc, qui était loin de marcher à côté de sa quenouille, possédait tout de même une bonne vingtaine d'hectares de prés et un beau troupeau de moutons autour d'une gentille baraque mi-ferme, mi-manoir.

Là, la petite Jeanne jouera à la marelle, apprendra sa table de multiplications et, à l'occase, gardera même les moutons en filant de la laine pour faire des Damart à son vieux. La mère adoptive de la petite, illettrée comme la plupart des filles de bonne famille[1], était très croyante. Elle apprit donc un wagon de prières à Jeannette, qui devint vite à tu et à toi avec tous les saints du calendrier.

De plus, un mystérieux seigneur des environs, Bertrand de Poulengy, veillera sur la fillette et lui fera partager sa conviction absolue qu'UN JOUR PROCHAIN, LES ANGLAIS SERONT BOUTÉS HORS DE FRANCE ET CHARLES VII SERA RECONNU ROI LÉGITIME.

En 1425, Jeanne, donc, très dévote[2], se balade un jour en plein cagnard avec ses moutons tout en ânonnant son « Je vous salue... ». Elle croit voir soudain un canard sauvage lui passer au ras des frisettes. Elle se frotte les calots, mais non, c'est pas un colvert. C'est saint Michel. Saint Michel lui-même qui lui apparaît. SA PREMIÈRE VISION ! Il lui dit texto : « Cocotte, réveille-toi, il est temps d'aller filer non plus la laine, mais la pâtée aux Rosbifs qui

1. C'était l'époque où Jules Ferry n'avait pas encore frappé !

2. Elle jeûne trois jours par semaine pour faire pénitence. Il est vrai qu'au moins une fois par jour elle a la tentation de voler un bonbon ! Déjà complètement dépravée, la môme !

viennent siffler notre Bourgogne. » Elle raconte ça d'abord à papa et à maman qui la couchent, lui cloquent des compresses sur la frite et lui disent : « Tu sortiras plus sans chapeau ! »

Quelques jours plus tard, les Rosbifs, incapables d'investir le Mont-Saint-Michel parce qu'ils se gourent toujours dans l'heure des marées, lèvent le siège. Jeanne y voit bien sûr un signe du ciel. Nous sommes déjà en 1426. Elle retourne dans son pré avec une casquette de base-ball sur le citron, mais saint Michel lui taille une bavette aussi sec :

« – JEANNE, VA AU SECOURS DU ROI ET LUI RENDS SON ROYAUME. »

Jeannette, épouvantée, lui dit :

« – Écoute, mimi, moi je t'aime bien, mais JE NE SAURAIS CHEVAUCHER NI CONDUIRE DES HOMMES D'ARMES ! »

Les voix (car il y en a à présent plusieurs !) la rassurent : « Sainte Catherine et sainte Marguerite te viendront en aide. »

Charles VI le Fou avait avalé sa chique en même temps qu'un service de fourchettes à escargots, le 21 octobre 1422. De ce côté-là, Isabeau était peinarde. Par contre, le dauphin avait à peine dix-huit piges et, dans son entourage, même les plus bas de plafond l'appelaient « le débile » ! Après la défaite d'Azincourt (1415) et le traité de Troyes signé par le duc de Bourgogne, Philippe le Bon avait livré le pays désossé de partout aux Angliches et, à la mort de son vieux, Henri V, le jeune Henri VI, qui avait bouffé du cheval, s'était fait proclamer fissa roi de France et d'Angleterre ! Et allez donc !

Mais le dauphin Charles VII, aussi ambitieux que nunuche, s'était fait proclamer, lui, roi de France par ses fidèles à Mehun-sur-Yèvre !

Mais comme il ne possédait plus que la Touraine, l'Orléanais et le Berry, tout le monde se payait sa fiole, et on l'appelait partout : « Le roi de Bourges » ! De surcroît, ses quatre tontons arrêtaient pas de lui chercher des crosses pour s'emparer du gouvernail. Tiraillé entre les Armagnacs, alliés de Charles VII, et les ducs de Bourgogne, des collabos qui ciraient les pompes aux Rosbifs, le pays était déchiré comme un drap de pauvre ! Bref, pour la pucelle et son étendard, ça n'allait pas être du millefeuille ! Heureusement pour elle, la reine Yolande (sa protectrice), craignant que ses terres ne lui soient chouravées par les bourguignons, lui filera un sérieux coup de paluche. En 1427, elle commence par lui donner une instruction. Bertrand de Poulengy lui apprend les bonnes manières qui conviennent à son rang. Plus question de confondre le gothique avec le roman, ni de becqueter la daube avec les doigts, en les essuyant aux rideaux. L'écuyer, Jean de Novelempont, lui apprend, lui, comment on passe des journées entières sur un cheval sans marcher ensuite comme une qui a fait l'exode sur une citerne. Bref, elle devient une dure à cuire qui peut désormais ronfler sous une tente rudimentaire ou sur un lit à baldaquin sans pour autant le déglinguer par de folles nuits d'amour ! Quoique...

Le 12 octobre 1428, les bouffeurs de pudding assiègent Orléans. Si Orléans prend la pilée, l'invasion totale suivra et Charles VII aura paumé le royaume. Ils donnent l'assaut le 21 octobre et se replient après trois jours de terrible castagne où il se vend des tonnes de sparadrap chez les pharmacos du coin. Chacun reste sur ses positions. Le siège s'annonce plutôt longuet, mais Yolande d'Anjou fait courir le bruit qu'une « pucelle venue des marches de Lorraine » va bientôt délivrer Orléans. Les Rosbifs sont écroulés de rire !

PENDANT CE TEMPS... à Domrémy, les cavaliers porteurs de dépêches (la poste n'était jamais en grève à l'époque !), les moines mendiants du tiers ordre (mais oui, ils existaient déjà !) et les soldats qui allaient du nord au sud[1] passent devant la porte de la jeune pucelle impatiente. Elle sait que la France entière est dans un coltar pas possible et n'ignore rien – futée comme on la connaît – du siège d'Orléans.

Dès lors, ce n'est plus « quelques voix », qu'elle esgourde dans son jardin. C'est les chœurs de l'Armée rouge ! L'archange saint Michel s'est pointé avec ses potes – tous des gradés – et distille à fond la caisse des messages patriotiques et incandescents dans les cages à miel de la gamine.

1. Les soldats n'ont jamais fait autre chose que d'aller du nord au sud et inversement.

« Alors, vas-y, Jeannette... qu'est-ce que tu attends ? À présent, tu sais faire la révérence pour te présenter devant le roi, tu mets ta main devant la bouche quand tu rotes, t'as plus mal au pétrousquin quand tu enfourches ton canasson et tu es capable de tuer toi-même un poulet dans la basse-cour d'un seul coup d'épée derrière le colbac. On t'en demandera pas plus là-bas ! Cours-y vite, Jeanne, fais fissa, sinon cette couille molle de Charles VII va y laisser toutes ses plumes et vous allez tous claper du cheddar jusqu'à la fin de vos jours ! » À ces mots, Jeanne, qui détestait le cheddar, désobéit à son père adoptif et se taille à Vaucouleurs. Elle supplie le pitaine de la garnison de prévenir le dauphin de ne pas ASSIGNER BATAILLE À SES ENNEMIS, CAR SON SEIGNEUR LUI DONNERAIT SECOURS ET QU'ELLE LE CONDUIRA SACRER À REIMS. Le capitaine s'étrangle de rire et ordonne qu'on la ramène chez son père AVEC UNE BONNE PAIRE DE SOUFFLETS. En attendant, les Bourguignons occupent à présent la plupart des forteresses des Armagnacs et le capitaine Baudricourt, qui se marre plus du tout, commence à baliser un max.

La guerre et son cortège de vilenies menacent même Domrémy et Vaucouleurs.

C'est en 1429 que Bertrand de Poulengy ordonne à Jacques d'Arc de ne plus foutre de bâtons dans les roues à sa fille adoptive, dont la renommée s'est répandue dans toute la région *because* ses dons d'extralucide. Le duc de Lorraine, que Jeanne va trouver à Nancy, lui file des fringues de mec. Le 24 février, elle part donc avec Poulengy, Jean de Metz, Colet de Vienne, un archer et deux hommes d'armes sous les acclamations des habitants qui lui disent en gros :

« Vas-y, Jeannette, si tu trouves un seul Anglais qui en a entre les jambes, fais-en des vol-au-vent ! » Jeanne promet qu'elle va se pencher sur ce problème.

Elle se farcit avec ses potes cent cinquante lieues à fond les manettes à travers les bleds hostiles tenus par les Bourguignons et les gueules de bois, sans compter tous les Robin des Bois d'occasion qui sillonnent les forêts.

Le 5 mars 1429, Jeanne et son escorte entrent dans Chinon. Là, l'envoyé de la reine Yolande, Gérard Machet, confesseur du roi, lui remet un coffret contenant des lettres prouvant qu'elle est la fille d'Isabeau de Bavière et de Louis d'Orléans. Il lui refile de plus, en cadeau, l'anneau d'or que portait son paternel quand il s'est fait décoller la hure par ce sagouin de Jean sans Peur. Charles de la Trémoille, chambellan de Charles VII, déconseille à ce dernier de recevoir Jeannette, prétextant qu'elle a des courts-circuits dans les tubulures, qu'elle yoyotte dangereusement et qu'elle n'est autre qu'une aventurière envoyée par les démons. Le roi, qui n'a que vingt-deux piges, on l'a déjà compris, est franchement tarte. Il a de petits yeux boueux, une chandelle de morve sous son gros pif, des genoux cagneux au milieu de cannes de héron, le menton prognathe et des miches de serin. De plus, avec le peu de matière grise qui lui reste dans la chetron, il se demande, vu la conduite galipetteuse de sa maman, s'il est vraiment l'héritier légitime du trône. Selon l'histoire classique, il se fringue en courtisan et se mêle aux autres, pensant qu'il allait piéger la Jeanne comme une bleue[1]. En fait, la bergère lui tombe en piqué droit dessus et lui apprend dans une encoignure de la grande salle du palais éclairé par six cent vingt-cinq torches qu'il est le seul et véritable fils du roi et héritier de France, documents à l'appui, et que la bâtarde, c'est elle. OUF ! fait Charles VII, chatouilleux sur la couleur de ses globules. Cela change tout. Sa poitrine se gonfle et ses valseuses doublent de volume. Merde alors, se dit-il *in petto*, je savais bien que les gonzesses me berluraient pas quand elles me disaient : « Tu baises comme un roi ! »

Bien sûr, il va tout faire désormais pour beurrer l'oriflamme de cette demi-frangine délurée qui lui tombe du ciel.

La Trémoille et son complice Renault de Chartres, qui voient d'un mauvais œil l'arrivée de cette pétroleuse, vont tout faire pour lui vaseliner les rails de sa loco. Ils envoient deux inspecteurs en mission pour enquêter sur son compte à Domrémy. Elle sera entendue à Poitiers par une commission de théologiens et de

1. Cette version qu'on nous a rabâchée dans les écoles est en passant totalement fausse.

canonistes. La reine Yolande devra vérifier si Jeanne a bien son berlingot intact, à la demande de l'archevêque d'Embrun qui n'a pas voulu s'en rendre compte lui-même parce qu'il avait les ongles trop longs. Bref, pendant des semaines entières, ils ne lui lâchent plus la grappe. Cependant, ils déclareront tous n'avoir trouvé en elle « point de mal mais rien que du bien. Humilité, virginité, dévotion, honnêteté et simplesse ». Bref, sa foufounette et sa réputation étaient intactes, et ça cloua le bec à ces loquedus...

Le 15 avril 1429, le roi remet à la pucelle les pleins pouvoirs pour conduire les opérations militaires. Il lui dit : « Puisque tu veux casser du Rosbif, va casser du Rosbif. Je te souhaite bon courage. Il y a déjà la plupart de mes soldats qui y ont paumé leur dentier, tu pourrais bien y laisser ton calbute ! Je sais que ta vertu te conduit à serrer les fesses, mais que ça ne t'empêche pas d'ouvrir l'œil. »

Yolande d'Anjou n'hésite pas à vendre son argenterie pour assurer la solde de ses hommes d'armes et la tortore destinée à la ville d'Orléans (soixante chariots à double turbo, plus cinq cents têtes de gros bétail sans compter les porcs et les moutons !).

On peut dire tout de suite que ce ne sont pas les cadets de Saint-Cyr qui forment l'armée de Jeanne. C'est un ramassis de dix mille malfrats, coupe-jarrets, voleurs, assassins et violeurs qui campent aux abords de la ville, s'envoient en l'air avec les ribaudes, picolent sec tout en jurant et déclarent tout net qu'ils refusent de se laisser commander par cette punaise de sacristie ! Ces petits naïfs ne sont pas encore au parfum de ce que la pucelle trimballe sous le chignon. Lorsqu'elle apparaît tout de blanc fringuée en son armure, une huque rouge flottant sur les endosses, l'épée de Charles Martel sur la cuisse et la lance dans son petit poing, les soldats en prennent plein les vasistas. Elle leur déclare tout net la devise qui désormais sera la sienne devant tout animal porteur de pantalon : « Haut les cœurs, messieurs, et bas les pattes ! » Enfin... bas les pattes..., c'est vite dit. Gilles de Rais, qui voit la minette pour la première fois, en pince sérieux pour elle. Elle est pucelle, certes, mais... ça peut s'arranger... Et, contrairement à la légende, à rebours total de l'histoire, nos spécialistes de la question laissent entendre clairement que c'est Gilles de Rais en personne qui s'est embourbé le berlingot de la mignonne. Bref, après cette agitation nocturne dans le campement de la Lorraine, le calme revient au bivouac. Les râleurs sont virés. Désormais, les soldats sont tenus de se farcir la messe matin et soir et tous sont obligés de se confesser avant d'y assister. Y a des limites à la rigolade !

Jeannette entre à Orléans le 29 avril 1429. Les Rosbifs, saisis d'une crainte superstitieuse[1], ne tentent même pas d'arrêter les péniches de ravitaillement. Faut dire que la plupart d'entre eux nageaient comme des machines à coudre. Jeanne veut attaquer illico. Raoul de Gaucourt, une taupe de la Trémoille, allié secret du duc de Bourgogne (qui lui envoyait des caisses de Romanée-Conti chaque fois qu'il cafetait !), n'est pas d'accord. Elle offre alors la vie sauve à William Glansdale s'il se rend. De l'autre côté du pont, l'autre la traite de « vachère », de « putain des Armagnacs », et ses hommes de maquereaux ! (Ce qui n'est pas tout à fait faux, d'ailleurs, en ce qui concerne ces derniers !) Ce sera donc la bataille !

Le 7 mai 1429, Jeanne, comme son pote saint Michel le lui avait annoncé, morfle une flèche au-dessus du nibard gauche qui lui ressort du côté de l'omoplate. Elle change aussitôt de soutif et soigne sa plaie avec un cataplasme d'œufs d'escargots écrasés dans l'huile d'olive. Le lendemain, elle est guérie[2].

Le 10 mai, Orléans, assiégée depuis sept mois[3], est libérée après neuf jours de castagne acharnée.

C'est la déroute pour les Angliches et les Bourguignons déprimés qui, désormais, n'avaient rien d'autre à écluser que du

---

1. Les Anglais, par exemple, avaient remarqué que, chaque fois qu'ils passaient sous une échelle au pied d'un château, ils prenaient un seau d'huile bouillante sur le cassis. Ça les rendait superstitieux en diable.

2. C'est comme ça qu'elle soignait ses vaches quand elles se cloquaient les mamelles dans les barbelés.

3. Les Rosbifs sont déprimés un max. Ça fera un an dans trois jours qu'ils n'ont pas joué au golf !

vin d'Orléans. Le 17 juillet, Charles VII est sacré à Reims, comme Jeanne le lui avait prédit lors d'une consultation gratuite.

Jeannette, à partir de là, aurait pu revenir bien peinarde à Domrémy retrouver ses petits moutons, son petit bain annuel dans sa demi-barrique d'eau tiède et dans les prés d'alentour, bien sûr, la « voix de son maître » qui lui filait après tout que de bons tuyaux… C'eût été trop simple.

Bien évidemment, dans un premier temps, elle s'est mis dans le citron de faire libérer Charles d'Orléans, prisonnier en Angleterre, puis, pourquoi pas ?, de partir en croisade en Terre sainte pour délivrer le tombeau du Christ(4). « Je sais qu'il m'attend », dit-elle. Un poil prétentiarde, tout de même, la donzelle. Charles VII, cependant, la retint à la cour dans l'intention de la marier à Gilles de Rais, qui godait toujours pour sa pomme et qui rêvait de lui tricoter un petit salé. Ce qui leur aurait d'ailleurs évité à tous deux, par la suite, une fricassée d'emmerdes !

Le 23 mai 1430, Jeanne, têtue comme un mulet breton(5), part se bigorner à Compiègne sur le point d'être investie par les Anglo-Bourguignons.

Vu qu'elle n'a hélas qu'une poignée de mangeurs de betteraves à opposer à dix mille Rosbifs qui carburent aux corn-flakes et qu'elle est trahie de surcroît par le clan de ce traître de la Trémoille, elle se fait becqueter toute crue. Comme ses voix le lui avaient prédit (saint Michel lui avait dit : « Fais gaffe, petite, tu vas avoir chaud aux fesses », mais c'est pas à ça qu'elle s'attendait), elle se retrouve prisonnière comme une rate dans une nasse enfromagée et livrée aussi sec à l'Inquisition par Philippe le Bon qui était pas si bon que ça.

On peut dire qu'à partir de ce moment-là, notre histoire classique est totalement déviée de son cours et l'on est en droit de se demander, selon des documents sérieux, si notre héroïne, dont on a fait un symbole d'héroïsme patriotique, a vraiment fini à Rouen sur la place publique comme un toast grillé.

---

4. Ils avaient tous cette idée fixe !

5. Jeanne pouvait se permettre d'être têtue depuis qu'elle avait emporté Orléans.

Bien évidemment, c'est Pierre Cauchon, l'évêque de Beauvais, qui conduit le procès. Mais, mais, mais… cet oiseau-là, dont on nous a toujours dit qu'il était dégueulasse comme un litre de Coca-Cola chaud, LA SAUVERA DU BÛCHER, selon la version de nos subtils chercheurs. Le 30 mai 1431, Cauchon (je sais, c'est pas un nom qui inspire la confiance !) l'aurait fait évader par un souterrain (le même qui permit à la Gestapo de Rouen de prendre la fuite en juillet 1944. Il aboutit au 102 de la rue Jeanne-d'Arc [!] à Rouen). C'est une pauvre clocharde, convaincue de sorcellerie, droguée et encagoulée par ces messieurs, qui aurait été brûlée à sa place.

Depuis (et même sans doute avant), on a vu pire ! Notre bonne Jeannette aurait alors été conduite dans une forteresse en Picardie où on l'obligea à prendre un bain par mois et où on lui permit de déguster un paris-brest tous les dimanches après la messe.

En septembre 1436, personne ne se soucie plus de Jeannette, hormis son mari. Car elle aurait alors épousé Robert des Armoises. Comme elle en avait ras la chasuble de faire des confiotes de groseille et d'élever des oies, elle choisit un mec qui lui serait plus utile les longues soirées d'hiver.

Gilles de Rais (qui s'usait toujours les poumons à soupirer pour elle, mais pour des nèfles !)(1) l'ayant pressée de reprendre son tomahawk pour purger la région infestée de coupe-jarrets, elle aurait alors convaincu son mari de vendre sa seigneurie de Haraucourt, pour recruter des gens d'armes. (L'acte de vente est daté du 7 novembre 1436. Il a été signé à Marville et spécifie que « Robert des Armoises et Jeanne de Lys (titre donné par le roi) PUCELLE DE FRANCE, notre femme », ont vendu cette gentilhommière pour la somme de trois cent cinquante francs et douze gros à Collard de Failly.) Avouez que, même pour ceux dont la cervelle fait de la chaise longue, ça donne à gamberger !

Au début de 1437, Jeanne, Gilles de Rais(2) et cinq cents étripeurs de bas étage auraient zigouillé pour ne pas perdre la main

1. Difficile à vérifier si ce n'était QUE pour des nèfles !

2. Il lui portait son drapeau quand elle était fatiguée et finissait les croûtes de fromage découpées de ses blanches mimines avant qu'elle ne les jetât !

des bandes d'écorcheurs qui terrorisaient les curés à bicyclette et les voyageurs de commerce qui traversaient la forêt.

Durant deux années, de La Rochelle à Bayonne en passant par Bordeaux, ils occirent des centaines de ces affreux gus qu'ils ne connaissaient pas, au nom bien sûr de la charité chrétienne. Malgré, ou à cause de son inépuisable vaillance, un jour funeste, Jeanne est blessée. Elle morfle un grand coup d'épée dans le rectum qui lui fait cracher son chewing-gum. On l'emporte. On la croit morte. Gilles de Rais lui fait du bouche-à-bouche. Normal, ça la réveille. Peut-être à cause de l'autre qui tapait du saladier ! Mais ça ne suffit pas. Elle retombe dans les vapes. Ce coup-ci, on pense vraiment qu'elle a dépoté son géranium [3].

En juin 1439, on célèbre huit messes en latin à Orléans pour le repos de son âme. Faut croire que le jus de goupillon a fait son effet, car le 1er août, Jeannette, fraîche comme un gardon de la Loire, se rend à Orléans pour dissiper les bobards selon lesquels elle est crounie. La ville lui remet deux cent dix livres parisis en or, inscrits au cahier des comptes : « À Jehanne des Armoises, pour le bien qu'elle a fait à ladite ville durant le siège. »

Après quoi, elle aurait tranquillement troqué son épée contre son rouet et serait retournée vivre avec son époux durant cinq ans à Jaulny. Elle y apprendra alors à jouer à *l'étendard enflammé*, au *bilboquet berrichon*, à « je te tiens, tu me tiens… etc. », et à tout un tas de jeux familiaux qu'elle n'avait jamais véritablement approfondis jusque-là.

Elle serait morte en 1449, ni par le feu ni par l'épée, mais d'une fièvre maligne (elle devait être bougrement maligne car on a pu se rendre compte à quel point notre bonne Jeanne était coriace !) au château d'Autray et aurait été enterrée dans la chapelle de l'église de Pulligny [4].

---

3. Qu'elle est morte.

4. Avouez que tout ça est troublant et que ça pourrait être vrai ! Je vous ai cité tous les lieux et documents. À vous, lecteurs sagaces, de tirer vos conclusions.

DEPUIS...

Le 15 février 1450, Charles VII ordonna au recteur de l'université de Paris d'ouvrir une enquête sur « les fautes et abus du procès de Jeanne pour la réhabiliter officiellement ». Le pape Nicolas V s'y refusa. Tiens, tiens... et pourquoi donc? On ne se sentait pas le nez propre?

Le 7 juillet 1456, Calixte III, successeur de Nicolas V, casse le jugement de Rouen. Jeanne est lavée des accusations d'hérésie et d'idolâtrie. Encore un truc pour l'obliger à se laver!

En 1869, Mgr Dupanloup (oui, je sais, ce seul nom peut faire rêver!) soutient la cause de la sainteté de Jeanne et se fout la rate au court-bouillon auprès du Saint-Siège pour obtenir sa canonisation.

En 1885, Mgr Couillé (je vous jure, je le fais pas exprès!) dresse le procès-verbal du « procès additionnel » au siège épiscopal.

1888 : la congrégation des rites demande l'ouverture d'« un procès complémentaire » en vue de recueillir les cas de guérisons miraculeuses pouvant être attribués à la pucelle. Aujourd'hui, on appellerait ça DE LA RÉCUPÉRATION!

1920 : Benoît V, cédant aux pressions du gouvernement français avide de symboles patriotiques, signe le décret de canonisation de la pucelle. Le dernier dimanche de mai, on célèbre désormais en France la fête nationale[1].

Les gonzesses, c'est ça : tout ou rien!

---

1. Je ne puis m'empêcher de penser que, si elle avait rencontré les fachos qui se réclament d'elle aujourd'hui, elle les aurait sûrement raccompagnés eux aussi à la frontière, à grands coups de pompe dans le train!

CLOVIS

(466-511)

Saint Rémi demandant à Clovis d'embrasser le culte de Clotilde

Le père de Clovis, Childéric Ier, roi des Francs, adorait les frites. Il envahit donc la Belgique au Ve siècle et s'en fila une belle ventrée. Il poursuivit sa conquête jusqu'en Gaule, car il adorait aussi le salmis de colvert qu'on dégustait dans les petites auberges des étangs de la baie de Somme.

Il descendait, dit-on, de Mérovée, qui descendait lui-même d'un serpent de mer. Difficile de vous expliquer ici de façon cohérente comment on peut descendre d'un serpent de mer. D'autant qu'on ne sait pas non plus d'où venait ce sacré serpent. Lorsque Childéric mourut en 481, il laissa à son fils, qui n'avait alors que quinze piges, un tout petit royaume coincé entre la mer du Nord, l'Escaut et le Cambrésis. Autrement dit, de la crotte de chihuahua pour ce garçon ambitieux, voire brutal et parfois même hélas un peu cynique[1]. Clovis passa donc quinze années de son règne à se chicorner comme un chiffonnier avec ses voisins. Pas qu'il aimât vraiment la bagarre, mais il se voyait mal faisant les courses le matin et rester chez lui tous les après-midi pour y classer les timbres de sa collection, pendant que Clotilde ferait des ménages. Simplement, il voulait s'occuper. À l'époque, quatre peuples germaniques se partageaient ce qu'on appelle aujourd'hui la France. Il ne subsistait de l'occupation romaine que l'État gallo-romain de Syagrius qui s'étendait entre la Somme, la Meuse et la Loire. Les Wisigoths se tapaient du foie gras en Aquitaine, les Alamans et les Francs clapaient de la choucroute au Riesling à l'est de la Gaule et les Burgondes tortoraient de la fondue entre les Alpes et le Jura[2].

Un dimanche matin comme les autres, au café du Franc Buveur[3], Clovis apprend, tout à fait par hasard, que son ennemi Syagrius a une crise de sciatique carabinée. Il en profite pour

1. Il disait souvent : « Il vaut mieux faire cent morts que cent prisonniers. C'est moins coûteux et c'est plus sûr. » C'était la sagesse même.

2. En temps de paix (ce qui était très rare !) ils échangeaient parfois leurs femmes et leurs recettes de cuisine, mais ça n'allait pas plus loin.

3. Le Franc Buveur, c'est marrant, non ? Bon.

réunir ses troupes à toute bubure et envahit le nord de la Gaule tenu par le général romain qui, depuis déjà une semaine, a dû arrêter de jouer au foot. Clovis lui massacre ses troupes en 486, à Soissons. Oh, pas sauvagement, non!, mais enfin… un petit massacre tout de même. Il n'a gardé que cent Romains survivants pour porter les brancards de ses guerriers blessés. Lui, il s'en sort bien. Il a remporté la victoire en ne perdant que dix mille hommes. Il n'a toutefois pas trouvé Syagrius. Le chef romain, prévenu par ses espions, s'était planqué chez les Wisigoths pour s'y faire faire des massages de la cuisse par une Thaïlandaise de passage. Mais ce triomphe a filé un tel prestige à Clovis que Alaric II, le roi des Wisigoths, a soudain les copeaux[4] et lui livre Syagrius sur un plateau. Là, dans un accès de clémence qui dénote tout de même sa nature généreuse, Clovis le fait étrangler sans le faire torturer.

Clovis fit donc de Soissons sa capitale, et de Clotilde sa femme, en l'épousant en l'an 493. Quand il fit sa connaissance au bal de la marine, Clotilde, fille de Chilpéric et nièce de Gondebaud, était une princesse de dix-huit berges, « sage et belle ». Apparemment plutôt cul-cul-bénit sur les bords de par l'éducation religieuse qu'elle avait reçue. C'était en réalité une princesse burgonde qui raffolait des sous-vêtements bleu lavande en soie naturelle et du civet de lapin aux girolles. Bien sûr, pour Clovis qui était païen comme un plat de couscous ainsi que pour les médias, Clotilde présentait le suprême avantage d'être catholique jusqu'au bout du crucifix. Sa marotte à elle, c'était de convertir son athée moustachu qui ne voulait rien esgourder de ce discours-là. Ce paganisme forcené de Clovis s'était plutôt renforcé, d'ailleurs, après la mort de leur premier-né que Clotilde avait réussi à tremper dans l'eau bénite malgré Clovis qui lui disait : « C'est de la couille en bâton[5] ! » Refusant obstinément de céder aux prières de sa femme, Clovis aurait fait vœu d'adopter la foi des chrétiens, si leur Dieu lui donnait la victoire contre les Alamans qui n'avaient pas l'air de bonne humeur. Après avoir zigouillé la presque totalité des

4. Il a peur, quoi. Il a les moules!

5. Archives. Grégoire de Tours.

Alamans[1], tout comme cette boîte à vices de Henri IV quelque mille ans plus tard, il va réussir un véritable coup de maître en se convertissant au catholicisme. De plus, les évêques lui firent savoir qu'ils n'étaient pas regardants du tout avec les dissidents barbares qui voulaient devenir catholiques. « Alors, lui dit Clotilde, tu vois bien, tout baigne ! »

Il courut donc acheter, dans la foulée, un kilo de dragées en solde et se fit baptiser à Reims, le 25 décembre 506 par l'évêque Rémi, avec seulement trois mille de ses guerriers, qui n'eurent droit, eux, qu'à un arrosoir d'eau bénite pour célébrer l'événement.

Il devint donc ainsi, aux yeux des chrétiens, le seul roi barbare légitimement estampillé par les catholiques.

Après ce petit tour de passe-passe, il partit avec son chapelet en bandoulière[2] sur son plus beau canasson[3]. Il s'en fut apporter en Bourgogne son soutien à Godegisel, qui s'arrachait les poils du cul avec son frangin Gondebaud. Ce dernier, après avoir dégusté une rouille de pommard sur le cassis, la boit en fin de compte avec Clovis et son frelot avec qui il vient de se réconcilier. Ils font même alliance en 507 contre Alaric II, le roi des Wisigoths. Ils lui font annoncer la bonne nouvelle alors qu'il est en train de prendre un bain de pieds en jouant au rami juif avec sa servante Paulette III. Le pauvre homme n'a que le temps d'enfiler son armure qui revenait de chez la blanchisseuse et d'aller se faire zigouiller bêtement à la bataille de Vouillé ! Les vainqueurs avaient pris l'habitude de se rembourser sur place de tous les frais qu'ils avaient engagés dans une telle opération. Ils récupérèrent deux mille chevaux vaccinés contre le scorbut, un flipper d'occase et une équipe de foot en état de marche. C'est Clovis en personne qui fit l'honneur à Alaric de lui décapsuler la théière. Ce dernier avait toujours eu beaucoup de chance !

---

1. Il ne les décimait jamais complètement. Sinon, qui allait transporter le butin ?

2. Le noir avec des grains fluorescents.

3. Le blanc avec des taches noires par-ci par-là.

Clovis, qui, à l'époque, prenait des vitamines par poignées, investit le pays jusqu'aux Pyrénées où il s'inscrivit le jour même à un cours de pelote basque. Ce pauvre vieux, à force de claper des Soissons en boîte, avait une aérophagie tonitruante et les chocottes qui se faisaient la malle. Il serait certes allé plus loin dans ses conquêtes, mais Théodoric, le roi des Ostrogoths, n'arrêtait pas de filer des peaux de banane sous les sabots de son cheval. Il lui fit un paquet de misères pas racontables en 508. Il planquait des hérissons vivants sous la selle de son cheval, lui cloquait des cailloux dans ses santiags, lui faisait mettre du poil à gratter dans son plumard... bref, des procédés malhonnêtes, qui n'avaient rien de commun avec la franche barbarie virile à laquelle Clovis était habitué ! Finalement, ce drôle d'Ostrogoth de Théodoric l'empêcha bel et bien d'avancer jusqu'aux rivages de la Méditerranée, lui interdisant ainsi la dégustation de moules de Bouzigues dont il rêvait depuis longtemps.

En bon démocrate qu'il était, Clovis ne gardait qu'un cinquième du butin qu'ils pillaient généralement dans les églises et les châteaux. Quant au partage, le tirage au sort était le seul moyen sûr d'éviter la chicorne. Ce bon Clovis, cependant, ayant repéré un beau vase ouvragé qui était de la même hauteur que les dahlias de son jardin, dit alors à ses vaillants soldats : « Laissez-moi ce vase, guerriers, je vous l'échange contre un moule à tarte, un service de sel et poivre et douze fourchettes à huîtres plaquées or. » Les soldats lui répondirent : « D'accord, Cloclo, prends-le pour ta meuf si ça te fait envie. Ce vase, nous, on en a rien à glander ! » Le plus teigneux d'entre eux, pourtant, fracassa le vase avec son arme en disant à Clovis : « Toi, mon pote, tu n'auras rien que ce que le sort t'attribuera vraiment » !

Clovis lui dit merci bonhomme, et emporta la moitié du vase foudroyé pour le filer alors à son copain l'évêque Rémi. Ne lui offrir qu'un demi-vase l'embarrassait certes un peu, mais ça tombait bien, car Rémi lui avait cédé l'autre jour précisément une demi-baguette pour son dîner. Ça s'équilibrait.

Un an plus tard, Clovis, qui l'avait à la caille de s'être fait prendre pour une tronche de cake devant tous ses guerriers, passa ses troupes en revue. S'approchant du pélegreux briseur de vase qu'il reconnut au premier rang, il lui dit : « Dis donc, mon gamin, je crois n'avoir jamais maté des armes aussi merdiques que les tiennes ! T'as vu ta lance ? Complètement de traviole ! Et ton épée, on aurait un mal fou à décacheter une lettre avec ! Quant à ta hache, dit-il en la saisissant, elle fendrait même pas un pudding ! »

Et il la jeta aux pieds du malheureux ahuri qui se baissa pour la ramasser. D'un grand coup d'épée de luxe en acier bleui, Clovis alors lui fendit à son tour la calebasse, le débarrassant ainsi doublement d'un tenace torticolis et d'une insupportable rage de dents ! « Souviens-toi, lui dit-il, du vase de Soissons (1) ! »

Le roi Clovis, demeurant tout de même le plus mariolle de tous les Mérovingiens, enfouilla de ce fait un vaste royaume, s'étendant du Rhin aux Pyrénées. Soissons lui paraissant désormais plutôt riquiqui en regard de son prestige, il se choisit alors une autre capitale qui lui paraissait plus choucarde. Plutôt bien située par rapport aux trouble-fête éventuels, climat tempéré, rivière poissonneuse... bref, sa capitale serait Paris. Clotilde, elle, de son côté, n'était pas restée inactive. Elle avait passé sa vie à vaquer aux soins du ménage, à choisir minutieusement ses marques de lessive, à appeler le plombard quand un robicot fuyait, elle milita activement à « SOS femmes battues » et pondit en passant quatre lardons qui, après leurs études à Oxford, décrochèrent chacun leur diplôme à l'école hôtelière de Lausanne. Ils y apprirent à réussir la quiche lorraine et à diversifier les recettes de haricots de Soissons pour le plus grand bonheur de leurs parents qui en avaient class du sempiternel pied de porc aux haricots. Clovis cassa sa pipe bêtement en voulant attacher au plaftard un lustre en cristal de Bohême de deux cents kilos qui lui fracassa la calebasse (2). On répara le lustre assassin et on en profita pour enterrer Clovis dans son costume du dimanche en peau de chèvre

1. On est tout de même en droit de se demander si Clovis était sérieux en adressant une phrase pareille à un type dont la cervelle avait servi, quelques instants plus tôt, à faire des vol-au-vent dans les nids d'hirondelle !

2. Il rêvait pourtant depuis si longtemps de mourir en héros !

des Cévennes. On lui fit des funérailles dignes de l'excellent barbare catholique qu'il était. Il eut droit à un enterrement catégorie « luxe » avec chevaux harnachés, poignées du cercueil en argent, larmes blanches sur tentures noires et sermon de l'évêque traduit en douze langues. Les invités prestigieux purent même déguster en pleurant un repas gastro (préparé par ses fils) après la cérémonie[3]. Selon la coutume germanique, ses États furent démembrés et partagés entre ses quatre fistons : Thierry, Childebert, Clodomir et Clotaire.

Ce qui faisait figure de « loi » à l'époque, chez ces barbares, débouchait sur un jugement tellement expéditif (le temps d'éternuer, le mec était condamné à la peine capitale !) que les Francs décidèrent tout de même de codifier cette justice zarbi entre 507 et 511.

Durant ces quatre ans de mise au point de ce code magique, il y en eut malgré tout 23 621 qui se firent dévisser le citron moins de dix secondes après le procès ! Auparavant, quand un jury n'arrivait pas à trancher (c'est le cas de le dire !), on avait recours à l'ordalie, l'épreuve par l'eau ou le feu. Désormais, pour couper court aux vendettas et règlements de compte abusifs, les crimes seraient sanctionnés par « une compensation pécuniaire versée à la famille de la victime » ! Avec un bon chèque du Crédit Agricole, vous pouviez vous offrir un « non-lieu » de toute beauté ! Heureusement que ce genre de procédé immoral n'existe plus depuis longtemps !

3. Il y avait au menu des alouettes sans tête, une salade de langues de grives et quelques marcassins à la broche accompagnés d'une simple purée de châtaignes. Un fromage de maroilles et des crêpes de sarrasin arrosées de vin de mûre et de pommard clôturaient cette austère collation, typique à l'issue d'un enterrement royal.

LOUIS XI

(1423-1483)

Louis XI et une fillette

Fils de Charles VII et de Marie d'Anjou, Louis XI ouvrit ses lucarnes à Bourges en 1423 et plia son pébroque à Plessis-lèz-Tours en 1483. Il assuma le poste de roi de France de 1461 à 1483. Ça n'a l'air de rien, mais ça se fait pas sur une jambe et on n'a pas le droit de se prendre les pieds dans le tapis ! Toujours fringué comme l'as de pique, il sentait le vieux maroilles et mesurait 1,58 mètre avec des semelles compensées. Les lèvres minces et serrées comme des cuisses de dévote, il avait des yeux de lapin russe et un nez à piquer les gaufres. Bref, il foutait une trouille bleue à tous ceux qui le rencontraient. Le moins qu'on puisse dire, c'est que dans sa jeunesse, entre lui et son paternel Charles VII, il y avait de la friture sur la ligne. Le dauphin aime son père comme on peut aimer un furoncle dans l'oreille. Il lui reproche ses parties de zigounette à ressort avec Agnès Sorel à qui papa Charles a fait tout de même quatre bâtardes[1]. Il aime par ailleurs tendrement sa maman, Marie d'Anjou, et il en a gros sur la patate de la voir ainsi roulée dans la farine par son vieux. Furibard que la julie de son paternel prenne tant d'importance dans les affaires du royaume, Louis lui file d'ailleurs un jour une mandale en pleine poire. Son père était fou de rage, et Agnès se frotta la joue. En 1436, Louis XI épousa Marguerite Stuart, fille du roi d'Écosse[2]. La « nouvelle dauphine », comme on l'appelait, n'intéressait guère son époux, qui, contrairement à son vieux, était plus porté sur les affaires politiques que sur le zizi-pan-pan. Il était intelligent, Louis. Réfléchi, fourbe et rusé[3]. Son grand défaut, c'est qu'il était impatient[4]. On avait un

1. Selon la morale catholique, évidemment, ça pouvait troubler l'eau du bénitier.

2. C'était une jeune rouquine propre et très économe. Sa maman lui avait appris très tôt à faire des quatre-quarts délicieux qu'elle pouvait partager en trente-deux morceaux comme cela se fait couramment en Écosse.

3. Ceci dit, mon coiffeur est un peu comme ça !

4. C'était le genre à tirer la chasse d'eau avant d'avoir fini de faire pipi, si vous voyez ce que je veux dire…

mal fou à lui faire piger qu'il ne prendrait la place de son papa que lorsque celui-ci serait à peu près mort. En attendant que ce dernier refroidisse, il se rallie à ses opposants. Aux côtés de Dunois, du duc d'Alençon et de Charles de Bourbon, il participe à une révolte des grands du royaume que papa maîtrise facilement[5]. Il implore la clémence de ce dernier qui le pardonne et recommence six ans plus tard à lui gripper les pistons. En 1446, il prépare un nouveau turbin dans l'Agenais. Charles VII, qui en a ras les frisettes de cet obstiné petit con, le bannit du royaume et l'envoie planter des myrtilles dans le Dauphiné. Le fiston se montre d'ailleurs vachement doué pour la culture des myrtilles. Il rétablit même la situation financière du Dauphiné en y développant aussi la fabrication du reblochon. Cela ne l'empêcha pas, obstiné comme il l'était, de continuer de savonner sournoisement la planche de son papa.

En 1445, Marguerite, son épouse, avait eu l'excellente idée de mourir, étouffée par l'un de ces fameux quatre-quarts[6]. Le choix de Louis se porte alors sur Charlotte de Savoie, âgée de onze ans. Elle pisse encore dans sa culotte, la mignonne, et elle ne connaît que dalle à la pâtisserie, mais elle a une dot de quatre cent mille écus d'or et bien sûr Louis la trouve très belle ! Il l'épouse à Chambéry, sans aucun doute à cause de l'interdiction formelle de papa. Cette seconde femme ne l'enverra pas davantage au plaftard que la première. Il lui fera néanmoins sept mouflets durant les nuits de verglas où il rechignait à se chicorner avec l'ennemi[7]. Deux maîtresses, par ailleurs, sur sa route sentimentale, ne le guériront pas de sa misogynie[8]. Il aimait surtout les dames qui pouvaient lui servir la soupe dans ses magouilles politiques. Louis

5. Papa maîtrisait TOUT facilement. C'est bien ce qui foutait les boules à Louis.

6. Faut dire qu'il fallait être héroïque (ou écossais !) pour oser s'attaquer à un machin pareil.

7. Vous savez ce que c'est, il fait froid, on a l'onglée, le café refroidit vite… Bref, sans télé, que voulez-vous tricoter, sinon des lardons qui pourront toujours faire les courses ?

8. Il disait souvent : « Prouvez-moi qu'une femme est plus utile qu'un mulet. » Évidemment, ça se discute.

ne se lasse toujours pas de filer de grands coups de ciseaux dans les bretelles à son vieux. Il l'emmerde jusqu'en Normandie, puis en Italie, et Charles VII, qui en a ras les claouis, se décide à aller foutre une tatouille à son fils. Le dauphin, qui renifle le souk, part alors se planquer à Dijon puis à Genappe, auprès de Philippe le Bon. C'est là qu'en apprenant la mort de son père, le jeune Loulou, en guise d'oraison funèbre, déclare : « Merde, il en a mis du temps à crever, ce morbac ! »

Sacré à Reims (où il culbute même pas la veuve Clicquot en passant), le nouveau roi Louis XI fait son entrée à Paname. Il fait un ménage terrible à la cour. Tous les notables, les grands commis de l'État de son père, sont virés comme des témoins de Jéhovah à la porte d'une institution catholique ! Les nouveaux conseillers de son gouvernement sont ses potes d'exil, tous plus ou moins d'anciens loubards. Georges de la Trémoille et Pierre de Beaujeu exceptés. Il fera d'ailleurs épouser à ce dernier sa fille Anne, la seule femme qu'il ne confondait pas avec un mulet. Parmi ses conseillers, on retrouve le fameux Olivier Le Dain, son barbier-médecin. Louis avait tellement les foies que l'autre lui coupe la barbe jusqu'aux épaules qu'il ne lui refusait rien.

Riche à crever, Loulou XI était radin comme un écureuil. Il vivait sans faste aucun. Il portait jusqu'à l'usure des pelures grises ou noires taillées à la six-quatre-deux dans des étoffes de quatre sous. Il faisait teindre ses gants usagés et passer du Miror sur ses boutons ternis de vert-de-gris. Le peu de peau qu'on lui voyait était aussi crade que ses fringues, ça fait qu'il était gris de partout. Il portait sur le citron des galures au poil ras, ornés de médailles de plomb reliées par des fils de soie représentant des saints. Un vrai clodo de bouche de métro ! Quand il voyage, il dépense le minimum et crèche chez des bourgeois où il se fait inviter à becqueter. Il est curieux et méfiant comme une vieille chatte. Comme il veut tout savoir, il a des espions partout. Ceux qui lui ont fait un enfant dans le dos, comme Saint-Pol ou le cardinal La Balue, se sont retrouvés vite fait dans ces fameuses cages où l'on ne pouvait becqueter son jambon-beurre ni debout ni assis. Ce pauvre La Balue, ironie du sort, n'était autre que l'inventeur de cette cage rigolote dans laquelle Louis le laissa mariner à son tour douze longues années durant. Il envoyait régulièrement au roi une bafouille, en implorant une rémission de sa peine. Ce dernier lui répondait toujours poliment qu'il allait y réfléchir. On pouvait penser jusqu'à présent que la fameuse devise : « Tout s'achète et tout se vend », n'était autre que celle des boursiers du palais Brongniart, eh bien non. C'était Louis XI qui répétait ça tout le temps. Il y croyait dur comme fer. Sa pratique religieuse forcenée, ses pèlerinages et toutes les indulgences qu'il casquait à l'Église n'étaient autre que des échanges avec Dieu à qui il demandait toujours l'impossible : « Fais-moi gagner le Roussillon. Fais-moi vaincre la Catalogne »... Dieu lui en accorda un sur deux. Il emporta le Roussillon, il perdit la Catalogne. C'était déjà pas mal. Dieu, sûrement sollicité de la même façon par les Catalans, avait coupé la poire en deux. Il n'est que Dieu, après tout. Il fait ce qu'il peut ! Commynes rapporte qu'à la fin de sa vie, Louis caressa Dieu une fois de plus dans le sens du poil pour lui faire retarder l'heure de sa mort. L'autre, en bon démocrate qu'il est, n'a pas marché ! Ce type-là est plutôt réglo, dans l'ensemble.

Après la bataille de Montlhéry déclenchée contre lui par son frelot le duc de Berry, allié des grands féodaux et de Charles, comte de Charolais, on signera les traités de Conflans et de Saint-Maur, et les petits seigneurs l'auront dans le baba ! Il perd la Somme. Son autre frère, Charles, lui pique la Normandie. Il la récupère[1]. Contre le duc de Bourgogne, il va délivrer Liège, mais négociant dans la foulée avec Charles le Téméraire, il laisse tomber les Liégeois comme des chaussettes ! Ne pouvant réprimer une irrésistible envie de belons triple zéro, il entre en Bretagne et signe la paix d'Ancenis[2]. Lors de la fameuse « rencontre de Péronne », il propose au duc de Bourgogne de prendre l'apéro avec lui pour le mettre en confiance. L'autre, sentant qu'il y avait du mou dans la corde à nœuds, le prend à son propre piège et le fout au pain sec dans son château. La Balue et Saint-Pol le tirent de ce merdier,

1. Il n'arrêtait pas de perdre la Somme et la Normandie !

2. Il est vrai qu'à Ancenis, rapport qualité prix, les belons sont toujours exceptionnelles.

mais il doit en contrepartie assister le duc dans la répression qui va écraser ses copains liégeois. Il dit d'accord et laissera l'autre éplucher sa banane tout seul[1]. À Péronne, avant de partir, il fait trahir le duc par Philippe de Commynes, qui devient son conseiller. C'est d'ailleurs après tous ces micmacs qu'il fera enfermer le cardinal La Balue dans le château de Loches. Il l'accuse de l'avoir trahi avec Charles le Téméraire, et ce pauvre La Balue aura des crampes aux rotules jusqu'à la fin de ses jours. Après ça, Louis fait la paix avec son frelot Charles à qui il refile la Guyenne afin qu'il lui lâche le coude[2]. Mais le teigneux duc de Bourgogne (toujours lui !), qui possède le comté de Flandre, rêve d'aller becqueter une choucroute en Alsace, une quiche en Lorraine et d'écluser un bon coup de Moët & Chandon en Champagne. Tous ces pays réunis lui feraient bien sûr un beau lopin de terre à labourer[3]. Pour contrer Édouard IV d'Angleterre allié au Téméraire, Louis décide de soutenir Warwick, un vieux pote à lui avec qui il joua au croquet dans le temps. Alors, une terrible coalition se monte contre ce pauvre Louis XI. Elle groupe Monsieur Charles, le frère du roi, Jean V d'Armagnac, Jean II d'Aragon, François II de Bretagne, Jean d'Alençon, Édouard IV et, bien sûr, l'incontournable Charlot le Téméraire. Le frère du roi dévisse son billard[4]. Le Téméraire entre en Picardie et Jean d'Armagnac ratatine la Guyenne. Charles le Téméraire prend une formidable déculottée à Beauvais. Son armée en déroute regagne la Flandre la queue basse, poursuivie par la fameuse Jeanne Hachette accourue pour tirer Louis de ce piège à con. Elle avait mis en lambeaux une bonne partie des ennemis et déclara en sifflant un whisky après la bataille : « On s'est quand même bien fendu la gueule ! » La coalition échoua, car le bel Édouard IV s'était dégonflé lamentablement. Le roi Loulou XI gagnait sur tous les terrains, sauf dans

1. D'aucuns se demandaient, parfois, s'il était vraiment fiable.

2. Il ne tenait pas vraiment à ce qu'on lui tienne quoi que ce soit.

3. C'est une image, car en fait, il ne connaissait rien au labour.

4. Son frère Charles meurt. Louis, le cœur brisé, en profite pour le pleurer une bonne douzaine de secondes.

le Roussillon où Jean d'Aragon avait une résidence secondaire qu'il ne voulait quitter sous aucun prétexte. La mauvaise entente des ennemis de Louis les amena fatalement à signer la trêve à Picquigny qui mettra fin à la guerre de Cent Ans[5]. Contre les menaces nouvelles du Téméraire, Louis soutient discrètement l'Alsace, l'Autriche et les Suisses, chez lesquels il a planqué ses picaillons. Pour finir, Charles le Téméraire eut le fair-play de crounir à Nancy, ça commençait à bien faire. Louis XI, sans perdre de temps, occupe la Bourgogne, la Picardie et l'Artois. Beau triplé qui va lui beurrer la galtouse. Pour fêter ça, il rentre chez lui et prend un bain. Son valet s'évanouit de bonheur.

Pour sauver son héritage, la môme Marie, fille du Téméraire, épouse Maximilien de Habsbourg, qui ratatine les Français à Guinegatte en 1479. Tout ce guignol s'achève trois ans plus tard par le traité d'Arras. Par un petit chantage dont il a le secret, Louis obtient de son tonton René d'Anjou l'abandon de l'Anjou, tandis que Charles du Maine lui cède la Provence et le Maine[6]. Le rusé Louis, à la fin de son règne, s'impose tout de même comme le grand artisan de l'unité du pays. Sa mauvaise foi, sa rouerie, sa ténacité et l'élimination pure et simple de ses adversaires ont fait dire de lui : « Ce Louis, tout de même, il en a[7] ! »

De retour à Paris, il va fourrer son pif dans les élections épiscopales et sucre en passant les exemptions d'impôts de certains clercs qui avaient des oursins dans le morlingue. Son impopularité se renforce lorsqu'il augmente fortement la fiscalité pour faire tracer de nouvelles routes. Il va créer ainsi les premières postes. Tous ceux qui ne sont pas d'accord se retrouvent bien sûr illico dans les fameuses cages à serin. Il va favoriser l'installation des

---

5. Ce qui est bien plus avantageux dans les guerres d'aujourd'hui, c'est qu'on peut avoir largement autant de morts, mais en beaucoup moins de temps. On peut ainsi remettre le couvert tout de suite sans attendre cent ans.

6. On a l'impression qu'on ne demandait pas souvent leur avis aux habitants…

7. De quoi parlaient-ils au juste ?… Aucun document sérieux ne le précise.

marchands et artisans étrangers. Il leur apprend le goût des frites et du camembert et leur facilite la naturalisation[1]. C'est de même lui qui fera établir les premières imprimeries en France[2]. Notamment, la première à Paris qui s'installera à la Sorbonne. Après toutes ces chicornées où les paysans s'étaient fait trouer la paillasse avec une bonne volonté toujours affichée, l'agriculture, elle aussi, manque de bras. Il fait donc venir des paysans d'Italie et d'Espagne en leur promettant du rosbif et des pommes vapeur une fois par semaine. À la fin de son règne, les impôts sont trois fois plus élevés que du temps de son paternel. L'industrie, la vie urbaine ainsi que l'agriculture sont certes bien plus prospères qu'avant, mais la majorité du pays becte des clopinettes. Son peuple le déteste et le craint encore plus. Il ne le sait que trop, peuchère, et les derniers mois de son existence, il se planque dans son manoir de Plessis-lèz-Tours transformé en véritable bunker. Il lui restait trois lardons sur les sept que lui avait tricotés Charlotte de Savoie. Il se gaffait comme de la peste de Charles, le futur Charles VIII qui devait lui succéder, et refusait systématiquement de goûter le « puits d'amour » que son fiston lui apportait tous les dimanches après les vêpres. Louis avait tellement semé de peaux de banane sous les godasses de son pauvre papa qu'il trouvait impensable que son rejeton ne lui fît pas la même chose.

Finalement, son copain Dieu l'appela sous les drapeaux au mois d'août 1483. Avant d'expirer, il eut cette forte pensée qui illustrait si bien son caractère et que l'on grava sur la clé de voûte de son château :

Celui qui dit ce qu'il pense
ne sera jamais bon qu'à ramasser
des papiers gras.

---

1. Tout comme aujourd'hui, en somme. Sauf qu'on les contrôlait moins dans la rue.

2. C'est tout de même grâce à lui qu'on peut lire *France Dimanche*.

Alexandre le Grand

(356-323 avant J.-C.)

Alexandre le Grand tendant une embuscade

Alexandre sortit de l'œuf en Grèce en 356 avant J.-C. Heureusement pour lui car il aurait détesté ce genre de concurrence, lui qui se prenait pour un dieu. Ça peut arriver à tout le monde. Après tout, il y a bien un type, un jour, qui s'est pris pour Napoléon. Ce genre de truc est fréquent chez les surdoués. Sa maman, Olympias, avait un très net penchant pour les rites orphiques et dionysiaques. Elle descendait du bouillant Achille, lui-même fils de Zeus[1]. Son vieux, Philippe II, le fiston de Héraclès, se disait également fils de Zeus. Ce qui tendrait à prouver que si tant de gens se réclamaient de lui, ce type-là avait dû avoir une moralité en béton et un casier judiciaire à toute épreuve. Quoi qu'il en soit, le petit Alex pouvait se permettre de hurler au monde entier qu'il était bien fils de dieu sans risquer la camisole de force, car sa famille était très connue dans le pays. Ce « petit jeune homme de Pella » hérita du caractère volcanique de sa dabe[2]. Enfant, il adorait déjà qu'on ajoute un verre de gnôle dans son biberon. Il n'hésitait pas, de même, à fourrer sa menotte sous les jupes de la bonne pour lui défriser la chicorée. Il se montrait parfois cruel. Personne n'imagina à l'époque que c'était lui qui avait forcé sa copine Gladys à s'asseoir sur les braises rouges du foyer de la forge. Le jour où ça schlinguait si fort dans le salon, on ne le soupçonna d'ailleurs pas davantage d'avoir enfermé le chat deux mois plus tôt dans le piano. Cependant, malgré ces espiègleries bien pardonnables, il avait, paraît-il, un cœur gros comme ça. Il était même capable de tendresse et de profonds repentirs[3].

Ces traits de barbarie et de générosité contradictoires en firent une sorte de mystique réaliste, paradoxalement superstitieux. Comme disait sa femme de ménage un jour où il lui avait renversé une casserole de pois chiches brûlants sur la tête : « C'est un rêveur férocement positif, d'une séduction indéniable. » À l'âge de treize

1. C'était déjà une sacrée carte de visite.

2. Bien que fille d'un dieu, Olympias était un peu givrée. Elle mettait des crotales sacrés dans son plumard en recommandant bien à Philippe de ne pas les effrayer.

3. Ce qui, hélas, fit cruellement défaut à Hitler et à Napoléon.

ans, Aristote lui fila des leçons à cinq cents balles de l'heure[4]. Il lui enseigna *L'Iliade* (avec un supplément), la médecine[5], les sciences naturelles et les mathématiques. De toute façon, comme c'était un dieu, il apprenait ce qu'il voulait. Il devint donc un chevalier modèle aux plus hautes vertus[6]. Son paternel, Philippe II, lui montra toutes les ficelles du métier de roi. Il lui confia même, le jour de ses seize ans, la régence de la Macédoine. Pendant que le fiston faisait tourner le commerce, papa Phi-Phi enfourcha son beau destrier et partit se castagner chez les Byzantins avec lesquels il avait un vieux compte à régler. À dix-huit piges, suivant l'exemple de son illustrissime géniteur, Alex, à petits coups de hache, partit lui aussi partager en deux la calebasse des habitants de Thèbes et d'Athènes réunis. Il leur administra une mémorable pâtée et les consola avant de partir en leur promettant d'installer un Club Med chez eux dans les plus brefs délais. Il avait à peine vingt ans, lorsque son gentil papa se fit trouer la paillasse par l'un de ses officiers. Ce qui était très à la mode à l'époque et faisait considérablement monter la cote du meurtrier à l'ATP des assassins.

Malheureusement pour lui, ce trublion mal intentionné[7] fut arrêté par Alex, qui le fit cramer sur le même bûcher que son papa. Il n'y a pas de petites économies. Ce pieux devoir accompli, il fit écarteler quelques membres de sa famille qui louchaient un peu trop sur le trône à son goût et il partit gaiement pêcher la carpe dans le Danube bleu. Après avoir englouti une formidable

4. Aristote savait TOUT sur tout. Il ne comprit cependant jamais POURQUOI le vin blanc chez l'épicier était plus cher que le rosé. Il se gratta la tête jusqu'au sang durant sa vie entière, sans obtenir d'explication satisfaisante.

5. À l'époque, on soignait un type en lui tapant de grands coups sur la tête pour lui faire oublier qu'il avait mal au pied.

6. Dès qu'il commença à tuer des types, il le fit toujours sans vulgarité. Il prenait les membres de leur famille en charge comme esclaves.

7. Ne rêvait-il pas de poser ses miches sur le trône de Macédoine ?

pochouse[1] qu'il avait mitonnée le matin même, il en profita tant qu'il était dans le coincetot pour soumettre quelques tribales poignées de rustres en Bulgarie, puis aussi, pourquoi pas, les Gètes. Il en fit gentiment décapiter quelques centaines pour l'exemple et se contenta de faire griller la plante des pieds des autres, au cas où il leur reprendrait l'envie de piétiner ses frontières. Du coup, rendus prudents, les Illyriens, qui batifolaient à l'époque en Croatie, en Dalmatie, en Bosnie-Herzégovine et en Albanie, déposèrent à ses pieds leurs femmes et un kilo de figues en le suppliant de reconnaître qu'il n'y avait pas plus soumis qu'eux. Les Taulantins, qui n'avaient pas le nez propre non plus, s'empressèrent d'en faire autant avant d'être débités en rondelles[2]. Les Celtes, apprenant qu'il venait de raser Thèbes au son des flûtes, lui dépêchèrent des ambassadeurs qui les assurèrent de leur alliance. Ils avaient amené en cadeau un troupeau de cinq cents chèvres ainsi que deux mille Gauloises d'importation vachement bien roulées. C'est de ce jour qu'Alex devint un fumeur invétéré. Pour Alexandre, ces victoires, malgré tout, n'avaient guère plus de résonance qu'un pet de souris dans une meule de gruyère.

Son grand rêve était, avant tout, de faire bouffer leurs tapis aux Perses qui avaient si cruellement, jadis, humilié son pays. Lorsque ce chien de Xerxès avait franchi le Hellespont (l'actuel détroit des Dardanelles) sur un pont de bateau, il avait foutu le feu à Athènes, avec un déploiement de forces jamais vu : quatre cent mille hommes et mille deux cents vaisseaux de guerre ! Gengis Khan, mille cinq cents ans après, ne ferait pas mieux ! Alexandre, bien sûr, n'était pas né quand cette ordure de Xerxès avait fait le coup. Il lui restait malgré tout comme des relents de fumée qui lui chatouillaient désagréablement les naseaux.

En 334, il passa le Hellespont à son tour au printemps. Chemin faisant, il avait allumé quelques gauloises, et, ma foi, il les préférait nettement aux blondes qu'il trouvait trop fades et qui se consumaient trop vite. Il débarqua à Ilion, et, pour mettre

1. Matelote de poissons de rivière au vin blanc.

2. Cette fois-ci, Alexandre ne garda que les figues. Leurs femmes étaient vraiment trop tartes.

toutes les chances de son côté, il ficha résolument son javelot en terre et voua son armure à Athéna. Après s'être bien calé les moustaches avec un bon civet de lapin au marsala, il fonça bille en tête sur les Perses aux côtés de son lieutenant Parménion, qui lui avait préparé le civet, et à la tête de trente-cinq mille hommes. Ses généraux se demandaient tout de même si ce brave Alex n'avait pas morflé un coup de soleil sur le plumet. Car en face, les Perses, eux, n'avaient pas moins de cent vingt mille soldats. Sans compter vingt mille mercenaires. Tous des types sans scrupule, capables de tuer des femmes et de violer leurs maris ! Le roi Darius III exigea une bataille rangée immédiate. Memnon, son valeureux général, pris soudain d'une sainte trouille, laissa quimper son roi et prit la poudre d'escampette. Encore du bol pour Alexandre ! Les Perses et les Athéniens s'atteignirent sur le petit fleuve côtier de Mysie, le Granique, réputé pour ses perches arc-en-ciel[3]. Ils se crêpèrent copieusement la natte pendant trois jours et trois nuits avant d'aller prendre une douche.

Hélas pour eux, les flèches des archers de Darius n'auraient pas touché un éléphant dans une chambre de bonne ! Ce brave Darius, perdant pied, essaya bien de dire à Alexandre d'aller se faire empapaouter par les Grecs, mais ce dernier lui rétorqua que c'était déjà fait et qu'il était à sa disposition s'il voulait avoir des adresses. Bref, Alex, victorieux sans conteste, put enfin laisser dégouliner son mépris vengeur sur la couronne de lauriers flétris de ce rastaquouère en toge. Il siffla un grand verre d'ouzo bien frais, alluma trois gauloises coup sur coup, si vous me permettez cette triviale expression, après quoi, il partit occuper toute la côte. En deux coups les gros, il rétablit la démocratie dans toutes les villes grecques conquises par les Perses. Cette loi ne manqua pas de réjouir tout le monde, à l'exception toutefois des eunuques qui se sentaient moins démocrates que les autres[4]. Futé comme un ouistiti, Alex se garda bien d'annexer ses conquêtes. Les territoires, autour des villes où l'on jouait au foot le dimanche,

3. Les filets sont un délice servis avec un beurre blanc.

4. Les eunuques passaient leur temps à se plaindre. Il leur manquait toujours quelque chose.

restèrent des satrapies qu'il fit gouverner par des Macédoniens en loucedé. Par précaution, il les avait tout de même menacés de leur faire éclater le casque s'ils ne se tenaient pas à carreau. Memnon, de plus en plus énervé de ne pouvoir trucider Alexandre, mourut un jour bêtement au terme d'un dîner. Après avoir fait la vaisselle à sa femme, il essaya de se curer les dents avec une flèche, celle-ci dérapa et lui transperça le gosier. Il fit graouf et tomba raide en souillant du coup le tapis qui revenait juste de chez le teinturier. Alexandre regretta sincèrement cet ennemi redoutable qu'il avait pris en affection. Il offrit ses condoléances et un tapis tout neuf à sa veuve, puis remonta tranquillement au nord rejoindre son fidèle Parménion en Phrygie à l'ouest du plateau anatolien. Alexandre chantait souvent sur la route pour se donner le courage de tuer ses ennemis. D'aucunes mauvaises langues prétendirent que ce n'était ni plus ni moins qu'une façon d'attirer les bergers, car les Gauloises ne le passionnaient plus guère. Franchement, je ne vois pas pourquoi il n'aurait pas sympathisé avec des jeunes gens. D'autant plus qu'ils étaient beaux et bien élevés et que toute brutalité leur semblait étrangère. Il en engagea même certains pour lui faire les courses et le ménage et, à ma connaissance, il n'eut jamais à s'en plaindre[1]. Un oracle avait prédit la possession de l'Asie au mec futé qui déferait le nœud gordien qui liait le char du roi Gordius. Alexandre le trancha d'un coup d'épée, car un nœud ne lui avait jamais fait peur. Pour fêter l'événement, il fit une gigantesque bamboula avec ses bergers, qu'il dispensa, ce soir-là, de faire la vaisselle.

En l'an 333 avant J.-C., regonflé à bloc, il fonça à Ancyre et à Tarse planter quelques fléchettes dans les poitrines ennemies puis finit par se farcir la Carie, vous savez, la région côtière qui est juste au sud-ouest de l'Asie Mineure. Il la restitua à la vieille princesse Ada qui, éperdue de reconnaissance, lui roula un patin féroce sous les regards horrifiés de ses bergers. Du coup, elle en fit son fils adoptif. Comme elle sucrait les fraises, il lui laissa un Macédonien suffisamment mariolle pour surveiller son coffre-fort

1. Il sympathisa particulièrement avec un certain Héphestion qui s'occupa désormais de sa chambre. Il avait un sacré coup de plumeau !

et le repassage de ses minijupes. Il organisa de cette façon plaisante toutes les satrapies orientales sur ce modèle : les pouvoirs civils aux Perses collabos et les pouvoirs militaires aux Macédoniens. Ainsi les vaches étaient bien gardées et tout le monde y trouvait son compte. Alexandre repartit en sifflotant soumettre la Cilicie réputée pour ses succulents jambons au romarin et ses bergers parfumés au jasmin. Il mit à peine un an pour libérer les cités grecques conquises jadis par les Perses et finit par s'embourber toute l'Asie Antérieure ! Il laissa beaucoup beaucoup de macchabées sur le carreau.

Mais, comme il disait en riant : « Ça fera de l'engrais pour faire pousser les scaroles ! » Il plaisantait, bien sûr.

À Issos, lors d'une sanglante partie de baston, il se trouva pif à pif avec le roi Darius en personne. Le vieux eut une telle pétoche d'Alex qu'il en avala son dentier (2).

Il mit aussitôt les adjas en courant comme un dérαté. Il courrait d'ailleurs encore s'il n'avait eu le bol de caner en route quelques années plus tard (3) ! Alexandre s'étrangla de rire et captura la meuf de Darius ainsi que ses deux pisseuses. Il hérita de même de quatre cents eunuques et du harem royal de trois cent soixante concubines. Pourquoi trois cent soixante ? Tout bêtement parce que chez ces nunuches de Perses, soixante et les multiples de soixante étaient censés porter bonheur. En tout cas, cette fois-ci, ils s'étaient plantés ! Il offrit, pour rigoler un peu, le harem à son favori Héphestion, qui éclata en sanglots car il ne comprenait pas la plaisanterie. Finalement, Alex garda les eunuques pour lui repasser ses costards et offrit le harem à ceux de ses soldats qui n'étaient pas fans du bilboquet grec ! Il resta malgré tout beaucoup de femmes célibataires !

On évalue à une palanquée de milliards le magot qu'Alexandre avait ratiboisé dans tous les bleds qu'il avait reconquis. Hélas, comme il ne pouvait pas planquer tout cet osier sous

2. Les dentiers d'alors ressemblaient étrangement à nos moulinettes à persil d'aujourd'hui, mais en plus gracieux.

3. En attendant, il allait encore briser les claouis d'Alexandre pendant pas mal de lunes !

son matelas, il s'en fit engourdir quelques liasses, notamment par cet empaffé de Harpalos qu'il avait eu la faiblesse de nommer « trésorier impérial [1] » !

Mais revenons à nos massacres. Les portes de la Syrie s'ouvrirent toutes grandes aux appétits de ce sacré morfalou d'Alex. Il décida de s'asseoir sur les conseils de Parménion. Ce dernier n'aurait pas été contre un petit gueuleton avec Darius pour négocier avec lui une sorte de compromis. « Qu'il crève ! » dit Alex, et il ne voulut même pas paumer son temps à le courser.

Il préféra se tirer sur la côte syrienne pour y dérouiller la flotte perse et y déguster une bouillabaisse au safran préparée par son précieux chef Robuchonus Ier.

De janvier à août 332, après sept mois de siège, il vint enfin à bout de cette délicieuse cité de Tyr, qu'il fit raser entièrement comme une poitrine de pâtre grec. Il fut obligé de massacrer huit mille Syriens en deux jours. Vous vous rendez compte ? En plein mois d'août, qui plus est ! Bonjour les odeurs, comme dit l'autre ! Il aurait bien voulu faire écarteler les trente mille qui restaient, mais les chevaux n'en pouvaient plus. Ils avaient fait un travail admirable durant une semaine, mais ce brave Alex n'avait pas le cœur de leur en demander plus. Les pauvres bêtes étaient fourbues et ça n'eût pas été très humain. Il fit étrangler les fillettes et les vieillards et vendit les mâles qui restaient à peu près debout au marché des esclaves. Il fut particulièrement cruel avec les captives qui avaient trouvé malin de les traiter de « fiottes ». Dès qu'il eut trouvé dans le dico la définition exacte de ce mot, Alex devint vert de rage. Il éclata en sanglots dans les bras de Héphestion, qui mit une nuit entière à le consoler. Ce favori, qu'il écoutait, lui conseilla de vendre ces femmes comme esclaves et de racheter des chevaux. C'était la sagesse même.

Alexandre, rendu méchant malgré lui par tous ces gens haineux, repartit massacrer Gaza (à peine dix mille morts !) et marcha résolument sur l'Égypte qui risquait fort de s'allier aux Perses. À sa grande surprise, il y fut accueilli en libérateur en raison de sa tolérance religieuse. Car c'était un être profondément tolérant.

1. Ne craignez rien, Alex arriva tout de même à finir le mois.

On a tendance à l'oublier. On déboucha les flacons pour fêter l'événement. On mit à sa disposition tous les bergers égyptiens qu'on put lui dénicher, car nul n'ignorait à présent la tendresse qu'il avait pour ce corps de métier. Les grimoires de l'époque laissent à penser qu'il aurait même été intronisé par les Égyptiens comme roi-pharaon au temple de Ptah ! Il m'est cependant difficile de vous le confirmer, n'ayant personne sous la main pour corroborer les faits.

En 331, il se rendit à l'oasis de Swah, en plein désert, pour demander au dieu Amon de confirmer son droit divin. L'autre, le connaissant, le lui accorda aussi sec. Fort de ce certificat en béton, il fonda sa première colonie grecque : Alexandrie. Il chargea une expédition scientifique d'étudier les crues du Nil [2]. Il divisa l'Égypte en quatre districts : la Libye, l'Arabie, la Basse-Égypte, qui était en haut, et la Haute-Égypte, tout en bas de la carte. Il plaça à leur tête des gouverneurs perses et des stratèges macédoniens, puis installa des garnisons à Péluse et à Memphis. Après quoi, il dévora un tajine d'agneau aux olives, car tous ces événements lui avaient creusé l'appétit. Il désigna un autre Grec comme trésorier royal et ce dernier lui annonça qu'il était à présent à la tête d'un joli petit compte en banque. Bien placé à la Caisse d'épargne, il pourrait assurer ses vieux jours en achetant des moutons et les pâtres qui allaient avec. Finalement, il ne s'était pas battu pour des dattes [3] !

Sans prendre le temps de souffler dans le ballon, Alexandre reconstitua sa flotte. Il échangea avec l'Europe ses pois cassés contre du roquefort, puis il quitta l'Égypte où la harissa de son couscous quotidien ne lui permettait plus de rester assis au-delà d'un quart d'heure ! Il partit unifier la Phénicie, composée alors

2. Ses ingénieurs préconisèrent de remplir des bidons durant ces périodes, afin de les reverser dans le lit de la rivière au moment de la sécheresse. Cela ne se fit pas, car ils n'ont jamais trouvé les bidons !

3. On a trop souvent tendance à oublier qu'Alexandre ne se battait pas que pour son plaisir. Il fallait bien aussi faire bouillir la marmite ! Il gagnait de bons mois, certes, mais il avait des frais énormes.

d'Israël, du Liban et de la Syrie. Ce qui prouve que la chose est possible !

À Tyr, il laissa des fonctionnaires financiers pour contrôler l'Asie Mineure et pour relever les compteurs en Cilicie, en Phénicie et en Syrie. Il franchit l'Euphrate puis le Tigre au cours de l'été 331. Il s'acheta une casquette et des jumelles, puis une fois maître de la mer, Alex se sentit fin prêt pour filer le coup de grâce à son incontournable copain Darius, à qui il s'était promis de faire becqueter les roustimballes de son éléphant !

Darius avait rassemblé, en vue de l'affrontement décisif, une méchante et considérable armée. Ses gus étaient munis de couteaux, de flèches, de lances et de poignards bien aiguisés qui allaient guérir plus d'une appendicite. Pour faire bon poids, il y avait ajouté des chars équipés de grandes faux tranchantes sur les côtés, plus une flopée d'éléphants bien décidés à marcher sur les Grecs, comme on prend les patins dans le salon ! Malheureusement pour Darius, les troupes d'Alex se plantaient rarement devant les chars pour attendre les faux. Quant aux éléphants, même les soldats les plus miros les voyaient venir de loin ! Une fois de plus, Darius se fit botter le train. Alex le ratatina à Gaugamèles et, tout comme à Issos, le vaincu prit derechef les jambes à son cou. Alex le coursa pour la forme, mais l'autre, planqué tout en haut du palmier dattier feuillu, réussit une fois encore à sauver sa carcasse. Ces quarante mille morts avaient donné soif à Alexandre. Et puis, ça schlinguait dur. Il avala trois gourdes d'alcool de figues, se fila une giclée de déodorant et entra à Babylone pour y prendre le titre de roi d'Asie. La capitale de l'Empire achéménide lui appartenait enfin. Il eut tôt fait de se goinfrer les autres. En novembre 331, il charcuta un peu les habitants de Suse et, tout à fait par hasard, tomba sur le trésor de Darius. Ça représentait à peu près les réserves de la Banque de France au lendemain de la rentrée des impôts. Il acheta un collier de diamants avec les boucles d'oreilles assorties à Héphestion, qui le remercia les larmes aux yeux. Pour ne pas faire de jaloux, il offrit une gourmette plaquée or à chacun de ses bergers qui sortirent aussitôt leur flûte[1]. Tout comme l'avait fait jadis Xerxès à Athènes, il incendia les magnifiques palais de Persépolis en disant aux Perses que « ça leur ferait les pieds[2] » !

En janvier 330, il saccagea Pasargades au pas de course (l'ancienne capitale de Cyrus) et fit restaurer le tombeau, car il n'aimait pas voir s'abîmer les choses. Au printemps, sans demander la permission à personne, il squatta Ecbatane, la dernière capitale perse, où son pote Darius s'était planqué. Ils firent une partie de cache-cache, mais ce dernier, qui s'était dissimulé dans un éléphant empaillé, demeura introuvable. Alex fit afficher avant de partir sur les quelques murs de la ville qui tenaient encore debout un petit tract où il avait écrit : « Je t'aurai ! »

La croisade grecque était terminée. Alex s'était vengé. Il renvoya ses troupes thessaliennes et grecques dans leur foyer avec une prime de dix talents chacun[3] et un kilo de figues sèches. Puis il engagea une troupe fraîche de cent mille soldats et partit conquérir l'Iran[4] !

Entre-temps, ce pauvre Darius se fit bêtement alpaguer par deux satrapes félons[5], Bessus et Narzabane, qui le filèrent au trou, attaché à un anneau comme une chèvre. Alex déclencha un schproum pas possible, vu qu'il se considérait à présent comme l'héritier légitime de son ennemi favori.

En juillet 330, il eut beau courser ces salopards à travers les monts iraniens sur son mulet à double turbo[6], il arriva trop tard. Il n'attrapa pas les satrapes qui avaient pris la tangente après avoir trucidé le malheureux Darius. Ulcéré, Alexandre jura de le venger. Il fit rendre en sanglotant les honneurs royaux à celui qu'il

---

1. Ces gens-là tiraient des choses incroyables de leurs flûtes.

2. Il avait parfois de ces réactions mesquines qui étonnaient de la part d'un être aussi pétri de noblesse et de sensibilité que lui.

3. Ça devait bien valoir au moins dix euros.

4. Ah ! L'Iran ! Son jasmin, ses tapis, ses bergers…

5. Les satrapes sont souvent comme ça !

6. Dans tout l'Iran, c'était le seul de ce modèle !

venait de dépouiller de son trône, mais qui lui laissait au cœur une indélébile blessure[1].

Cependant, lorsqu'il voulut poursuivre les fuyards coupables et étendre un peu ses conquêtes, pour la première fois, ses centurions ruèrent dans les brancards ! À quoi ça rimait de se farcir de nouvelles guerres pénibles et lointaines, puisque Darius à présent fumait les pissenlits[2]. Faut dire qu'ils commençaient à se demander si leur chef n'avait pas pris un coup de moulana sur le cassis[3]. Il se baladait depuis quelque temps en costume d'apparat des rois perses et se livrait par ailleurs à des rites franchement zarbis[4] ! Il venait même d'incorporer des bougnoules dans son armée ! Et là, vraiment, pour ces braves Grecs, c'était *too much*. Alex se fâcha tout rouge. Il leur supprima une semaine de dessert, ainsi que « la prime au décapité », ce qui leur dézingua le moral, et ils repartirent comme en 14, la faucille en avant.

Pendant trois ans, dans un Iran hostile où on empoisonnait leur caviar et frelatait leur martini, ils perdirent des soldats par dizaines de milliers et, comme d'habitude, en zigouillèrent beaucoup plus. Alex créera de nombreuses villes[5] et installera une élite grecque dans des régions quasiment sauvages. Son caractère s'endurcit au combat[6]. Il fit noyer dans sa baignoire Philotas, le fils de son pote Parménion, qui commit l'erreur fatale de comploter contre lui[7]. Dans la foulée, il arracha le cœur de son grand ami Parménion, ce qui brisa le sien !

---

1. Ce qui prouve bien sa grandeur d'âme.

2. Évidemment, ça se défendait. De plus, ils n'avaient pas pris une douche depuis dix ans !

3. Coup de soleil sur la tête !

4. Il s'enfermait de longs moments seul, dans sa tente, en marmonnant des incantations qui foutaient la trouille à ses bergers.

5. Comme il perdait la mémoire par manque de vitamine B, il les appelait toutes Alexandrie.

6. Il avait mal au bras à force de décapiter les ennemis. Il ne remuait plus le sucre dans son thé qu'avec la main gauche.

7. Il y a vraiment des gens inconscients !

Mais un papa rancunier, ça peut exister. Valait mieux prévoir. Il dut réprimer encore un tas de soulèvements au cours de l'hiver 329-328, ce qui le rendit encore plus nerveux. Après avoir aplati les Perses et les Iraniens à l'épaisseur de leurs tapis, Alexandre inaugura une nouvelle politique de fusion. IL ÉPOUSA ROXANNE ! Une Iranienne, selon le rite iranien. Elle avait des yeux verts et un corps de déesse. Sa peau bistre avait un parfum de myrrhe. Les deux fraises des bois posées au bout de ses nibards tout ronds mettaient littéralement le feu à la toge de notre grand Alexandre. Tous les soirs, il lui jouait de la harpe en déclamant des vers avant de la mettre au pageot. Quand elle lui fit goûter *le calamar dans sa grotte* et *le sortilège du papillon prisonnier*, il fut émerveillé au-delà de tous les bonheurs[8]. En guise de reconnaissance et pour lui témoigner son amour profond, il la couvrit d'or et de baisers à longueur de journée. Il incorpora même des ORIENTAUX dans son armée et ses soldats dès lors pigèrent que, définitivement, Alexandre se prenait pour un dieu[9].

Si bien qu'un jour de 328 où il était rond comme une queue de pelle, il poignarda à mort son meilleur copain Clitus, qui lui reprochait son orgueil[10].

En 327, il pédalait complètement dans le couscous. Il exigea que, dorénavant, tous ceux qui l'approchaient se prosternent devant lui. Son historiographe Callisthène, le neveu d'Aristote, lui dit d'aller se faire cuire un œuf. Mal lui en prit. Alex, vexé comme une pie qui s'est fait squatter son nid par un coucou, lui arracha les tripes qu'il étendit en plein soleil pour y faire sécher son linge[11].

Alex, finalement, n'était pas tout à fait aussi barge qu'il en avait l'air. Sachant son empire fragile, il se montrait très sourcilleux sur le caractère « sacré » de son autorité. C'est l'une des

---

8. Héphestion pleura toute la journée du lendemain.

9. Il posait, à longueur de journée, la main sur la tête des gens qu'il rencontrait en leur disant : « Je te bénis, machin. »

10. Clitus lui avait sauvé la vie. C'est le genre de chose qu'on pardonne difficilement.

11. Il « salissait » beaucoup !

raisons pour lesquelles il tenait à être honoré comme un dieu[1]. Pour les Orientaux, ce n'était pas du tout un problème. Pour les Grecs, par contre, ce ne fut pas de la tarte, mais ils finirent par mordre la poussière[2]. Alex se fourra ensuite une autre idée dans le citron. L'Inde avait fait partie jadis de l'empire des Achéménides. Il allait donc se la goinfrer. À présent, sa petite Iranienne chérie lui faisait tous les soirs *le moulin à piment magique* et *le casse-noisette d'Ispahan*. Tout le monde se prosternait bien bas, et la jolie Roxanne lui réussissait aussi merveilleusement le ragoût de mamelles de chèvre au gingembre, une vieille recette de sa grand-mère. Tout baignait[3].

L'inconnu le fascinait. Il avait décidé d'atteindre la mer qui, croyait-il, limitait la terre à l'Est[4].

Il repartit à la tête d'une horde de cent vingt mille bipèdes dont soixante mille femmes et enfants.

Il écrabouilla tout. Poros, son armée et ses bestioles ! Roxanne lui fit un jarret d'éléphant farci et ils se régalèrent. Il investit alors tout le Pendjab. Il y créa les deux colonies grecques de Nicée et de Bucéphalie. Le lendemain matin, il entendit parler du Gange chez son coiffeur et voulut s'en emparer. Ses grivetons, noyés sous des pluies torrentielles incessantes, l'envoyèrent se faire affûter le crayon chez les cosaques ! Ulcéré, Alexandre le Grand fut obligé de s'incliner. Ce qui n'était pas très prudent connaissant les mœurs de ses soldats. Il fit dresser douze autels aux dieux de l'Olympe autour d'une colonne où l'on grava : « Ici s'est arrêté Alexandre. » Roxie, pour le consoler, lui fit le soir même *la pince à gaufres de Persépolis* et ils repartirent en sifflant *Le Chant du départ*. Le retour se fit par mer et aussi sur le plancher des vaches. Alexandre confia les huit cents rafiots de sa flotte à Néarque et

1. Ça gênait surtout ceux qui avaient de l'arthrose dans les cervicales de se prosterner… mais c'était quand même mieux que de servir de sèche-linge !

2. C'est le cas de le dire !

3. Finalement, le bonheur, c'est simple.

4. Question géo, il se mélangeait parfois les nougats.

prit quant à lui la voie de terre, la plus périlleuse. Ils descendirent l'Indus et atteignirent Pattala en 325. Autour de lui, les gens se prosternaient toujours et Alex en était flatté comme une poule qui a couvé un perroquet !

Le spectacle de sa félicité conjugale attristait certes ses fidèles bergers. Alex faisait pourtant tout pour adoucir leur chagrin. Il leur ordonna même de se marier (5), ce qui provoqua une vague de suicides. Il n'insista pas.

Alex prit le temps de diviser le pays conquis en deux gouvernements (Gandhara et Sind), de fonder deux Alexandrie, de faire explorer le delta pour voir s'il y avait des carpes, d'étudier la flore, la faune et le sous-sol. Il fit dresser des cartes avant de se rendre en Carmanie où il avait filé rembour à Néarque. Il arriva le premier, sur les rotules. Car le jour, il devait tuer des gens, et la nuit, il s'occupait tendrement de sa Roxanne qui avait peur dans le noir (6).

En attendant, Néarque ne s'était pas pointé et Alex le crut perdu à jamais. Finalement, l'amiral fut signalé à Ormuz. Alex y courut en pleurant de joie. Ses matafs étaient vivants et sa flotte intacte ! Pendant sept jours, pour fêter ça, ils firent rôtir cinq cents cochons à la broche et braiser deux mille trois cents canards au curcuma. Ils avalèrent six cents kilos de fromage de brebis et dix mille cornes de gazelle au miel. Ils sifflèrent deux mille bonbonnes d'alcool de figues et autant d'alcool d'abricots. Puis, givré comme un sorbet au calva, Alex alla se mettre les jambons dans la toile sans parvenir à faire à Roxie *le tourniquet de Damas* comme il le lui avait promis.

En février 324, à Suse, Alexandre le Grand prit des mesures politiques capitales. Il voulait ni plus ni moins fonder l'unité de son royaume sur l'égalité. Rien que ça ! Pour faire fusionner les Perses et les Macédoniens, il fit célébrer des mariages en pagaille.

---

5. Certains dirent : « Oui, mais entre nous. »

6. Comme le lui faisait remarquer le facteur le matin : « Votre vie, c'est pas une vie de tout repos ! »

Dix mille soldats et officiers de qui il avait garni le compte en banque épousèrent des femmes perses[1]. Pour montrer l'exemple, Alex, après avoir demandé la permission à sa douce Roxie[2], épousa Statira, la propre fille de Darius. Pour fêter ça, Roxie leur mitonna une pastilla de pigeonneaux aux amandes, puis ils se mirent au lit tous les trois. Ils passèrent une partie de la nuit à essayer de réussir *le trépied de la mariée*, un secret de figure conjugale confié par sa maman à l'oreille de Statira après qu'elle eut dit oui à la mairie.

Le lendemain, pour convaincre ses soldats de son esprit de démocrate, il réunit la cavalerie perse à la macédonienne, jusqu'alors réservée aux jeunes nobles macédoniens.

Au cours d'un petit banquet de huit mille personnes, il annonça un édit qui rétablissait totalement les exilés dans leurs biens afin que tout baignât dans le beurre fin et dans la concorde la plus parfaite[3].

Il acheta une machine à coudre à chacune de ses épouses afin qu'elles ne restassent pas désœuvrées en son absence. Car, l'hiver 324, il fut repris d'une irrépressible envie de conquérir le monde[4]. Il explora l'Arabie et la Caspienne. Puis il se mit dans le chou de conquérir aussi l'Afrique et l'Espagne[5]. Pourtant, il arriva à Babylone en février 323 en roulant sur la jante. La mort de son ami de toujours, Héphestion, l'avait anéanti.

Il était resté des journées entières couché auprès de son pote sans avaler un seul morceau et en chialant comme un veau. Ses

---

1. De ce jour-là, il y a un tas de Grecs (surtout les marins !) qui ont totalement laissé tomber la voile pour s'adonner à la vapeur.

2. Il invoqua les raisons d'État, et elle avait les idées larges.

3. C'est sûrement à ce genre de détail que certains historiens ont cru voir en Alexandre le Grand le précurseur de Jésus-Christ.

4. Pourquoi ? C'est pas ce qu'il avait fait, jusque-là ? me direz-vous. J'en demeure, comme vous, tout ébaubi.

5. Ce jeune ne manquait pas de moelle. En fin de compte, avec deux femmes et soixante-trois concubines à satisfaire, il lui restait encore pas mal d'énergie.

polkas le consolèrent comme elles purent[6]. Il reprit enfin le dessus et entreprit de grands travaux. Il reçut des ambassadeurs venus de Carthage, d'Italie, de Gaule, et fonda des villes comme Alexandrie-Charax à l'embouchure du Tigre[7].

Alexandre, qui n'avait jamais connu une défaite dans son existence, fut vaincu par la malaria. Il lutta douze jours avant de baisser les stores. Ce fut le 13 juin 323 avant J.-C. Il est mort à trente-trois ans[8]. Il est peu probable qu'il se soit vraiment pris pour un dieu. C'était un éternel sujet de plaisanterie entre Héphestion et sa pomme[9].

Il fut un inlassable voyageur et un sacré Fregoli ! Il porta la chlamyde et le bonnet macédonien. La tunique, le diadème et le lardeuss pourpre des Perses. Pour avoir plus chaud, il s'entoura d'hétaïres et de potes, de gardes du corps, de pages de treize ans et de pâtres de quinze. Il eut droit de vie et de mort sur tous ses proches : son barbier, ses officiers de bouche[10], les préposés aux tentes, aux chandeliers, et les mecs qui lui secouaient les tapis. Il connut et admira des ascètes indous. L'un d'entre eux, d'ailleurs, Kayana, le suivit dans la mort et construisit lui-même son bûcher[11].

En réalité, il fit surtout tuer des millions de gens. Mais se sont-ils au moins rendu compte que c'était POUR LEUR BIEN ?

---

6. Elles le firent jouer aux dames, mais ça lui faisait encore plus penser à Héphestion !

7. Il bâtissait le plus souvent ses villes près des embouchures, pour y pêcher le brochet.

8. Lui aussi !

9. Héphestion lui disait souvent : « Tu vas pas essayer de me faire avaler que tu te prends réellement pour un dieu ? » Et, promenant l'index sur son front, il ajoutait : « Y a marqué con, là, ou quoi ? » Et Alex se poilait comme un gamin !

10. Il les faisait pendre à un crochet dans leur cuisine, quand la soupe était trop salée.

11. Il est vrai que ces mecs lui en filaient plein la vue. Faut dire que c'étaient de sacrés allumés.

D'accord, il avait parfois ses petits mouvements d'humeur ! Mais renseignez-vous, c'est un petit défaut relativement assez répandu chez les grandes pointures. Bien sûr, en fixant en Asie tout ce petit peuple grec, il avait un chouïa accentué la dépopulation et vachement affaibli son pays [1].

Mais, aussi, qui pouvait prévoir que ces enfoirés de Romains allaient envahir la Grèce dès qu'il aurait plié son pébroque ? Je ne cherche pas ici d'excuses à ce pauvre Alex, qui me semble avoir déjà eu beaucoup de soucis, avec tous ces gens à tuer.

Je céderai, simplement pour conclure, ma modeste plume à un historien beaucoup plus qualifié et sérieux que votre serviteur. C'est M. F. A. Wright, qui affirme à propos d'Alexandre qu'il était, « par-dessus tout, un apôtre de la paix du monde ». Si c'est lui qui le dit !

---

1. Comme dit l'autre (dont nous tairons le nom ici), on ne peut pas avoir le beurre, l'argent du beurre, le cul de la fermière… et l'assentiment du mari !

CLOTILDE

Elle était née aux alentours des années 475 après Jésus-Christ (à quelques lustres près) dans la Gaule profonde, aux alentours de Valence plus précisément. Le jour de ses dix-huit ans, la môme Clotilde était plus belle qu'un coucher de soleil sur une banque suisse.

Du boucher au marchand de pois chiches, et même tous les voisins de son HLM le disaient : « T'as vu comment qu'elle est gaulée, la Clotilde ? »... Et de fait, c'était vrai, elle était carrossée comme une Maserati dernier modèle. Cependant, il était bien connu que même le Fangio du quartier n'aurait, au grand jamais, osé lui soulever le capot, car jusqu'à présent nul n'ignorait qu'elle était chrétienne, fervente catholique et plus sérieuse qu'un chèque certifié. Depuis le jour béni de sa naissance, son bijou de famille somnolait sagement bien à l'abri de son petit calbute. Il eût fallu passer sur le corps de son papa (c'eût été risqué !) avant que de songer à explorer la région « Rhône-Alpes » de cette éblouissante créature.

Si j'ai l'air, mes petits chéris, d'être aussi sûr de ce que j'avance, c'est parce que je suis totalement avalisé par Grégoire de Tours, qui était né lui aussi dans ces années-là. Grégoire, qui avait vu le jour à Clermont-Ferrand – comme Fernand Raynaud –, (mais ils ne se sont pas connus !) fut d'abord un prélat acceptable puis un historien remarquable. Il avait été, affirment d'aucuns, l'arrière-arrière-arrière-grand-père d'Alain Decaux... éminent historien reconnu de tout le monde. Mais cette lointaine parenté est loin d'avoir été authentifiée. Il fut un curé sans doute si exceptionnel que de 573 à 594 il se vit attribuer la crosse d'évêque de Tours. Excusez du peu ! Je ne vous ferai pas l'injure de vous préciser qu'on ne décernait guère pareille promotion à un marchand de rillettes. Donc, meilleur historien et plus chrétien que lui, ils ont pas trouvé. Même le pape de Rome, ça lui a ébranlé la mitre. Du coup, il en a fait un saint, du Grégoire. Comme il était reconnu unanimement et qu'il n'avait pas du pâté de foie sous la tonsure, c'est lui qui avait tricoté les plus belles chroniques sur le destin de la belle Clotilde et de Clovis Ier qui, lui, de son côté, était mérovingien et roi des Francs. Il avait vingt-cinq balais et il sautait sur la moindre jarretelle à fleurs qui avait passé son enfance chez Dior. Il était donc jeune, beau et roi. Cela faisait déjà trois atouts qui provoquaient sans peine un appel d'air sous le jupon des Mérovingiennes qui se rendaient aux douches municipales le dimanche matin. Mais depuis peu, Clovis songeait au marida…

Une belle, gentille, timide, soumise – surtout SOUMISE [1] –, à qui il apprendrait le tournedos Rossini et toutes ces sortes de choses qu'une jeune fille innocente et bien élevée doit apprendre un jour ou l'autre… Et puis aussi, faut bien le dire, une belle amoureuse aux reins puissants et élastiques qui lui tricoterait un héritier, que diable ! Un beau petit mécréant, barbare et féroce comme lui… capable de dévorer des centaines de brochettes de foie et de rognons de ses ennemis…

Eh bien, oui, ce jour tant attendu était arrivé. L'oiseau rare avait été aperçu. Dans cette belle vallée du Rhône, entre Saint-Marcellin et Tain-l'Hermitage, une jolie fleur éclose dix-huit ans plus tôt venait de s'épanouir sur le passage de trois fringants cavaliers. Éblouis par tant de grâce et d'incomparable beauté, ils foncèrent ventre à terre jusqu'à Soissons afin d'informer Clovis de la découverte d'une telle pépite. Dans un relais de chars à bœufs, le roi, qui venait de rédiger sa dernière petite annonce pour *Le Figaro*, était occupé à la relire avant de la poster : « Roi, encore jeune, cherche belle fille en vue mariage. La noblesse est préférable mais une roturière peut être aussi acceptée selon ses canons *(sic)*. Ci-joint un timbre pour la réponse. P-S : Pas sérieuse… convient également [2]. Signé : Clovis, roi des Francs (Soissons) »

S'apprêtant à poster sa missive, il vit un cavalier surgir derrière au vent : « Sire, Sire, hurlait le cavalier, nous vous avons trouvé la plus belle femme de la terre ! » Le roi amusé dit :

« Comment cela ? Parle, mon brave messager.

– Eh bien, tout en bas de la Bourgogne, le long du fleuve Rhône, une pépite éclabousse de sa beauté tout le pays valentinois.

---

1. La soumission des femmes était déjà très importante en ce temps-là. Un peu comme aujourd'hui finalement.

2. On avait déjà des doutes sur l'authenticité de la moralité de Clovis !

– Diable ! Comment s'appelle-t-elle ?

– Clotilde, Sire. Elle est blonde, et sûrement de partout, bien que nous n'ayons pas vérifié. De plus, elle a des yeux verts et quelques jolies taches de rousseur sur un nez parfait aux narines palpitantes…

– Aux narines palpitantes ! ?… Tiens, tiens !… Et elle est la fille de qui ?

– Elle est fille d'un roi, Sire.

– D'un roi ?… Par les couilles d'Attila !…

– Non, elle n'est pas la fille d'Attila, Sire, mais de Chilpéric, le roi des Burgondes. Il avait un palais à Lyon. Mais, hélas, elle a pu d'maman, elle a pu d'papa !…

– Elle est donc orpheline ?…

– Oui, Sire, c'est Gondebaud, régnant alors sur Dijon, qui vint massacrer le roi son père et s'emparer de son domaine. »

Gondebaud se pointa au beau milieu du dîner familial et, d'un grand coup de hache bien aiguisée, fit sauter la calebasse de Chilpéric Ier. Elle avait atterri directo dans la galtouse du civet de sanglier qu'ils s'apprêtaient à déguster. De ce fait, ils ont carrément remis en question l'arrivée sur la table de la crème caramel au gingembre. Les historiens sont à peu près sûrs que l'épouse de Chilpéric n'était pas du tout consentante quand on la précipita dans le Rhône – d'autant qu'elle nageait comme une clé à molette. Quant aux deux fillettes qui imploraient pitié, Gondebaud leur laissa la vie sauve, attendri par ces innocentes gamines à présent orphelines (1). Il les fit donc éduquer. Elles apprirent à compter les moutons dans un pré, à aiguiser un fer de lance, une hache ou un couteau, à faire une soupe aux pissenlits, aux orties ou aux rutabagas de Tourcoing. Elles excellèrent dans l'art de rapetasser les fonds de culotte des valeureux guerriers de leur papa adoptif qui avaient chevauché des journées entières sans même prendre le temps de changer leur couche. Massacrer tous ces Burgondes, ces Alamans et les autres avait épuisé la vaillance de leurs bras, sans compter les frais de pressing pour faire disparaître toutes les

1. Par bonheur ses ennemis n'eurent jamais la moindre idée de son incroyable faiblesse.

auréoles de crasse de leurs tuniques ensanglantées. Bref, forte de ces précieux enseignements, la première, qui avait dix-sept ans, entra dans un couvent où elle ne fit jamais ce qu'on lui avait appris. À l'âge de dix-huit ans, la seconde, inondée d'intelligence, de grâce et de beauté, fut remarquée à Valence par ce cavalier et ses amis qui jugèrent bon de balancer fissa l'info à Clovis.

L'homme de confiance de ce dernier s'appelait Aurélien. Il avait fait imprimer sur la carte de visite : « Aurélien Duval : conseiller personnel du roi Clovis Ier ». Ça avait de la gueule. Les courtisans étaient verts de jalousie. C'est lui, Aurélien, qui veillait à tout. Dès potron-minet, il vérifiait les pneus de la moto du patron, il lui apportait son casque, les premiers croissants chauds… sinon, c'était lui-même qui beurrait ses tartines ; il lui laçait ses pompes, le ramenait sur son épaule quand il était vraiment trop beurré, lui prêtait de l'argent quand il avait tout perdu au casino d'Aix-les-Bains, lui qui le laissait gagner aux cartes, lui qui se sacrifiait pour dépuceler les futures maîtresses de Sa Majesté (qui, disait-il joliment, ne voulait pas se laisser « effriter la mine » !). Bref ! C'est donc naturellement Aurélien qu'il chargea d'aller à Valence convaincre Gondebaud de le laisser épouser sa fille adoptive. Aussi sec, le papa dit OK et demanda à cette dernière si par hasard elle serait intéressée par une place de « reine » à Soissons, capitale des fayots et des Mérovingiens. Bien entendu, elle dit oui. Elle fut folle de joie d'une telle opportunité, d'autant plus qu'elle adorait les fayots… Elle laissa illico Gondebaud becqueter ses navets tout seul à la maison et fit harnacher dans la foulée Vol-au-vent, son plus beau pur-sang. Après avoir jeté trois slibards et deux soutifs au fond de sa valoche Hermès, elle l'alla poser au sommet du premier des deux superbes chars bâchés, remplis jusqu'à la gueule de cadeaux somptueux offerts par Clovis, son providentiel futur époux. Cette dot se composait dans le premier des deux chars de : dix douzaines de minijupes en soie de toutes les couleurs, de douze kilomètres de ficelle à gigot, d'un tire-bouchon serti de diamants et d'une caisse de Château-Pétrus, d'un équipement complet de plongée sous-marine avec palmes et tuba de chez Versace, d'une caisse de savons de Marseille garantis fabriqués en Chine, ainsi que de dix douzaines de chaussons aux pommes et d'éclairs au chocolat de chez Jean-Paul Hévin. S'ajoutaient à toutes ces merveilles le cochon d'Inde personnel de Clovis ainsi que son perroquet préféré, qui chantait en boucle à tue-tête *Auprès de ma blonde*, bien entendu en l'honneur de celle qu'il allait épouser sans tarder. Le deuxième char recelait, lui, outre une planche à voile, six perceuses et six tronçonneuses, six Vélib offerts par les aïeux d'Anne Hidalgo, sans oublier une splendide planche à billets qui pouvait fonctionner nuit et jour sans s'arrêter. Il y avait de plus six douzaines de couteaux suisses en vermeil, un lévrier afghan qui courait plus vite que son ombre, ainsi qu'une splendide couscoussière en aluminium (les premières !), un service d'assiettes à asperges, une pelle à tarte en platine, un service complet de pinces à escargots, de fourchettes à huîtres et à bigorneaux. Enfin, Clotilde faillit s'évanouir de bonheur devant les cent mille pièces d'or frappées à l'effigie de Clovis, qu'elle trouva beau là-dessus comme une vitrine de pâtissier. Elle l'aimait déjà ! Elle recompta consciencieusement les pièces une par une jusqu'à la dernière et dit à Aurélien avec déjà l'autorité d'une future reine : « Le compte est bon. On peut y aller. »

Le convoi, digne de la caverne d'Ali Baba, s'ébranla, tiré par les puissants bœufs que suivaient d'un œil attentif Clotilde et Aurélien. Perchés sur leurs pur-sang qui piaffaient, impatients de partir au galop, ils virent arriver le lendemain ventre à terre un émissaire du brave roi Gondebaud – le papa de Clotilde. Ce brave messager prononça sans détour cet alarmant discours : « Il serait temps de planquer tes abattis, chère Clotilde, car ton daron Gondebaud, qui se mord déjà les salsifis de t'avoir autorisée à partir à Soissons, veut te récupérer au plus tard ce soir avant le JT de vingt heures. Quant à moi, ajouta-t-il, vu que je pense que t'es une môme "aux œufs", je dirai à ton vieux que je ne t'ai pas retrouvée parce que vous avez été pillés et massacrés en route par des malpolis sans vergogne. » N'est-ce pas d'ailleurs ce que Gondebaud lui-même avait fait à la famille de Clotilde dix-huit ans plus tôt ?

Émue aux larmes d'avoir échappé à son funeste sort grâce à ce brave garçon désintéressé, elle lui offrit généreusement trois pièces d'or et lui roula une pelle d'enfer avant de partir ventre à terre vers son futur mari. C'est la mort dans l'âme qu'elle avait dû abandonner en pleine forêt ses deux chariots bâchés qui abritaient tant de richesses. Elle avait tout de même emporté les cent mille pièces d'or, les éclairs au chocolat ainsi qu'une perceuse électrique Black & Decker en platine avec laquelle elle escomptait bien accrocher aux murs de sa chambre les trois Picasso de la période bleue que lui avait offerts Gondebaud pour sa première communion. Une semaine plus tard, sans même avoir eu le temps de prendre une douche le matin, ni d'avaler le bol de chicorée aux flocons d'avoine qui facilitait son transit, elle se retrouva toute sale et tremblante devant le roi. Clovis fut littéralement scotché en la voyant. Il lâcha la douzaine d'œufs frais qu'il s'apprêtait à gober avant le jambon Pata Negra et, la bouche pleine de rillettes de canard, lui dit : « Clotilde, chère Clotilde, on ne m'a pas menti. Tu es la plus belle des choucardes de toutes les Mérovingiennes entre Concarneau et Cavaillon (1). Tu as plus de classe que Néfertiti, et à côté de toi l'arrière-grand-mère de Sharon Stone aurait eu l'air de la Thénardier ! Il paraît que tu cuisines encore mieux que Hélène Darroze et que tu es capable de recoudre un bouton de braguette mieux que Jean Paul Gaultier ! Quant à l'amour, c'est moi qui vais te l'apprendre – vu que tu es, dit-on, plus pure que l'eau de source qui va mouiller le Ricard. Il n'est pas du tout dans mon intention de te saccager le millefeuille. Je te promets de tout faire dans la chantilly… J'avais fait publier les bans pour que notre marida ait lieu demain en grande pompe à la mairie d'Auteuil, on va plutôt faire ça en loucedé à la crapuleuse… Le marida aura lieu ce soir même, et sans plus attendre on fera chauffer le tison… »

Devant une telle décision si soudaine et oyant les hardiesses verbales de son futur époux qui ne dissimulait guère son impatience, Clotilde devint cramoisie. Elle sentit des petits frissons

1. Les historiens discutent âprement depuis des siècles sur l'authenticité de cette déclaration car ils sont à peu près certains que Clovis n'a jamais connu Concarneau.

d'amour la parcourir des talons jusqu'aux lobes des oreilles en passant par des contrées « à risque ». Les anciennes maîtresses favorites de Clovis – uniquement les vingt dernières – guidèrent Clotilde jusqu'à la chambre nuptiale afin de la préparer au divin sacrifice de la nuit de noces. L'éblouissante robe cousue de fil d'or, parsemée de-ci de-là d'émeraudes et de diamants, nécessita une heure entière à l'arrière-arrière-arrière-grand-mère de Nina Ricci en personne pour l'ajuster sur la voluptueuse beauté de la future mariée. Clovis, qui tambourinait à sa porte depuis cinquante-cinq minutes montre en main, finit par la faire voler en éclats. Il mit cinq secondes pour déchirer sa robe et trois secondes de plus pour déposer délicatement sa belle sur son matelas de poils de vigogne. Ils ne quittèrent la chambre que cinq jours plus tard, lorsque le lit se retrouva à la cave. Durant les semaines qui suivirent, les bras vaillants de Clovis, la main qui brandissait la hache devant l'ennemi ne furent dévolus qu'aux étreintes et aux caresses qu'il prodiguait à sa reine. Sa célèbre moustache ne connaissait guère de repos. La bouche gourmande de cette coquine de Clotilde découvrait l'amour en même temps que les caresses toujours renouvelées de son viril et inventif époux ; elle n'avait guère le temps de remercier Dieu pour toutes les friandises érotiques qu'imaginait son bouillant amant à longueur de journée... et de nuit. À ce propos, elle eût bien voulu toutefois évoquer le nom du Créateur auprès de ce païen de Clovis. Elle souhaitait ardemment qu'il abandonnât dare-dare l'idolâtrie de tous ces dieux barbares qu'il invoquait avant de partir au combat. Depuis à présent deux semaines qu'ils étaient enfermés dans leur chambre d'amour, elle avait bien tenté, pauvrette, de lui dire que Dieu est chrétien et unique. Qu'il est de plus omniprésent. Aussi bien dans le chant d'un oiseau que dans une portion de choucroute garnie ou tout au fond d'un sac Hermès. Elle avait pourtant dû surseoir à cette charitable explication vu qu'elle avait eu la bouche occupée sans interruption depuis son entrée dans le lit nuptial. Les volcaniques assauts ininterrompus de son futur époux ne lui en avaient guère laissé le loisir.

Dès le lendemain, cet amoureux fou de Clovis épousa la belle, ardente et sage Clotilde. Elle avait dès lors tout le loisir de convertir en loucedé son païen de mari. Elle lui fit un cours magistral mais accéléré en lui apprenant que Dieu est un gus *very* spécial, qu'il est capable de marcher sur l'eau sans se mouiller les pinceaux, qu'il est capable de piquer un petit pain dans une boulangerie et de le multiplier par dix si ça lui chante, et même qu'en trois secondes il peut te retrouver les clés de ta bagnole que tu avais paumées huit jours avant ! Ces révélations ont scié le Clovis. Il tomba aussi sec à genoux et te balança trois plombes durant des rafales de prières qui lui nettoyèrent l'intérieur. Il avait certes bien besoin d'une grande lessive depuis fort longtemps. Désormais, il pourrait trucider ses ennemis la conscience tranquille. À partir de maintenant, lui avait dit Clotilde, si Dieu est de ton côté, t'as plus besoin de te faire mousser le pancréas ! Tes soldats pourront tuer, piller, incendier, violer les femmes jeunes ou vieilles, accaparer tous les biens de l'ennemi en toute impunité... Tu pourras garder la conscience tranquille si Dieu est avec toi. Moi, pendant ce temps, j'élèverai nos petits, je repriserai tes chaussettes, je ferai des confitures de myrtille et d'abricot, et de temps en temps je jouerai à saute-mouton avec le voisin en attendant ton retour. Matin, midi et soir, je prierai pour toi à m'en faire péter les fémurs et il ne pourra plus rien t'arriver, parole de Clotilde[1].

Émerveillé d'avoir une épouse si exceptionnelle et si éblouissante, il la laissa gagner au rami juif pendant une semaine et lui fit un enfant dans la foulée avant de se convertir définitivement au christianisme. Il était quand même drôlement gonflé, le Clovis. Cette conversion était plus qu'audacieuse vis-à-vis de tous les Mérovingiens dont il était le roi. Car, ainsi que le souligne l'historien Kurth, « les Francs voyaient dans leurs rois les descendants de leurs dieux. Seuls les dieux et leurs enfants avaient le droit de commander aux peuples. Se faire chrétien, c'était renier ses ancêtres, c'était couper la chaîne de la généalogie, c'était se priver de son droit à régner. Il fallait un courage très grand pour

1. Force est de reconnaître que de telles épouses ne courent pas les rues de nos jours.

embrasser la foi du Christ et somme toute lui passer les rênes ». Clotilde, sachant pertinemment tout cela, n'avait guère manqué de persévérance pour faire se convertir son païen de mari. Elle l'avait tellement convaincu en le travaillant au corps qu'il parvint lui-même à son tour à convaincre ses guerriers que les dieux ancestraux, auxquels ils croyaient depuis toujours, n'étaient en fait que des vues de l'esprit. Il avait pris – lui le premier –, avoua-t-il, des vessies pour des lanternes, des mulets pour des chevaux, Cécile Duflot pour une écologiste et les Le Pen pour des humanistes !... Bref, il avait tout faux et il était temps de redresser la barre. Pour commencer, Ingomer, leur premier fils, fut vite et bien pondu comme un œuf tout chaud. Il tomba dans le bénitier d'une somptueuse église superbement décorée de « voiles de la Transat et de riches tapisseries d'Aubusson ». De tels détails si raffinés ne manquèrent pas – selon Grégoire de Tours – de toucher un barbare tel que Clovis qui fut émerveillé « d'une religion si riche et si raffinée ». Malheureusement, le bébé Ingomer tomba soudain malade, il perdit peu à peu ses cheveux, ses dents, son mouchoir, ses légumes... et la mémoire. Malheureusement, il perdit aussi la vie. D'un coup, le dieu de la reine était dans les choux ! Clovis, en colère, hurla que si son enfant avait entendu la voix de ses dieux à lui – ses dieux païens, les plus sûrs –, au lieu d'écouter cet imposteur de Dieu chrétien, leur mouflet serait sans doute encore vivant en train d'arracher les pattes des mouches comme n'importe quel enfant normal ! Clotilde, de son côté, sans nulle rancune pour le Créateur, le remercia en revanche d'avoir « jugé indigne de voir associé à son royaume l'enfant né de son sein. Je sais, avait-elle ajouté, que les enfants que Dieu retire du monde pendant qu'ils sont encore dans les aubes (de blanc vêtus) sont nourris de sa vie ».

Ce discours de Clotilde laissa Clovis sur le fion. Il aurait jamais gambergé à ça tout seul. L'abnégation totale de son épouse, son courage le remplirent à la fois de honte et d'admiration et il n'en aima que davantage sa Clotilde. L'invitant sur-le-champ à inaugurer leur nouveau lit à ressorts en acier bleui, il lui tricota vite fait sur le gaz un super petit salé qui sortit neuf mois plus tard du joli bidon de Clotilde. Ils l'appelèrent Clodomir. Attendant que Clovis, fou de joie, redescende du plafond où il s'était déjà cogné trois fois la tête, elle lui glissa en loucedé : « J'aimerais bien qu'il soit baptisé… » Clovis hurla : « Pas question », et ils le baptisèrent le lendemain.

Enfin… ils le firent baptiser, mais les historiens qui sont des gens sérieux ont dit que Clovis avait d'abord dit non à cette pauvre Clotilde. Il avait dit non, d'abord parce que ces satanées tribus germaniques avaient eu l'idée saugrenue de franchir le Rhin et de venir planter leurs tentes en Gaule ! Ni plus ni moins !

Les Alamans, qui étaient une sacrée tripotée de pillards, avaient même carrément envahi l'Alsace et se goinfraient déjà de choucroute à la saucisse de Strasbourg.

Sans les laisser faire un pas de plus au pays des cigognes, Clovis, les prenant de court, se précipita au-devant d'eux et dit : « Stop, mes loulous, y a madone ! Vous n'aurez pas l'Alsace ni la Lorraine ! » La pâtée qu'il leur a filée non loin de Strasbourg, tous les descendants des guerriers francs s'en souviennent encore ! Et pourquoi ont-ils pris cette branlée mémorable, selon vous ?… Hein ?… Eh bien, parce que notre Clovis, qui d'abord commença par se faire dérouiller, tomba soudain à genoux et se mit à prier comme un malade !… Voilà la vérité ! Il pria, il pria, tout ce que lui avait appris sa Clotilde y passa, le « Je vous salue Marie… » « Notre Père qui êtes aux cieux… », et tout le toutim ! Tous ses guerriers à leur tour genoux à terre psalmodiaient à qui mieux mieux : « C'est ma faute, c'est ma faute, c'est ma très grande faute… » Bluffé jusqu'à l'os, le bon Dieu n'a pas pu faire moins que de laisser gagner la bataille à Clovis. D'autant plus que de son côté, à des centaines de bornes de là, au même moment, Clotilde saccageait des chapelets entiers à longueur de journée à force de les égrener avec une mystique fièvre engendrée par sa totale dévotion. Eh bien, croyez-le ou pas, mais tout le monde s'accorda à penser que si Clovis s'était reconverti – définitivement – cette fois-ci, c'était grâce à l'amour surdimensionné de super Clotilde.

Après avoir mis au tapis son dix millième ennemi (il les avait fait compter), Clovis décida de mettre les pouces. Il rentra dare-dare retrouver « sa » Clo qu'il anéantit dans un tourbillon de caresses qui les clouèrent au pageot durant dix jours et dix nuits d'affilée ! Elle lui fit découvrir des postures amoureuses[1] que l'innocent Clovis – qui croyait tout savoir des figures de l'amour – était loin de soupçonner. Il ne put qu'apprécier hautement le *bilboquet dijonnais, le hérisson derviche* ou encore *le gobe-mouches cévenol*, dont il ne se rassasiait jamais... Ce qui ne l'empêchait pas de réclamer de façon récurrente pour finir ce qu'elle réussissait le mieux : *les noisettes nappées au coulis d'abricot*.

Après un tel festival d'intenses émotions, comment dire non à sa Clotilde chérie qui lui fit accepter enfin d'être « éduqué » chrétiennement par le pieux évêque de Reims, le saint Rémi lui-même, n'ayons pas peur des mots. Après quelques leçons de catéchisme accélérées – qui durèrent au moins dix minutes –, Clovis déclara : « Je crois avoir compris. Jésus était un mec super, et je suis prêt à faire le coup du vase de Soissons au premier de mes guerriers qui prétendra le contraire à propos du Seigneur. » Saint Rémi lui dit alors solennellement : « Courbe-toi, fier Sicambre », ce qui pour la première fois fit baisser le front de l'orgueilleux Clovis, qui se laissa docilement baptiser au chablis devant ses trois mille soldats avant qu'ils le fussent aussi[2].

Le sourire ravageur de la câline Clotilde avait suscité un miracle. En un temps où les rois barbares, goths et burgondes étaient « hérésiarques », c'est-à-dire niaient la divinité du Christ, son Clovis venait d'être reconnu comme chef suprême par des millions de Gallo-Romains, tous catholiques, et qui vivaient en Gaule. Sa puissance était doublement colossale vu qu'il s'était mis à présent tous les évêques dans la fouille ! Son territoire immense s'étendait désormais de la Loire en dessous de la Garonne jusqu'aux Pyrénées. Des hordes de chrétiens allaient donc pouvoir massacrer peinardement tous ceux qui ne l'étaient pas... Et ils ne se gênèrent pas ! Clotilde y avait pensé, Clovis le fit. Après avoir conquis les Wisigoths, il ratatina entièrement la

---

1. Leur voisin était très calé là-dessus !

2. Tout le monde était bourré à la fin du baptême.

Burgondie. Désormais, tout le monde priait Jésus-Christ matin et soir. Les marchands de chapelets firent fortune. Clovis, lui, bombant le torse, décida que Lyon, c'était bien gentil pour son saucisson (encore un Jésus !), le saint-marcellin et l'équipe de foot, mais que Lutèce avait tout de même une autre gueule ! C'est donc la première fois dans l'histoire que la capitale de France devint Paris et que ses habitants, les Francs, finirent par s'appeler les « Français » ! Ça vous en bouche l'hexagone, non ?

Le premier lardon de Clotilde et Clovis fut donc Clodomir. Il eut pour royaume le centre riche de la France qui s'étendait d'Orléans à Bourges jusqu'à Auxerre en passant par Poitiers et Tours, car il adorait les rillettes de cochon. Clotaire Ier, dernier fils de Clotilde, régna longuement, lui, de 511 à 561... Il était roi de Soissons, Laon, Cambrai, où il commença à faire des bêtises pour les achever à Tournai. Dès le VIe siècle, les mouflets de Clotaire, qui ne pouvaient pas s'encadrer entre eux, avaient divisé le territoire en trois royaumes. L'un pour Chilpéric (Paris : la Neustrie), le deuxième pour Sigebert (Metz : l'Austrasie), et celui d'Autun (la Burgondie) pour Gontran. Chilpéric, qui se marrait une fois toutes les années bissextiles, trouvant que l'air était trop pollué par ses deux frelots, voulut les faire assassiner. Manque de fion, les ayant invités à dîner un jour où ils observaient la diète, ce sont leurs chiens auxquels ils donnèrent leur ragoût à becqueter sous la table qui furent empoisonnés. Leur père, Clotaire, savait mieux s'y prendre lorsqu'il trouvait quelqu'un de gênant, il lui faisait tout simplement trancher la tête par un serviteur et passait rapidos à autre chose...

Clotaire fut vraiment contrarié lorsque Clodomir, son frère, eut la mauvaise idée de mourir. De plus, il laissait trois enfants, et ces neveux en bas âge lui paraissaient nettement casse-bonbons !

« Je vais les inviter à venir jouer à la marelle au palais, dit-il à sa mère – leur grand-mère Clotilde.

– Bonne idée », avait dit la douce mamie.

Les chiards, aussi innocents qu'un enfant de chœur qui ramasse les mégots au Vatican, rappliquèrent dare-dare au château. C'est alors que Clotilde reçu un SMS de Clotaire qui lui disait en style télégraphique : « Qu'est-ce que tu veux que je branle de ces lardons ? Tu préfères qu'ils vivent avec les cheveux sucrés ou que je les égorge proprement pour leur éviter des laryngites dans le futur ? » Les tifs coupés, à l'époque, c'était pas la mode. C'était même carrément la honte. Bonne âme comme à son habitude, la douce Clotilde dit en réponse : « J'aime encore mieux qu'on leur tranche le colbac, plutôt que de les voir tondus. » Clotaire, qui espérait cette réponse raisonnable, s'en fut quérir Childebert auquel il dit : « Frangin, j'ai besoin d'un coup de paluche pour décoller la chetron des trois morveux de Clodomir, vu que le gâteau qui reste, il y en a tout juste pour deux. On ne va pas se le partager encore une fois ! » Découpant alors vaillamment les trois petits corps à la tronçonneuse, ils en firent de délicieux fricandeaux qui régalèrent les palefreniers et les servantes du château trois jours durant. La France devint ainsi catholique grâce à la détermination de la douce et ferme Clotilde... Et Paris devint alors définitivement la capitale des Français grâce à elle et à... super Clovis, qui, sur ses vieux jours, amassa une fortune colossale en ouvrant une manufacture de vases... à Soissons.

néfertiti

Après mûre réflexion, la reine Néfertiti naquit au cours de la seconde moitié du XIVe siècle avant J.-C. C'était un admirable bébé. Plutôt effacé pour un bébé de huit livres tout nu et pas fier du tout pour une future reine. Sa nurse lui préparait des biberons de lait de chameau et de purée de lézards écrasés dans le Banania, ce qui lui donnait la peau élastique[1] et plus douce qu'une aile de papillon. Dès l'âge de quinze ans, elle avait déjà le nombril inquisiteur et une bouche à affûter les crayons. On sentait qu'elle était faite pour l'amour. C'est d'ailleurs ce qu'on lui répéta inlassablement tout au long de sa vie. Surtout son mari, qui lui disait toujours dans l'intimité : « Par le grand pharaon, putain de moine que t'es bandante ! T'es vraiment faite pour l'amour ! » Et à elle, bien sûr, ça ne lui déplaisait pas vraiment qu'on lui dise ça, surtout quand ces paroles précédaient les actes. On suppose qu'elle était d'origine mitannienne, et ce n'est certes pas moi qui prétendrai le contraire. C'était un royaume situé entre le Khadour et l'Euphrate, si vous vous souvenez du dernier show télévisé sur l'Irak, pendant la guerre du Golfe. Néfertiti eut toute sa vie un vase pas possible ! D'abord, elle épousa un DIEU VIVANT. Ça ne se trouve quand même pas chez l'épicier du coin, un machin pareil ! C'est plutôt mieux que de s'embourber un quelconque lavedu qui trimballe des pierres à la chaîne sur les chantiers des pyramides. Encore que, sur les chantiers pharaoniques, les ouvriers n'étaient pas aussi malheureux que les syndicats le prétendirent à l'époque. Ils n'étaient au labeur que quatorze heures par jour, ce qui leur laissait tout de même du temps pour s'occuper de leur maisonnette. Ils disposaient, en effet, pour eux et leur famille, d'une charmante petite hutte en terre de huit mètres carrés, proche du lieu de leur travail. Ce qui était loin d'être négligeable. Ça leur évitait les transports en bus ou en métro que nos pauvres travailleurs d'aujourd'hui connaissent si

1. Elle suçait son orteil toute la journée et, parfois même, ceux des autres bébés qu'on lui présentait, tellement elle aimait ça ! C'est depuis ce jour qu'on dit de quelqu'un qu'il prend son pied lorsqu'il donne le spectacle d'une totale félicité !

bien. C'étaient des gens simples, certes, qui avaient de tout petits besoins. Ils n'avaient donc pratiquement pas d'appétit. C'était un grand avantage pour eux. On les nourrissait de pain, d'olives et d'oignons, et ils étaient sans nul doute les plus heureux du monde. Bien sûr, pour des dizaines de milliers d'entre eux, on ne peut nier qu'il y eut parfois quelques menus accidents du travail. Il y a toujours des imprudents, des téméraires qui se croient plus forts que les autres[2]. Ce qui faisait évidemment deux ou trois cents chétifs en moins tous les jours[3]. Leurs familles rouspétaient, vous savez ce que c'est. Elles défilaient avec des banderoles, du genre : « 98 HEURES PAR SEMAINE ÇA SUFFIT ! », ou alors : « DE LA VIANDE UNE FOIS PAR MOIS ! »

Ce qui est sûr, c'est que c'est sans doute dès cette époque-là qu'eurent lieu les premières revendications des masses laborieuses. Évidemment, on ne peut pas tout à fait leur reprocher d'avoir quémandé de la barbaque. C'était sans nul doute nécessaire à leur musculation. Par contre, ils ne se gouraient pas une seconde que ça les mettait, malgré eux, totalement à l'abri du cholestérol, les veinards !

Le patron de ces vastes chantiers, le grand manitou de cette sympathique fourmilière, s'appelait Aménophis IV. Ça peut paraître zarbi pour un blase de pharaon, mais vu que son vieux se faisait déjà appeler Aménophis III… il lui est jamais venu à l'idée d'aller à la mairie faire changer ses papiers. D'ailleurs, bien que de tempérament un peu anar sur les bords (un dieu au départ est toujours anar !), Amen (c'est ainsi que ses potes le surnommaient) adorait son papa. À l'exemple de ce dernier, Amen, du reste, fut, lui aussi, un pharaon raffiné et voluptueux. On croit savoir qu'à l'époque de ses jeunes amours (avant de connaître Néfer, bien sûr !) il y a plus de quatre sauterelles qui ont appelé leur maman

---

2. Afin d'épater leurs camarades, certains n'essayaient-ils pas de soulever des blocs de cent kilos tout seuls ? On comprend leur contremaître qui leur reprochait, gentiment sans doute, de ne pas se mettre au moins à deux !

3. Eh oui ! Il faut bien reconnaître que, comme d'habitude, c'étaient les plus chétifs qui compliquaient tout !

en mordant la couette ! Au pageot, Aménophis était un vrai tremblement de terre[1] !

Le papa d'Amen, Aménophis III, qui était loin d'être une truffe avariée, avait très vite renoncé aux expéditions guerrières en Asie ou au Soudan. Il avait une véritable indigestion de chameaux, de chevaux, de mulets, de poussière et de cocktails Alexandra confectionnés au lait tourné de brebis. Il en avait ras le fer à souder de renifler le cul foireux des chamelles dans ces caravanes interminables d'où il revenait avec cinq mille esclaves de plus, dont il n'avait absolument pas l'utilité[2]. Il trouvait, de même, que les cinq cents concubines qu'il avait ramenées prisonnières la dernière fois valaient pas un coup de cidre. Il n'en dénicha pas une seule capable de lui faire correctement *le dé de la couturière* ou *les croissants beurrés de la boulangère* ! Ce simple test prouvait hélas le manque d'habileté et de savoir-faire galant de ces grosses paysannes de la vallée du Nil.

D'abord, ces pays étaient trop lointains. Puis, il en ramenait chaque fois des rhumatismes et des maladies que même son chien n'avait jamais eus. La tortore lui plaisait pas non plus. On servait pas de bordeaux à table, et ils connaissaient même pas les bouchées à la reine ! Il renonça à la chasse au lion et au taureau sauvage. Une fois qu'il leur avait becqueté les claouis[3] en grillade, il ne savait plus quoi faire du reste. Ça valait pas le coup.

Il préférait planer gentiment à Thèbes, dans son superbe palais de Malgatta, dans les bras de sa polka, la reine Tiyi, qui était un sacré prix de Diane. Elle était inégalable au pageot. Elle lui réussissait à la perfection *le moulin à huile égyptien* et le rendait tellement fou avec *la couscoussière enchantée* qu'il avait

1. C'était un être très doué pour les secousses.

2. Une fois qu'ils avaient briqué la poussière sur sa collection de pots à pharmacie et passé un coup de plumeau sur ses fresques érotiques murales, il ne savait plus vraiment quoi leur faire faire. Ils se mettaient bien à quarante pour battre un tapis, mais il en restait tout de même huit cents inoccupés qui bâillaient dans la salle de musique de douze mille mètres carrés.

3. Les testicules, c'te bonne paire !

fini par l'épouser. Amen, donc, leur fiston, futur époux de la belle Néfertiti, fut élevé au sérail, entre son papa et sa maman qui, en plus du *tournesol ondulant*, adoraient l'art et la théologie. Ils aimaient bien aussi jouer à saute-mouton avec les eunuques[4]. Ils organisaient, tous les samedis, des courses d'escargots sur toile cirée en pariant des sommes folles[5].

Dès qu'il fut en âge de monter les couleurs, Aménophis IV eut vite pigé qu'il urgeait d'enfiler un slip Hom pour juguler un chouïa ce renflement qui transformait sa chasuble en voile de goélette. Il guérit bien ces excroissances passagères en filant quelques coups d'arbalète à droite à gauche, sans pour autant être amoureux vraiment. Jusqu'à ce qu'il tombe sur Néfertiti.

Néfertiti était plus bandante qu'une demi-douzaine d'ortolans arrosés de Château-Pétrus 82. C'est vous dire !

Aménophis avait toujours rêvé de se dégotter une meuf aussi soua-soua que sa maman. Eh ben, ça y était, celle-là était PLUS BELLE encore que sa maman (enfin, presque !). Elle était du genre carrossée Lamborghini, avec une époustouflante paire de roberts bien pommés qui vous regardaient droit dans les yeux. Elle avait un pétrousquin bien rond et bien fendu, qui vous faisait oublier qu'un jour vous aviez eu de la salive dans la bouche. De plus, elle se payait un cou de gazelle[6] et un sourire qui vous interdisaient de lui refuser quoi que ce soit. Elle maquillait ses yeux au vert-de-gris, qu'elle mélangeait avec des œufs de fourmis réduits en purée. Une œillade de Néfertiti et vous tombiez anorexique ! Néfertiti signifie « la Belle est venue », et elle avait rappliqué pour ce grand veinard d'Aménophis IV qui était jalmince comme un coq de basse-cour. Bien sûr, il l'avait épousée. De plus, elle était inégalable dans *la danse du vilebrequin*. Elle avait tout pour elle et elle le réservait exclusivement à son bonhomme.

---

4. Ils préféraient jouer avec les eunuques, car les esclaves « normaux » les décoiffaient à chaque fois en passant et c'était énervant.

5. Ils s'endormaient généralement sur la table au petit matin, bien avant que les escargots n'aient atteint la feuille de laitue.

6. C'est vrai qu'un cou de taureau, c'est pas terrible pour une nana.

À cette époque, Thèbes était une capitale cosmopolite qui croulait sous les richesses. On y brassait des affaires, des idées, du fric, sans assassiner exagérément de monde. Par contre, plus de cent vingt-six divinités asiatiques, soudanaises, égyptiennes et tant d'autres se disputaient le vaste Empire égyptien, et chacune passait son temps à savonner la rampe de l'autre. Néfer et Amen, une fois marida, et soudés comme les parois d'une centrale nucléaire, estimèrent qu'une nouvelle religion moins nunuche que le culte officiel d'Amon unifierait un peu mieux le pays[1]. Un soir, en plein milieu d'une partie de tarots à un diamant le point, ils décidèrent donc de donner un grand coup de pied au culte d'Amon et de le remplacer par celui d'Aton, qui symbolisait le DISQUE SOLAIRE. C'était quand même gonflé, car c'est à peu près comme si de nos jours on déclarait nulles les religions catholique, protestante et musulmane, pour les remplacer par les Témoins de Jéhovah[2] !

Désobéir ainsi aux dieux risquait ni plus ni moins de mettre en péril l'équilibre du monde, le lever et le coucher du moulana[3], la périodicité des inondations ou l'authenticité du classement du Top 50 !

Aménophis IV, soutenu par Néfertiti qui lui remontait les bretelles dès qu'il hésitait entre le pain ou les biscottes, osa CHANGER DE BLASE. Il laissa quimper celui d'Aménophis qui signifiait « Amon est satisfait » et adopta le nom d'Akhenaton : « Celui qui est agréable à Aton ». Aussi simple que ça. Durant vingt piges, l'Égypte ne fut plus gouvernée par un roi, mais par un couple royal, trait d'union sacré entre les hommes et dieu. Les papes et les ayatollahs n'ayant pas encore pointé leur goupillon à l'horizon, ils avaient les coudées franches. Ils s'amusèrent tous deux comme des fous à filer de grands coups de burin sur tous les monuments du vieil Amon déchu et viraient de leur socle toutes ces vieilles

1. Ils pensaient que ça ne pouvait pas vraiment faire de mal de changer de dieu de temps en temps !

2. Ou par les adeptes du loto. Remarquez, au fond… Bon, c'est pas mes oignons !

3. Le soleil.

statues représentant ce dieu soumis à la puissance grandissante des curetons de l'époque. Le couple royal abandonna le palais de Thèbes pour s'installer en plein désert. Ils jetèrent leurs boules Quiès et baptisèrent le lieu Akhetaton, qui signifiait « l'horizon du disque solaire » (l'actuel Tell El-Amarna). Aménophis, cependant, toujours obsédé par les superbes nibards de son épouse, avait naturellement transformé Akhetaton par « Ah quels tétons ! » Ce qui faisait toujours marrer Néfertiti[4]. Ils érigèrent un temple immense à Karnak ouvert à tous et si bien baigné de soleil qu'on aurait pu, de là, y voir la tour Eiffel. Les tombes creusées dans le roc devinrent accueillantes et ne montrèrent plus de scènes de funérailles[5].

Néfertiti et son époux y sont représentés avec leurs moujingues sur les genoux, la théière inondée de rayons d'Aton qui les font ressembler à deux magnifiques tartes aux pommes.

Néfertiti, qui ne passait pas ses nuits qu'à réfléchir au budget du royaume, avait tout de même pondu six princesses à son pharaon. Akhenaton, lui, entre deux étreintes royales, entretenait des correspondances poétiques avec les princes vassaux d'Asie[6]. Il avait appris un paquet de langues, et fallait bien que ça lui serve à quelque chose. Bref, tout baignait dans le sirop de loukoum et la confiture de rose !

Trop, sans doute. Lorsque les princes syriens, leurs potes et alliés de toujours, réclamèrent un coup de paluche pour faire face à la menace hittite[7], aucun Égyptien ne voulut bouger ses fesses pour voler à leur secours. L'autorité des royaux époux ne fut plus reconnue. Les fonctionnaires se mirent à rançonner les contribuables (déjà !) et, profitant de l'aubaine, les prêtres d'Amon au

4. Néfertiti était restée une âme simple. Elle avait un fou rire d'un quart d'heure quand sa jument pétait.

5. Accueillantes… enfin, tout est relatif !

6. Ils parlaient beaucoup de la lune, de leur femme et de leurs angoisses existentielles. Ils se tenaient au courant de leur handicap au golf. Rien n'a vraiment changé.

7. Les Hittites pouvaient être très menaçants quand leur thé était trop infusé !

chômedu depuis belle lurette reprirent du poil de la bête. Armés de leur chapelet à changement de vitesse, ils se remirent aussi sec à brouter leurs tapis de prière. Anéanti par tout ce schproum à la graisse de chameau, le pauvre Akhenaton passa l'arme à gauche. En moins de temps qu'il n'en faut au pape pour absoudre un million de pécheurs d'un coup de goupillon, les prêtres, encore plus rapides (ça tient de famille !), restaurèrent la puissance du dieu Amon [1]. La descendance de ce couple d'hérétiques mourut très vite. Soit en mangeant des yaourts dont la date de consommation était dépassée, soit dans des accidents de la circulation, soit tout simplement d'un coup de hache sur le cassis quand ils posaient une question idiote.

Rassurez-vous, jolie lectrice, la belle Néfertiti fut épargnée. Elle demeura fidèle à Aton, même après la mort de son pharaon. Elle ne retrouva jamais personne qui lui murmura à l'oreille, avec la même voluptueuse virilité, ces deux vers que son époux avait voulu gravés sur sa tombe :

Néfertiti, tes beaux tétons
Ont fait rêver Akhenaton !

1. Leur devise était : « Chez Amon, tout est bon ! »

RICHELIEU

(1585-1642)

Richelieu devant le siège de La Rochelle

Armand Jean du Plessis, cardinal de Richelieu, dit Riri pour sa bonne, était le plus génial faux-cul de tous les faux-derches que la Terre ait connus. Fils de François du Plessis de Richelieu, grand prévôt et capitaine des gardes de Henri III et de Henri IV, Armand a un pied dans la noblesse, l'autre dans la bourgeoisie. C'est là où ça porte bonheur.

L'essentiel, disait-il à propos de ses nougats, c'est QU'ILS VOUS MÈNENT À LA BONNE PORTE. Sa noblesse lui venait de sa grand-maman paternelle, Françoise de Rochechouart, qui, à défaut de château, lui avait légué sa fierté [1]. Du côté de sa maman, les La Porte étaient des bourgeois robins, dont toutes les langues de putes d'alors prétendaient que, de père en fils, ils avaient été portiers d'un conseiller au Parlement. D'où la soif des honneurs et l'esprit vicelard si répandus chez ces gens-là [2]. Les bourgeois La Porte, eux, étaient pleins aux as. Malheureusement, question de blason, ça tenait plutôt de la grille d'égout. Les Richelieu, de leur côté, avaient plein de noblesse, mais pas un fifrelin. Hélas pour eux, la vinaigrette manquait d'huile ! Redorer son blason au Miror paraît un peu justos pour papa Richelieu. Il demande à Henri IV [3] que les bénefs de l'évêché de Luçon aillent directo dans la fouille de son deuxième lardon, Alphonse, car l'Alphonse, qu'on appelle couramment « l'évêque de Luçon » depuis l'âge de douze ans sans que ça le fasse rigoler, est tombé carrément la tête la première dans le bénitier. Voilà-t'y pas qu'après une indigestion de graines de chapelet, il devient mystique comme un boisseau de punaises ! Il se fait plus humble qu'une crotte de souris dans la poche d'un clodo, refuse qu'on lui cloque la mitre épiscopale sur la calebasse et se retire chez les Chartreux. En bonne bourgeoise qu'elle est, Mme de Richelieu, seule survivante du ménage, gamberge qu'il vaudrait mieux dans ce cas transférer les bénefs de l'évêché sur

1. Il avoua un jour en confession qu'il aurait préféré le château.

2. À mon humble avis, l'histoire les noircit un chouïa car ils allaient à la messe tous les dimanches. C'est tout de même une garantie de moralité.

3. Qui ne s'était pas encore fait perforer la paillasse.

la tête d'Armand du Plessis de Richelieu, dit Riri pour sa bonne, et reconnu par tous comme Armand-le-faux-derche. Dès lors, ce bon petit Armand qui, lui, était destiné à l'épée sous le blase de marquis de Chillon, va se retrouver le pif en plein dans le dogme et la faculté de théologie de son quartier. S'il veut devenir à son tour évêque de Luçon à la place de son frelot, qui voit à présent un ange derrière chaque toile d'araignée, il a intérêt à mettre les bouchées doubles. Il bûche la casuistique et le thomisme comme un forcené. D'abord chez Pigier, où ça va plus vite, ensuite chez les curetons luçonnais avec lesquels il tape le carton tous les soirs, en jurant uniquement en latin.

Surdoué comme il est, Riri avance très vite. Il a intérêt à faire fissa, car les chanoines de l'évêché en ont ras la bure que leur taule soit en manque de capitaine. Pistonné, parce que brillant, Armand, en deux coups les gros, franchit les degrés canoniques qui doivent un jour lui visser la mitre sur le citron. Il va même aller trouver le pape Paul V à Rome et lui dit : « Mon cher Popaul, une dispense de ta part enverrait sûrement mes burettes au plafond ! Car ça me botterait vachement de faire l'évêque à Luçon. C'est un peu le fief de la famille et j'y ai encore ma réserve de vin blanc pour la messe. » Il antidate d'un an son acte de baptême et se fait donc sacrer le 17 avril 1606 par le cardinal de Givry. Après coup, il avoue au pape qu'il venait de le rouler dans l'eau bénite vu qu'il avait pas encore l'âge d'être évêque et qu'il avait truqué ses fafs d'identité. Ce dernier prit la chose en se marrant, mais déclara à ses potes cardinaux en loucedé : « Ce garçon sera un grand fourbe. » Dieu sait s'il était expert, le Popaul, dans ce domaine. Quand on connaît la carrière de Richelieu comme je m'en vais vous la ripoliner, mes chères lectrices jolies, vous verrez que la prophétie de Popaul V était plutôt subtile. Certes, M. de Luçon se dépense comme une bête et s'agite comme un « beau diable » en arrivant dans son diocèse. Il reprend en main l'administration qui se casse la gueule[4]. Il s'attaque vaillamment au problo. Il a pourtant une constitution physique vachement fragile. Il a une échelle de pompiers en guise de poitrine, posée sur deux cannes de

4. C'était déjà le propre de l'administration.

flamant rose poilues comme des aiguilles à tricoter. Sa margoulette est triangulaire, une vraie portion de quart de brie avec la pointe en bas. Il y a laissé pousser au-dessous une barbichette taillée en pointe elle aussi, surmontée d'une paire de charmeuses, qui n'ont pas vraiment l'air de charmer grand monde. Car il est d'abord craint, le Riri. Il se marre chaque fois qu'il reçoit un crucifix d'un kilo sur le pied. Et Jésus ne se manifeste pas tous les jours ! C'est un extraordinaire stratège politique doublé d'un magouilleur de première. Il bosse à l'amélioration de son duché nuit et jour. Il va, il vient, plus fébrile qu'une belette dans un élevage de poussins. Il a une manière bien à lui de se mettre tout le monde dans la fouille[1]. D'apparence fragile comme un œuf à la coque dans la paluche d'un manifestant, il a pourtant l'air de bien encaisser le froid, l'humidité, la neige et la boue des marécages de cette région pourrie. Il veut se faire prendre pour un saint. En fait, c'est un sacré petit futé. Il encourage les missions des Capucins par des bonnes paroles[2]. Il soulage les misères[3]. Il essaie de convertir les protestants qui se tordent de rire. En fait, tout ça, c'est du grand pipeau. La petite ville de Luçon et son duché riquiqui commencent de lui embouteiller la voie du Seigneur. Il est plus ambitieux que ça. Lui, il ne rêve pas de nénettes aux culs sublimes, les rotules sur un prie-Dieu. Non, ça, c'est pas son truc. Son pied à lui, le petit évêque de Luçon, c'est la puissance. Les richesses, le blé, le pouvoir. Ça, oui, ça le fait goder. En fait, il est mondain comme une marquise et son vrai rêve, c'est de pointer un jour son blair à la cour[4]. Il guette les occases. Les curetons qui

---

1. Il avait un comportement exemplaire. Humble et effacé comme un cafard sous une moquette.

2. En général, quand il a terminé son discours, qui les gonfle un peu, les Capucins lui demandent en bâillant s'il ne lui reste pas un peu de fromage.

3. Notamment, il trouve bonne l'idée de faire prendre une douche froide aux pauvres qu'il rencontre sous la pluie.

4. Au bout du compte, un évêque qui creuse des tranchées, qui élève des murailles dans la gadoue, qui essaie de convertir les protestants et qui douche des pauvres déjà mouillés, même à la cour, ça finit par se savoir.

doivent se réunir en assemblée générale à Paname en 1610 vont lui en donner une. Richelieu, aussi jeunot finalement qu'il est ambitieux (il n'a que vingt-quatre balais), fonce à Bordeaux sur son meilleur mulet. Il a enfilé pour cet événement sa plus chouette roupane[5] d'évêque, ainsi que ses chaussettes violettes avec des fleurs de lys de temps en temps. Il est vraiment aux œufs. Là, il va faire sa première connerie. Pas grave, certes, mais il est tellement à côté de la plaque qu'il va évidemment s'en mordre les francforts. Bien sûr, ça lui servira de leçon. Car cette pomme à l'eau est allée à Bordeaux pour y rencontrer l'archipointu[6] Sourdis, à qui il demande de soutenir à la cour sa candidature de représentant de leur province commune ! Au secours ! Pauvre coquelet de Riri ! À cette époque-là, note le comte de Saint-Aulaire, « Richelieu est dans cet âge ingrat de l'ambitieux qui a déjà assez de prestige pour porter ombrage, et pas assez pour s'imposer ». Pas si con. Futés comme vous l'êtes, mes chers et sagaces lecteurs, vous avez déjà pigé que le Sourdis s'est présenté bien sûr à la place de Riri le dégourdi et que, bien sûr, il a été élu ! La tronche de Richelieu, je vous dis pas. HU-MI-LIÉ ! Il a toutefois assez de chou pour se rendre compte de ses gourances et il est aussi suffisamment ficelle pour les réparer. Bref, malgré son génie prématuré, il ne peut jongler avec trois balles à la fois tout en égrenant son chapelet. Sa précipitation lui filera bien d'autres fois le blair dans la mouscaille.

Pour l'heure, en attendant ses prochaines bourdes, il s'écrit à lui-même un petit mémoire qui en dit long sur le faux-cul magnifique qu'il était. C'est en quelque sorte une tentative de maîtrise sur son arrivisme : « Instructions et maximes que je me suis données pour me conduire à la cour ». Il engrangeait d'ores et déjà les ronds de jambe, les courbettes et… les bons mots, ça pouvait toujours servir quand il tortillerait du fion chez les emperruqués. Sa deuxième occase, il ne l'attend pas longtemps. En 1610, comme vous le savez, le bon roi Riton IV se laisse bêtement ouvrir une mortelle boutonnière dans le buffet par l'ignoble Ravaillac, qui

5. Robe.

6. L'archevêque.

sera écartelé comme un lapin par une moissonneuse batteuse ! La greluche de feu Henri, Marie de Médicis, proclamée régente, ne touche pas une bille. Elle va se faire phagocyter illico presto par deux de ses compatriotes qu'elle a ramenés d'Italie dans sa corbeille de mariage. Il s'agit de Concini et de sa redoutable épouse la Galigaï[1]. Tous deux rayent les parquets du Louvre, tellement longues sont leurs quenottes. En moins de temps qu'il n'en faut à un coq pour devenir chapon, la cour est un vrai nid de morbacs. Richelieu se frotte les mimines. Il brode au point d'Alençon une bafouille d'enfer dans laquelle il balance à Marie des éloges à la truelle. En douze pages où le miel dégouline de sa plume d'oie, il lui déclare que la France a un bol pas croyable d'avoir une reine bousculée comme elle et qui a autant de chou. Heureusement pour cézigue, son frelot, Henri de Richelieu, qui lui sert de porteur, vire la missive à l'égout pour lui éviter de passer une fois de plus pour une truffe. Riri se pointe au Louvre quelques jours plus tard. Sully est à la baisse. Les Concini, eux, grimpent comme le thermomètre au cul d'un dragon. On permet à Richelieu de faire antichambre. On esgourde même ses offres de service d'une oreille distraite, mais pas tout à fait indifférente. Il rejoint son prieuré de Coussay, en Poitou, et reste attentif aux propos de son frangin Henri et de son fidèle Boutillier, qui viennent régulièrement cafeter toutes les magouilles de la cour.

N'ignorant pas les idées ultramontaines de Marie de Médicis[2], Riri fayotte un max, afin que les échos de son antigallicanisme outrancier parviennent jusqu'aux bienveillantes étiquettes[3] de la régente[4]. On fait savoir à ce jeune homme qu'on prend bonne note de son numéro de lèche. Riri n'a encore

1. À côté d'elle, un crotale fait figure de grillon du foyer.

2. Le montanisme n'est autre que la « doctrine hérétique de Montanus, qui croyait dans l'intervention perpétuelle du Saint-Esprit » (dictionnaire Robert). C'est rigolo, non ?

3. Oreilles.

4. Les Gallicans revendiquaient une certaine liberté vis-à-vis du Saint-Siège. Ces gens-là, bien sûr, filaient des boutons à la reine ultra-catho.

que vingt-cinq piges, mais il veut toujours becqueter le beurre avant de l'avoir étalé sur la tartine. Il prononce alors un serment de totale allégeance politique. Il explique qu'il en a ras les couettes des vieux schnoques du gouvernement de feu Henri IV et il mise à fond le catéchisme sur les Concini. Bon placement dans l'immédiat, pour brouter du galon. Il se fait des potes dans la place qui lui fileront un coup de pouce quand la soupe sera prête. On le convoque aux états généraux. Il se prépare à s'y faire élire. En août 1614, il devient député de Poitiers, de Luçon et de Maillezais. Bon poste stable. Bonne paye. Mois double en fin d'année. Il se fait transpirer un bon coup la soutane et se met la noblesse dans la fouille. Marie de Médicis, vachement jouasse d'avoir avec elle un gus qui en a sous la chasuble, le désigne alors comme orateur du clergé à la séance de clôture. N'attendant que ça, il débagoule un discours qui est un pur chef-d'œuvre. Sans avoir l'air d'y toucher, il beurre même la galtouse des protestants. Tout le monde le trouve génial[5]. Dans le parti au pouvoir, c'est désormais une flèche. On lui demande de « raisonner » Condé, qu'on a dû enfermer à la Bastille[6]. Pour le récompenser de ce vertigineux fayotage, on le nomme membre du Conseil. Il devient aussi aumônier de la jeune reine, puis secrétaire des commandements de la reine mère et enfin secrétaire d'État à la Guerre et aux Affaires étrangères en novembre 1616. Riri a trente piges. Dès cette époque, il gamberge que ça arrangerait bien les affaires de la France si on se rabibochait avec les princes protestants contre l'Empire. Il n'ose pourtant pas en jacter avec la régente qui ne jure, elle, que par les Habsbourg. Il juge plus prudent de s'écraser, craignant, s'il contrarie la grosse, de se retrouver abbé dans son bled en train de confesser la pharmacienne et le garde champêtre. Expliquant alors sa propre tactique politique, il prétendait « gagner le but en lui tournant le dos comme les rameurs ».

---

5. Entre ses discours, il passait son temps à sucer des bonbons à la menthe. Ça ne remplace pas une femme, mais il paraît que ça donne des idées.

6. Une forte tête celui-là aussi, qui voulait toujours avoir le dernier mot. Que ce soit à la cour ou avec son cheval, d'ailleurs !

Malgré cette prudence étalée qui le fait frétiller du croupion, il roule encore une fois un peu trop des mécaniques au lieu de manœuvrer en loucedé. Il va se planter de nouveau un coup en ramenant trop sa fraise dans le conflit glandilleux entre l'Italie du Nord et la Valteline. Il prend un bide retentissant. L'Espagne, fumace, interrompt ses importations de camembert, et Venise, notre meilleure alliée jusque-là, nous fait savoir qu'elle en a gros sur la gondole et qu'elle lâche les rames. Riri, cette fois-ci encore, a sous-estimé l'adversaire. Ça ne fait rien, ça lui mettra du plomb sous la calotte. Il lui faut rebecqueter de même une autre planterie, de taille celle-là. Lui si prudent, si prévoyant et si manœuvrier, n'a pas misé un kopeck sur le jeune roi Louis XIII qui attendait patiemment que sa mère tombe de vélo. Bien sûr, ce jour béni arrive.

En 1617, Loulou en a class d'être mis au piquet par Marie qui est censée être sa mère aimante[1]. Il goupille un petit complot et fait proprement étriper Concini par Vitry, son capitaine des gardes. La reine mère en reste sur le cul[2]. Elle éclate en sanglots, se roule par terre et baise les ripatons du roi qui la vire au château de Blois. Richelieu en a gros sur la tonsure. Il s'est fait piéger comme un novice. Il aurait dû renifler depuis longtemps que cette pétasse de Ritale pouvait pas saquer son lardon ! Que faire à présent qu'il a paumé son job ? Il va suivre la Marie, c'te bonne paire. Une fois à Blois, il va essayer d'arranger le mastic entre Loulou et sa dabe. Avec tout le gringue qu'il a fait à Luynes[3] avant de lever le camp, il gamberge qu'il a ses chances de recoller les morceaux. Le petit Louis le voit venir avec ses gros sabots. Il lui fait le coup du mépris et le renvoie gentiment mâchouiller son pain bénit. Mais par la suite, une méchante rumeur de complot fout carrément le roi en renaud, et ce dernier jure sur sa dernière arquebuse qu'il va faire becqueter sa soutane à ce cureton d'opérette, qu'il soupçonne

1. En fait, elle a toujours aimé son fils Louis XIII comme un furoncle dans l'oreille.

2. Concini aussi !

3. Le plus proche ministre et poteau de Loulou XIII.

fortement. Riri a soudain les foies et va se planquer dans son évêché à l'ombre de Jésus. Désormais, Richelieu a les patates au fond du filet. Le mieux, c'est de s'écraser. En attendant que la cote remonte, pour se consoler, il pond un chef-d'œuvre inoubliable. Une controverse sur les protestants intitulée : *Principaux points de la foi de l'Église catholique*, qu'il dédie à Louis XIII. Le bouquin fait un malheur au top des libraires et ça fout Luynes en pétard. Il y voit encore un complot, et Riri aura de nouveau un coup de chaleur dans la barbichette. Obligé de se tirer fissa, Riri se retrouve planqué à Avignon. Là, il a encore un fion pas croyable. Il reçoit quelques jours plus tard en Chronopost une bafouille du roi lui ordonnant de rejoindre sa vieille qui fait à présent de la tapisserie à Angoulême. Il déhotte aussitôt et refout le grappin sur la Marie. Il va ensuite magouiller de nouveau un max pour offrir au roi sur un plateau la paix d'Angoulême en 1619 et celle d'Angers, qui la confirme, en 1620. Après ce fabuleux coup inattendu, on lui promet le galure de cardinal. Pour quand ? Luynes, qui voit en lui un rival vicelard, n'est sûrement pas en train d'astiquer l'anneau tant rêvé ! Pendant deux ans, le rusé et patient Armand du Plessis de Richelieu, dit Riri pour sa bonne, va ronger son scapulaire dans l'ombre des jupons de la reine mère. Marie, on le sait, milite à fond le crucifix dans le clan des ultra-cathos et des pro-Espingouins. Riri, lui, c'est pas vraiment sa tasse de tisane. C'est pourtant dans celle-là qu'il va boire, puisque Luynes, soutenu par le roi, lui balance des os de mouton dans ses roues de bicyclette. Il fait encore un tel numéro de faux-derche que même le pape Grégoire XV tombe dans le panneau. Le 5 septembre 1622, il nomme Armand du Plessis cardinal de Richelieu. Pour fêter l'événement, Riri s'envoie coup sur coup deux calices de vin blanc et, dans le dos de la Marie qui roucoule sous sa lèche, il goupille un compromis avec les protestants. Il espère bien leur intervention efficace contre les Habsbourg en Valteline. La grosse Italienne, elle, s'est fait rouler dans le parmesan et n'y a vu que du feu. De plus, le cardinal s'est mis les ministres dans la fouille pour mieux leur faire porter le galure. Ils magouillent pour lui à fond les manettes pour faire lourder du Conseil tous ceux qui suivent pas l'évangile de Riri. Le roi, qui en a ras la moumoute de ce piranha en robe rouge, veut le nommer ambassadeur à Rome. Marie de Médicis, qui ne s'est toujours pas aperçue que Riri se paye sa fiole, hurle au charron ! Elle fait déchaîner les libellistes qui prennent les patins d'Armand. Le 29 avril 1624, Louis, que tout ça finit par gonfler, baisse la crête et Richelieu est enfin admis au Conseil. Le surintendant La Vieuville va payer les coups tordus que lui a fait faire Armand, qui dit au roi : « Voyez, Sire, ce La Vieuville est un mauvais, qu'est-ce que je vous avais dit ? » Le malheureux surintendant se fait lourder, et Richelieu qui lui pique la place se retrouve chef du Conseil. Ça fait bien tartir le roi, mais il reconnaît quand même que ce fin salopard lui sera utile « si l'ordre du royaume est à ce prix ». De son côté, Riri reconnaît que le roi est une âme noble, « esclave du devoir monarchique ». Ça lui botte pas des masses que Louis soit totalement imperméable à la lèche, mais il y en a tellement d'autres qui aiment ça qu'il réservera sa salive pour eux. C'est tout de même grâce à Riri que la France va doucettement se remettre sur ses cannes. MOMENTANÉMENT.

Richelieu, une truelle à la main droite, rebecta tant bien que mal son pays. Pour ce faire, il négocia toute sa vie avec les Espingouins, les Rosbifs, les huguenots, qui lui foutent le schproum dans le Midi, et les Italiens du Nord qui se plaignent pour un oui ou pour un non de manquer de sauce tomate dans leurs spaghettis. S'il rebâtit de la main droite, dans la paluche gauche, il a un rabot et il arrondit les angles. Parfois, bien sûr, il est obligé de chabler dans le tas. Dans la Valteline, vallée des Alpes italiennes où cathos et protestants se fritent à mort depuis toujours, ça repart à fond le carnage. Riri fait enrôler trois mille protestants et il neutralise le bled en amenant deux cents barriques de chianti, et tout le monde est content. C'est surtout les guerres de Religion qui iront à la castagne sous le règne de Louis XIII. Et ce pauvre Loulou ne pourra jamais finir sa partie de bridge avec le cardinal sans qu'un messager se pointe à toute pompe en disant : « Désolé, mes seigneurs, mais les Rosbifs attaquent La Rochelle. Faudrait voir à vous manier le pot ! » Richelieu, lui, pas dégonflé, monte une expédition et se taille au pays des célèbres filles de là-bas. Les protestants ont ouvert aux Rosbifs la région entre La Rochelle, Ré et Oléron. Riri te les vire tous comme des malpropres. La plupart d'entre eux se rendent en disant : « On l'a dans l'os, on se casse », et les troupes royales repoussent les autres jusque dans les Cévennes à grands coups de pompe dans le pétrus. « C'est la première grande victoire de mon règne », constatera Loulou en tirant affectueusement sur la barbichette à Riri. Ils signeront l'édit de grâce d'Alais (en juin 1629), sorte de second édit de Nantes, qui permettra pendant un demi-siècle aux cathos et aux protestants de ne plus se bouffer le tarin (jusqu'à ce que Louis XIV refoute tout par terre en révoquant l'édit de Nantes, à partir duquel protestants et cathos vont de nouveau s'étriper[1]).

Pendant ce temps, bien entendu, les grands en ont profité pour véroler le pays. La haute noblesse déclare qu'elle s'assied sur les édits royaux. En 1626, Riri, n'y allant pas avec le dos de la louche, avait pondu un édit exigeant « les destructions des châteaux jugés inutiles à la défense du territoire ». Il avait même fait zigouiller Montmorency-Bouteville, qui s'était chicorné en duel malgré un édit du Conseil les interdisant. Toute la noblesse, furibarde, Gaston d'Orléans en tête, complote alors contre ce pauvre Riri. À coups de surin, de poison dans ses hosties et d'embuscades heureusement loupées, ils essayeront des années durant de rectifier proprement ce cardinal qui entravait rien à la noblesse. Malgré toutes les réformes pondues au Conseil, c'est un joyeux bordel dans tout le pays. Riri, qui ne veut pas se faire davantage mousser le pied de veau avec tous ces loquedus, instaure la dictature. Il a salement besoin de montrer qui est le taulier de la France, car en Italie du Nord se prépare un autre coup de torchon semblable à celui de la Valteline. Les Espingouins sont encore allés balancer une décoction de paellas sur la tronche des Ritals, qui la trouvent saumâtre et demandent un coup de paluche, vu qu'on a des intérêts là-bas dans les mines de provolone. Pour gouverner le pays contre les Espagnols, Riri appuie la candidature de son pote, le duc de Nevers. La reine mère, elle, depuis toujours, soutient les

1. C'est cette punaise de Mme de Maintenon qui a fait accomplir cet exploit à Loulou-Soleil !

joueurs de castagnettes. Elle est vachement hostile à l'intervention armée. Le futé Riri déclare alors qu'il y va de l'honneur du roi. On part donc au casse-pipe, musique en tête. Loulou grimpe au mât de sa gloire. Au pas de Suse, il morfle un coup d'épée dans les meules, mais il est vachement content quand même. Riri lui fait des compresses, et désormais devenus presque potes, ils font tous les soirs une partie de morpion avant d'aller se mettre les jambons dans la toile. Ils glanent encore d'autres victoires par-ci par-là qui leur seront bien utiles, notamment avec le roi de Suède, un loubard qu'il faut avoir à l'œil. La réussite de Riri, encore une fois, a carrément fait gerber l'opposition qui s'est trouvée désormais un chef. La Marie. Mais oui ! La grosse est fumace. Elle a mis du temps à piger que son protégé n'était en fait qu'un faux-cul intégral qui, depuis tout le temps, la baladait comme une cocotte en papier sur le bureau d'un P-DG ! Elle vient d'entraver que l'attitude anti-espingouine du cardinal n'était pas du tout une « diversion », comme il le lui avait fait gober. Elle l'affuble d'un tas de noms d'oiseaux dont l'« ingrat », le « valet », ce qui n'empêche pas Riri de triompher le 11 novembre 1630 à la fameuse journée des Dupes. La Marie et ses potes ont enfin ouvert les calots sur la sincérité des sentiments qu'il avait fait semblant d'afficher. À présent, Marie, flanquée de l'incontournable Gaston d'Orléans et d'Anne d'Autriche [1], va mitonner allègrement de nouvelles cabales tous azimuts contre Riri et Loulou XIII. Le roi en a ras l'arquebuse de ces petits cons de nobles qui l'empêchent de faire correctement son yoga.

En 1631 et 1632, Riri et Loulou foutent la branlée à ces loquedus de duc de Lorraine et de gouverneur du Languedoc, Henri de Montmorency, qui viennent leur becqueter dans la paluche. Malgré ça, les coups fourrés continuent. Riri, en pétard pour de bon, demande à Loulou et aux tribunaux une répression exceptionnelle. Il fait alors serrer le colbac de Montmorency et du maréchal de Marcillac, qui eurent bien du mal à avaler les raisons de leur disgrâce. Ce pauvre Riri se fera traiter alors « d'homme rouge », qui trempe sa barbichette dans le sang de la tyrannie.

1. La propre greluche de Louis !

Faut dire qu'à ce moment-là Loulou XIII a les cannes flageolantes et des gargouillis inquiétants dans les soufflets. Va-t-il lâcher la rampe ? Le Gaston et les nobles à raisin bleu[2] attendent que ça. Ils se déchaînent doublement contre Riri, qui, aidé de ses deux étrangleurs préférés, Laffemas et Laubardemont, étouffent sous l'édredon tous ces nobles désobéissants. Si l'éminentissime Riri échappe à tous les attentats de ces malfrats poudrés, c'est grâce à un service d'espionnage, à côté duquel le Mossad israélien et Mata Hari réunis auraient fait figure de louveteaux de patronage. Chaque fois qu'il se rend aux gogues, Riri est entouré de cent vingt chevau-légers, cent gendarmes et deux cents mousquetaires. Bien qu'il soit mieux gardé que le trésor royal, c'est pas du millefeuille pour lui d'aller tranquillement lever la patte. « S'il n'y laisse pas la peau » (souligne l'excellent *Dictionnaire d'histoire de France* Perrin, un collègue), c'est « grâce à cette chance extraordinaire des dictateurs qui croient à leur mission[3] ». De 1636 à 1641, il aura une chiée de complots sur le râble (dont celui de Soissons), jusqu'à la conspiration dite de Cinq-Mars (encore un traître !) en 1642. Il aura dû se farcir une kyrielle de conflits et de guerres. Entre autres avec la ligue protestante, qui prend une raclée à Nördlingen (en 1634), et c'est le début de la guerre de Trente Ans. D'abord avec les Espingouins (les revoilà !), mais le soulèvement de la Catalogne en 1640 permet à Riri de récupérer les caroubles du Roussillon. « Sire, dit-il à son roi, vos armes sont dans Perpignan et vos ennemis ont péri… vous pouvez y becqueter un civet de langouste arrosé d'une rouille de corbières, ça vous rafistolera les éponges. » C'est vrai que, depuis belle lurette, le pauvre Loulou dépense une fortune chez les toubibs. De plus, avec sa polka, Anne d'Autriche, c'était pas le grand nirvana. Marida très tôt tous les deux (ils devaient avoir autour de treize piges), la mignonne l'avait trouvé saumâtre de se faire enjamber en sortant du berceau, et, bien sûr, elle raffolait pas lerche de la clarinette magique. Ils n'avaient jamais eu de lardon, et ça, Loulou XIII, ça lui filait un bourdon

2. Le sang bleu. Mais vous le saviez !

3. J'aurais pas cru ça du grand Charles (le nôtre !), qui réchappa du Petit-Clamart et de tant d'autres cadeaux empoisonnés de ce tonneau !

terrible. Voilà-t'y pas pourtant qu'un beau jour de 1638, peut-être après l'effet bienfaisant d'une choucroute au riesling mitonnée par sa bourgeoise, Louis lui moule enfin un super lardon, qui pointe son blair en disant : « Voilà, c'est moi Louis XIV ! » Fou de bonheur de voir que « ça a marché », son papa resaute alors dans le pageot l'année suivante et c'est Philippe qui sort de l'œuf en 1640.

Riri et Loulou XIII, appelé Louis le Juste par son peuple bien-aimé, ont surveillé la tambouille des Français pendant dix-huit piges ensemble. Ce ne fut pas toujours de la nougatine, mais même si on a charrié un peu ce cardinal puceau (1), il a mouillé plus d'une fois la soutane pour son pays à défaut de l'avoir fait pour autre chose. Il a filé de sérieux coups de paluche à la marine militaire et marchande, aux manufactures, à la soierie, à la tapisserie et à des flopées d'autres encore. Sur le plan grisbi, il a laissé les caisses de l'État aussi vides que les bourses à Don Juan à la sortie du Byblos de Saint-Trop'. Par contre, son compte en banque à lui, après sa mort, était bourré comme un Teuton qui a passé la nuit à la kermesse de la bière. Armand du Plessis de Richelieu, dit Riri pour sa bonne, cassa finalement sa tirelire le 4 décembre 1642. Il joua un rôle déterminant dans la fondation de l'Académie française, et rien que pour ça, même si par la suite ils ont refusé Molière et accepté Fernand Gregh, on peut écluser un godet à sa mémoire. Cinq mois plus tard, Loulou avala son sceptre à son tour. Nul ne put le faire changer d'avis, car il disait lui-même : « Je vous laisse un chiard qui sera le plus grand roi du monde, et puis, depuis que Riri est mort, avec qui voulez-vous que je joue au morpion ! »

1. On n'est pas sûr du tout qu'il ait carambolé un jour une nénette.

NÉRON

(37-68)

Néron enfant

NÉRON

Fils de Domitius Ahenobarbus et d'Agrippine la Jeune, Néron se débrouilla pour naître à Antium un 15 décembre, trente-sept ans après Jésus-Christ. Les corridas n'existant pas encore, il ne voulait pas louper le spectacle unique des chrétiens qui s'amusaient comme des fous à persécuter les lions dans les arènes tous les dimanches après-midi. Chaque matin, son papa l'emmenait à la chasse. Ils partaient à l'aube dans les rues de Rome avec un arc et des flèches pour traquer uniquement les boiteux, les borgnes, les culs-de-jatte, les aveugles, les homos et les femmes adultères, avec des chiens dressés pour ça. Bien que très jeune encore, le petit Néron posait cependant déjà des questions très pertinentes à son papa. « Mais, *daddy*, lui disait-il étonné, pourquoi ne peut-on décocher nos flèches sur TOUT LE MONDE ? » C'était le bon sens même. Sa maman, la douce Agrippine, était la sœur de Caligula. C'était pas vraiment une référence quand on voulait se faire embaucher. Tous ceux qui s'acharnent à descendre Néron en flammes, si je puis dire, oublient trop facilement que le malheureux a tout de même attendu d'avoir sa majorité avant d'oser tuer sa mère. Les historiens s'accordent d'ailleurs à souligner que « les premières années de son règne d'empereur furent CALMES ». Seulement ça, on l'oublie toujours.

Malgré tous les efforts déployés par Agrippine pour le faire accéder au trône, Néron craignait la concurrence de Britannicus, fils de Messaline et de Claude. Ce dernier devenu le troisième mari d'Agrippine, Néron gambergea que ce petit Britannicus pourrait bien lui faire de l'ombre. Il le fit donc empoisonner par l'un de ses partenaires de pétanque. Une pincée de cyanure dans le Cinzano et une boule en pleine poire pour faire bon poids, ça pardonne pas. Agrippine, pour son malheur, ne plaisait pas lerche à Poppea Sabina, la Julie de Néron[1]. C'est donc fort de cette allergie que notre empereur fut contraint de se débarrasser de

1. En fait, on aurait pu compter sur les doigts d'une main les gens qui aimaient Agrippine. Cette dernière saluait poliment Poppea Sabina chez le coiffeur, mais ça s'arrêtait là.

sa maman[2]. Elle avait été pourtant une mère admirable en tout point. D'accord, elle voulait toujours commander. Après tout, elle était chef du parti réformiste de Rome, et il fallait bien neutraliser les contestataires. Elle s'occupa d'abord de son premier mari, le papa de Néron. Sans vouloir véritablement le tuer, elle ne tenait pas non plus à ce qu'il demeurât trop vivant. Elle lui fit donc boire des mélanges de vin grec, de chianti et de grappa à soixante degrés, jusqu'à ce que le malheureux s'affale dans son hamac avec des éléphants roses plein la tronche. Son deuxième mari, qui n'avait appris à écrire que pour laisser un testament en sa faveur, mourut bêtement foudroyé ! Agrippine, qui avait innocemment laissé tomber de sa bague une double dose d'arsenic dans cinq volumes d'eau, le vit s'écrouler en murmurant : « Vieille sal… » Quant à son troisième, l'empereur Claude, qui n'avait pas l'air de vouloir céder la place à ce brave Néron, elle fut bien obligée d'aider un peu le destin[3].

Le malheureux Claude, qui adorait les champignons, ne posa pas trop de problèmes. C'était un gros mangeur et un convive très drôle. Son numéro le plus comique, qui faisait mourir de rire Agrippine, consistait à avaler trois mètres de boudin en sifflant *Le Chant des partisans*. Elle l'a beaucoup regretté. Tous ces efforts maternels pour faciliter l'accession au trône de son Néron posaient un réel problème de conscience à ce dernier. Il voulait certes se débarrasser de sa maman, mais EN DOUCEUR[4]. Agrippine, qui digérait du fer, évacua facilement les aiguilles à coudre que son fiston bien-aimé avait parsemées dans sa tarte à la citrouille. Elle trouva délicieuse la crème brûlée à la ciguë qu'il lui fit servir un soir de réveillon. Elle dansa ensuite comme une folle pendant trois jours. Ne voulant surtout pas la voir souffrir, il lui versa une triple dose de cyanure dans le minestrone. Le poison ne déclencha cette fois chez Agrippine qu'une inextinguible crise de fou rire qui dura

2. Ce ne fut pas de gaieté de cœur, croyez-le bien !

3. Elle était toujours prête à donner un coup de main, même au destin.

4. On ne soulignera jamais assez la délicatesse de ce garçon sensible qui avait tant de scrupules à faire zigouiller sa maman.

une plombe et la laissa de très bonne humeur. Il l'envoya pêcher la dorade dans un bateau pourri qui coula à pic à dix kilomètres de la côte. Elle revint terriblement excitée par l'aventure, en lui déclarant que si elle avait su, elle aurait emporté un maillot et sa planche à voile ! Poppea Sabina, la dulcinée de Néron, commençait salement à s'impatienter… Elle lui répétait sans cesse : « Et ta mère… tu t'en occupes, oui ou merde ? » Néron, comme on peut s'en douter, était totalement désemparé[1]. Il alla trouver Anicétus, un garçon loyal mais un peu fruste qui avait le mérite d'aider les pauvres gens qui avaient quelques difficultés à mourir. Agrippine avait la tête dure, certes, mais pas suffisamment pour résister au formidable coup de hache qu'elle dégusta en plein sur le citron. Après avoir sangloté cinq bonnes minutes, Néron poussa un vrai soupir de soulagement. On ne peut nier qu'elle était coriace. Il offrit un double campari à son pote et, dans la foulée, il épousa Poppea qui n'attendait que ça après l'avoir tant aidé à se débarrasser d'Agrippine. Pour remercier son exceptionnelle maîtresse, qu'il n'avait choisie qu'à cause de sa grande beauté et de ses mœurs dissolues, il lui passa au doigt un diamant de trente-huit carats. Il s'en fallut d'un cheveu qu'il ne lui passât également un filin d'acier autour du cou quelques jours plus tard, parce qu'elle avait osé qualifier de « bel étalon » un alezan qu'il venait de lui offrir. La virilité hypothétique de Néron supportait difficilement ce genre de comparaison. Il lui accorda néanmoins un sursis car sa peau avait, paraît-il, le goût du lait d'ânesse[2], et elle vous causait le grec et le latin comme un seul homme. Malheureusement pour elle, après quelques belles parties de jambes en l'air dans la baignoire laiteuse, la terrible disgrâce ne tarda pas à venir quelques mois plus tard. D'abord, elle n'était pas obligée de lui demander sans cesse pourquoi il fréquentait les cafés le soir[3], ensuite, et pour en finir, il lui fit éclater le ventre à coups de pied quand elle

1. On comprend aisément l'angoisse de cet homme déchiré entre une passion charnelle et l'amour maternel.

2. C'était, paraît-il, délicieux, à condition d'aimer le lait d'ânesse.

3. Les femmes ne posent pas toujours les bonnes questions !…

lui annonça, toute contente, qu'elle attendait un petit salé. Néron était décidément imprévisible. Il se montrait parfois d'une brutalité qui l'étonnait lui-même et il en riait volontiers.

Octavie, la femme suivante de Néron, fille de l'empereur Claude (et sœur de ce pauvre Britannicus éliminé lui aussi par Néron), se montrait souvent acariâtre[4].

Un chouïa rancunière sur les bords, ne reprochait-elle pas à ce bon Néron d'avoir fait occire son frelot ? Comme le lui fit si bien remarquer son époux, la patience a des limites. Elle eut tout de même du bol car ce dernier ne fit que la bannir dans un premier temps. Malheureusement, pris de remords, dans un deuxième temps, il la fit étouffer sous un édredon de plumes d'oie, sans lui laisser le loisir d'écrire ses mémoires. Évidemment, il était un peu impulsif.

On peut dire que, dès lors, sans déformer l'histoire, notre empereur commença sérieusement à perdre ses bas. Soumis à l'influence de son favori Tigellin, préfet du prétoire, et surtout à celle de Pétrone qui lui fournissait des minets à la fesse accueillante, Néron sombra alors dans un sanglant despotisme[5]. Sa sentimentalité étrange le poussait en permanence à faire bouillir dans de grands chaudrons parfumés ceux ou celles qu'il avait abondamment caressés la veille. L'ordre nouveau qu'il rêvait de fonder s'appuyait sur ce qu'il appelait « la beauté et le primat des valeurs esthétiques ». Son précepteur, Lucius Annaeus Sénèque, lui apprenait des vers en latin. Bien qu'apparemment détaché des biens de ce monde il possédait deux palais et douze mille hectares de bonne terre. Il affirmait cependant que seule la pauvreté est la noblesse de l'âme, et le monde en déduisit que c'était un penseur. Mais qui pouvait se permettre de PENSER, hormis Néron, à cette époque-là ? Nul n'osait s'y risquer. Il conseilla à Sénèque de faire le mort.

Cependant, les malheureux Pison, Lucain et Sénèque (qui eut tort, ce dernier, de ne pas écouter les conseils de son maître !),

4. Avec Néron, c'était risqué d'être acariâtre.

5. Le problème avec lui, c'est que c'était toujours sanglant !

ses copains aristocrates, n'avaient pu s'empêcher de mitonner une petite conspiration contre leur ami Néron, qui s'en amusa beaucoup. Peu rancunier, notre sympathique empereur offrit lui-même son coupe-chou au dénommé Pison, qui eut l'immense honneur de s'ouvrir les veines avec. Cette méthode jugée néanmoins salissante, il fit noyer les deux autres pour éviter les frais de teinturier !

Celle qui eut le courage d'être l'une des femmes suivantes de Néron fut Statilia Messalina [1]. Il serait hasardeux d'affirmer que, pour Statilia, ce fut le bonheur conjugal. Son bonhomme rentrait de moins en moins à la maison. Il conduisait des chars au cirque pour exhiber ses belles tuniques et déclamait des vers au théâtre en demandant aux spectateurs de lui dire FRANCHEMENT ce qu'ils en pensaient. Connaissant l'oiseau, tout le monde le trouvait sublime ! Pendant le fameux incendie de Rome dont on l'accusa si injustement, il déclara à la police qu'il était tranquillement sur la colline en train de jouer du pipeau. Déjà, à l'époque, tout le monde savait de quelle façon il jouait du pipeau.

Une bonne douzaine de bergers, tous plus beaux les uns que les autres, sont même venus en témoigner sous serment. On pleurait tout en l'écoutant jouer, tellement c'était émouvant qu'on a même pas vu qu'il y avait du feu, ont-ils dit. Il est bien difficile de réfuter une preuve pareille ! Bien sûr, Néron ne résista pas au petit plaisir de torturer les chrétiens pour leur faire avouer que c'étaient eux qui avaient fait le coup. On prétend qu'il les fit jeter

1. Rien à voir avec la terrible Messaline que nous connaissons, dont le prénom était Valeria. Cette Valeria Messaline, ex-troisième femme de l'empereur Claude, était la femme la plus teigneuse de Rome. Et elle en était sacrément fière. Elle faisait zigouiller tous ceux qui lui faisaient des cadeaux. Elle détestait les gens gentils et se creusait le citron toute la journée pour savoir comment elle pouvait faire de la peine à quelqu'un. Intrigante notoire et prostituée à ses heures, elle bafoua tant ce pauvre empereur Claude qu'il la fit étrangler sous un prunier dans les jardins de Lucullus. Elle venait de cracher là son dernier venin, et le pauvre prunier mourut lui aussi quelque temps après. Vous trouverez d'ailleurs dans cet ouvrage (p. 37) son portrait sans complaisance, mieux brossé que votre costard du dimanche.

aux lions dans les arènes. Mais est-on sûr qu'il y avait des lions à Rome en ce temps-là ? Et même en admettant. Pourquoi des lions s'en seraient-ils pris à des chrétiens qui ne leur avaient rien fait ? En fouillant des siècles plus tard les arènes romaines, on n'a retrouvé que des os de chameau. Le simple bon sens doit nous rappeler que le chameau n'a jamais été l'ennemi du chrétien. Ou alors, cette bête a bien changé. Quoi qu'il en soit, dès qu'on lui ficha la paix, ce brave Néron rebâtit une belle ville toute neuve sur les lieux de l'incendie. Le fleuron de ce lieu fut un palais somptueux qu'il appela sa « maison dorée ». Il la bourra de gitons et de minettes et y fit nuit et jour une foire pas possible[2]. Il chantait à tue-tête de sa voix de fausset et faisait empaler les spectateurs qui osaient s'arrêter d'applaudir. Aussi, les bravos spontanés fusaient du parterre au balcon dans une joyeuse allégresse. Le trésor national, bien sûr, s'épuisait peu à peu, mais Néron, toujours plein de ressources, faisait assassiner quelques riches sénateurs dont il s'accaparait la fortune et la foiridon recommençait à tout-va ! De plus en plus emballé par le chant, il fit des tournées en Grèce où les pâtres lui reconnaissaient du talent. Là aussi, il fit bouillir quelques directeurs de théâtre qui avaient essayé de le payer avec des olives, mais rien de méchant. Il repartit gazouiller en Italie où une flopée de types l'attendaient pour lui faire passer le goût du parmesan. Déjouant leurs plans, futé comme il était, il les fit noyer dans une cuve pleine de vin et obligea leurs femmes à en faire un civet. C'était un sacré farceur.

Il reprit alors ses concerts avec frénésie. Il annonça qu'il venait d'écrire une tragédie en soixante-deux tableaux : « J'ai fait personnellement la musique, et je chanterai en m'accompagnant moi-même à l'accordéon », dit-il au peuple atterré ! Ce fut alors le commencement de la fin. Un dénommé Galba, ancien gouverneur d'Espagne tarraconaise, fut reconnu et acclamé par le Sénat comme étant le sauveur de la situation. Ce pauvre Néron, déclaré ennemi public numéro un, s'enfuit à tout berzingue se réfugier

2. C'est malheureusement le genre de comportement qui finit par ternir une réputation.

dans ces collines où il avait fait rêver tant de moutons avec sa flûte enchantée…

Trop cossard pour le faire lui-même (ou trop dégonflé !), il demanda à l'un de ses affranchis de lui ouvrir les veines. En mourant, d'après Suétone, il se serait écrié : « Quel artiste périt avec moi ! » Il n'est pas mort étouffé par les complexes. C'est déjà ça ! Le médecin qui constata le décès dit : « Ça ne fait rien, quelque part ce type était génial ! » Oui… mais il n'a pas dit où !

CLÉOPÂTRE

Dans les années soixante avant J.-C., l'Égypte accoucha d'une petite merveille de bonne femme qu'on appela Cléopâtre. Je dis l'Égypte, parce que le nom de sa mère était inconnu et qu'après tout on s'en tamponne le péplum! On sait par contre que son vieux était Ptolémée XII et qu'il adorait la banane écrasée dans le Banania. Il aimait aussi les arts et principalement la musique. On l'avait surnommé « le joueur de pipeau » parce qu'il passait des journées entières à jouer de la harpe. Il remercia son boulanger [1] quelque temps plus tard et, avant d'expirer, confia la jeune Cléo à son petit frelot, qu'il avait appelé Ptolémée XIV après s'être bougrement creusé le caberlot!

Compte tenu du bas âge des royaux lardons, on confia les héritiers de l'Égypte momentanément à un eunuque du nom de Pothinus, qui avait la sale habitude de répondre « Je m'en branle » chaque fois qu'on lui annonçait une catastrophe nationale. Cléo, en grandissant, passait son temps à se bagarrer avec ce petit con de Ptolémée (c'est elle qui l'appelait comme ça) ainsi qu'avec le châtré de service. Bien que déjà teigneuse, Cléopâtre adolescente était aussi espiègle et romantique. Elle mettait des cafards dans le pyjama de son frelot et adorait les billets que lui envoyait son amoureux, le fils de la concierge du palais. Ses déclarations enflammées telle celle-ci...

Oh! Cléopâtre au teint d'albâtre
Viens tremper ton nombril
Avec moi dans le Nil...

... lui mettaient la tunique en feu, sans parler du reste. Elle avait déjà un joli nez et un sacré tempérament. À vingt et un ans, elle pauma la moitié de son trône, enfila son meilleur soutien-gorge et se tira vite fait en Syrie, car elle trouvait de plus en plus souvent des lames de rasoir dans son petit déj'. Elle ouvrit là-bas un commerce de harengs fumés qui marchait pas terrible, jusqu'au jour où elle eut vent de l'arrivée en Égypte du grand Jules César lui-même.

1. Il mourut.

Jules, qui, au sommet de sa gloire, venait justement de faire massacrer un million d'hommes en Gaule et d'en réduire un autre million en esclavage, avait besoin de prendre quelques vacances [2].

Et puis, qui sait ? Il y avait peut-être quelques affaires à faire avec l'Égypte. Elle passa un string translucide et un déshabillé de cinquante grammes et se fit amener en litière tapissée de soie blanche dans la piaule de César. Durant une nuit entière, telle Shéhérazade, elle lui raconta tout : son père qui l'adorait, son frère qui la battait, sa première chute en vélo, son premier zéro en hiéroglyphes, l'eunuque qui avait voulu abuser d'elle avec son chasse-mouches, le couscous syrien dégueulasse, les Syriens encore pires…

Bref, à six plombes du mat, il bâilla et la remit sur le trône d'Égypte avec Ptolémée XIV (le XIII étant parti pêcher la morue à Terre-Neuve !), son deuxième frangin. Pour le remercier, elle offrit des tagliatelles au basilic à César après lui avoir embrassé les genoux [3]. Ne comprenant pas pourquoi elle devrait encore une fois partager son trône avec ce mollasson de Ptolémée, elle saupoudra un peu d'arsenic dans la semoule de son tajine. Évidemment, elle lui déglingua par ce fait complètement la tuyauterie, et le meilleur plombier d'Égypte n'arriva pas à le sauver. Sans doute pour ne pas lui laisser faire tout le boulot, César, de son côté, mit la main à la pâte. Il offrit un Americano au curare à Arsinoé, la seule frangine de Cléo, en déclarant, satisfait, à cette dernière : « À présent, on a les coudées franches. »

César avait alors quarante-deux balais. C'était le genre seccos et nerveux, et il devait bien mesurer un mètre soixante avec deux Bottin sous les pieds. Il était, de plus, chauve comme un piano à queue, avec les épaules en bouteille de riesling et des mollets de coq de combat. Il n'avait qu'un seul cheveu. Sur la langue.

---

2. On n'a que trop tendance à penser qu'un chef d'État se la coule douce. Ce métier, hélas, n'est pas de tout repos, il est parfois nécessaire de se montrer impitoyable, tout en aimant Wagner et les petits enfants. Voyez ce pauvre Hitler !

3. Ça commence toujours comme ça.

Cléopâtre, elle, avait un nez fameux par ses parfaites proportions, et des yeux, un nombril et des roberts qui filaient des insomnies à tout Égyptien normalement constitué, si vous voyez ce que je veux dire. César avait des affaires d'État importantes à régler en Égypte[1]. Un jour, pour remercier Cléopâtre de lui avoir fait dresser une statue sur la place de la mairie, il lui offrit un petit pain au chocolat et elle tomba enceinte. Ils appelèrent leur garçon Césarion, et Cléo ne put s'empêcher de demander bêtement à César : « Au fait, on les fête quand, nos fiançailles ?... » Il fut bien forcé de lui répondre : « Ma vieille, je t'épouserai quand les renards n'auront plus de queue, *because* qu'une bergère, j'en ai déjà une au pays. T'es assez grandette pour te rendre compte que ça ferait désordre. » Il emmena tout de même Cléo à Rome en 44 avant J.-C. Il lui dit qu'il allait laisser beaucoup de ruines pour que, plus tard, les touristes viennent dépenser leurs devises en Italie après avoir vu les films qu'on aurait fait sur lui à Hollywood.

Il se considérait comme étant d'essence divine, ce qui ne l'empêcha pas de se faire assassiner par ses meilleurs potes un jour de séance au Sénat. Cléopâtre quitta Rome à toute bubure et repartit chez elle becqueter ses brochettes au cumin. Trois ans plus tard, en allant acheter un faux-filet chez le boucher, elle rencontre Marc Antoine qui lui dit : « Cléopâtre ! Quelle surprise. Vous ici ! En personne ! »

Marc Antoine, qui était un grand penseur, avait une conversation toujours époustouflante. Ce gros barbu, qui adorait le melon en dépit des coliques qu'il lui occasionnait, dévorait un demi-mouton les jours où il n'avait pas d'appétit. Il portait des caleçons à fleurs sous une chasuble en lin et il transpirait en permanence comme un perceur de coffre-fort. Il se parfumait au jasmin et on n'a jamais pu savoir pourquoi il sentait la graisse de baleine. Il trichait toujours sur son poids. Il disait : « Les soucis me font maigrir, ces temps-ci. L'or a encore baissé. Je ne pèse

1. Toutes les affaires de César étaient toujours vachement importantes.

plus que cent vingt kilos ! » Il avait appris le grec on se demande pourquoi, car ça ne lui a pas apporté grand-chose[2].

Après quelques banalités du même tonneau, Marc Antoine acheta un cuisseau de bœuf et invita la belle Cléo à venir le briffer chez lui. Là, elle lui raconta tout à lui aussi. Son père qui l'adorait, son frère qui la battait... César qui ne l'avait jamais vraiment comprise, etc. Marc Antoine pleura toutes les larmes de son corps, avala un grand saladier de crème anglaise, et ils eurent des jumeaux. Malgré la fortune colossale d'Antoine, Cléopâtre n'eut aucun mal à tomber amoureuse de lui. Ils jouaient au flipper, à la pétanque égyptienne, et Antoine partait perdre une bataille par-ci par-là. Au retour, il racontait tout ça en rigolant à Cléopâtre, en concluant : « On a eu chaud aux plumes ! » Il partit de nouveau et mit trois ans avant de revenir en pleurant[3]. Il avait perdu encore une bataille en même temps que sa troisième femme Fulvia. Pour endiguer son chagrin, il épousa Octavie (demi-sœur d'Octave). Cléopâtre, qui était restée impavide[4] jusque-là, lui dit : « Je ne veux pas te faire de peine, mon vieux Toine, mais je trouve que t'es salement gonflé[5] ! » Là-dessus, il éclata en sanglots, lui annonça qu'il était ruiné et l'épousa discrètement en présence de trois mille intimes.

Elle prit l'habitude de le savonner un peu trop souvent sous la douche, et ils eurent un autre enfant. Antoine, toujours gamin, rêvait d'attraper un brochet au lancer et de conquérir l'Asie. On sait depuis qu'il n'a eu que le brochet. Il traînait de café en café et en ressortait souvent ourdé, sans avoir la force de terminer son verre. Hormis ses enfants, il ne termina du reste jamais ce qu'il avait commencé.

À cinquante balais passés, Antoine était tellement gras qu'il transpirait de plus en plus, comme un gigot à la broche. Il prenait des mufflées carabinées, et il n'était pas rare qu'il sorte de chez lui

2. Pour discuter philosophie avec un pâtre penseur, à la rigueur...

3. Il était hypersensible et pleurait pour un oui ou pour un non.

4. Elle pouvait demeurer impavide quand elle le décidait.

5. Elle était parfois d'une lucidité effarante.

pour aller faire son bridge au bistrot avec le slip de Cléopâtre sur la tête à la place de sa casquette à carreaux. Cléo commença à se demander si Antoine était vraiment le mari idéal.

Pour finir, Octave – qui n'était autre que le fils adoptif de Jules César [1] – fila une formidable décoction aux troupes d'Antoine dans un bled nommé Actium. Des chroniqueurs malveillants ont prétendu que la belle Cléopâtre avait déserté le pageot de son mari pour le trahir auprès d'Octave. Elle aurait ensuite envoyé un message à Antoine lui disant : « Celle qui t'a loupé a fait une meilleure affaire que moi… » Et bien sûr, le pauvre Antoine, au désespoir, aurait ouvert le gaz. En fait, on ne sait fichtre rien de sérieux sur le contenu de ce message. J'ai lu personnellement une autre version dénichée grâce à un bakchich à la Bibliothèque nationale d'Alexandrie. Cléopâtre, en vérité, aurait écrit à Antoine un billet qu'il lut sur le champ de bataille une heure avant le dîner : « Chéri, disait la missive. J'ai laissé brûler le rôti dans le four, on mangera des sardines à l'huile. Pardonne-moi. Ta Cléo. » Antoine, désespéré – car il n'aimait le rôti que saignant –, se serait suicidé. Cette version me paraît beaucoup plus raisonnable que la première. Cléopâtre, du reste, hormis la cruauté, avait ceci de commun avec Néron (qu'elle n'eut jamais le plaisir de connaître), c'est qu'elle laissait tout brûler…

Cléopâtre avait près de trente-neuf balais et paraissait en avoir vingt-cinq. Elle n'avait jamais eu le ventre aussi plat, la cuisse aussi fraîche, le nez aussi palpitant et le nombril aussi énigmatique. Octave aurait pu en tomber amoureux. Eh bien, pas du tout ! Il ne pensait qu'à conquérir des territoires et celui-ci ne l'intéressait pas. Il était juste une fois tombé amoureux de son poisson rouge, et c'est une brève liaison qui n'avait jamais eu de suite…

Octave n'était en fait qu'une sale brute qui commençait par battre ses tapis le matin et finissait par ses ennemis l'après-midi. Il avait un grand respect de la morale et passait le plus clair de son temps à zigouiller ceux qui, à son avis, en étaient dépourvus.

---

1. Handicap sérieux pour être prix Nobel de la paix !

Il avait une poitrine de poulet, des yeux de mérou et des jambes de héron qu'il cachait sous des bleus de travail rapiécés. Le soir, il se grattait la tête pendant cinq bonnes minutes en regardant les nuages. Il pensait qu'il en sortirait peut-être quelque chose, mais hormis quelques pellicules, rien qui méritât d'être signalé dans les grimoires. Il avait décidé d'embarquer Cléopâtre et de l'exhiber comme captive. Celle-ci lui coupa l'herbe sous les pieds en se faisant piquer le nibard gauche par un aspic qui avait trouvé ça vachement érotique. L'Égypte perdit ainsi sa dernière reine et fit désormais partie de l'Empire romain. Afin de ne pas prendre de risques inutiles, Octave fit avaler une compote de papaye empoisonnée à Césarion, le fils de César et de Cléo. Des historiens mal intentionnés écrivirent par la suite que Cléopâtre avait usé dans sa vie plus de draps que de babouches, mais comme elle marchait toujours pieds nus, ça ne veut pas dire grand-chose. Ce pauvre Octave, lui, avait des poux, de l'impétigo, des maux de crâne quand il réfléchissait, de l'asthme et des crises de foie en permanence. Ayant trouvé sans doute que le nom d'Octave faisait un peu plouc, il se fit appeler Auguste et gouverna l'Empire romain pendant quarante ans sans jamais prendre un bain à cause de son impétigo. Cléopâtre ne sut jamais à quoi elle avait échappé !

NAPOLÉON

(Ajaccio, 1769-Sainte-Hélène, 1821)

Avant d'être le grand général Bonaparte, Napoléon était déjà un petit caporal corse bien vaillant. Enfant, il dénichait lui-même les merles corses avec un rare courage. Il pouvait tuer près de cent mouches à l'heure avec l'éventail de sa mère. Il allait, avec ça, pêcher le chevesne à la volante, avec un hameçon de seize et du fil de dix centièmes. Charles et Letizia, son papa et sa maman, avaient eu huit enfants dont il était le second. Il en ressentit tout de suite un fort complexe et jura dès lors de devenir Napoléon Ier. En 1779, il a à peine dix ans. Papa Charles, qui vient de faire reconnaître la noblesse de sa famille « prouvée au-delà de deux cents années », obtient une bourse de l'État pour envoyer son fiston au collège d'Autun.

Napo, hélas, jacte à peine le français, ce qui fait se poiler ses potes de promotion[1]. Après quelques mois pénibles, on l'envoie à Brienne en vue d'y devenir « officier du roi de France ». Là, même problo. Comme il a toujours l'air d'un gardien de chèvres, les fils de grandes familles qui pètent dans la soie se payent sa fiole dans les grandes largeurs. Il s'appelle Napoléoné. Ils le surnomment « Napoléoné la paille au nez »! Ce qui décuple son aérophagie. Néanmoins, on s'aperçoit vite que, lorsqu'il demande des tomates farcies à la cantoche, y a pas intérêt à lui passer les artichauts. Napo est déjà un chef[2]. Il ne se fera qu'un seul pote à Brienne, c'est Bourrienne, qui deviendra plus tard son secrétaire[3].

En 1784, il entre dans l'artillerie à l'École militaire de Paris. Là, au Champ-de-Mars, il passe son temps à évacuer ses gaz sous les marronniers et à faire du gringue aux nourrices. Il leur envoie des déclarations d'amour enflammées, hélas truffées de fautes

1. Il disait par exemple : « Zé manze plou des sataignes, pourquoi y mé foute des gaz ! »

2. Il est néanmoins rêveur et taciturne. Son regard perçant sous un front soucieux est toujours braqué vers une ligne d'horizon imaginaire. Ce qui lui donne un air intelligent.

3. C'est Napo qui avait insisté. Parce que Bourrienne, lui, il aurait préféré reprendre la charcuterie de son papa.

d'orthographe. Ça fait bien rire les nounous qui prennent des cours du soir chez Pigier.

Il n'arrive pas à s'enfoncer dans le chou que croupe ne prend qu'un p… et puis cette manie qu'il a d'écrire toujours orgasme avec un Z ! Il est parfois si honteux qu'il songe bien à se suicider, mais il a tellement les foies de faire des fautes dans sa lettre d'adieu qu'au dernier moment il se dégonfle lamentablement. Au beau milieu de ces bourrasques passionnelles, il apprend que son vieux, à Ajaccio, vient de succomber à une terrible indigestion de figatellis. Il sent peser sur lui la chape des responsabilités d'un chef de famille car il estime en effet que cette couille molle de Joseph (c'est ainsi qu'il appelle son aîné) n'est pas à la hauteur[4].

À seize ans, il a fini ses études et hurle « Je suis libre ! », en allant en garnison à Valence où il reste un an enfermé. Là, entre deux tablettes de chocolat, il ligote Voltaire, Rousseau et Machiavel (tiens, tiens[5] !). Se sentant l'âme et la plume voltairienne, il se lance alors dans l'ébauche d'une *Histoire de la Corse* désopilante, où il explique en gros qu'un jour on aura le FLNC sur le râble et qu'on l'aura pas volé. Toutefois, hormis Alain Decaux, André Castelot et Tino Rossi, personne n'a jamais investi une thune dans ce bouquin-là. Il n'a été vendu qu'à quatorze exemplaires, et encore, aux membres de sa famille qui voulaient pas le vexer.

De 1786 à 1789, Napo se farcit les garnisons de Lyon, Douai, Auxonne et Valence. Il va aussi souvent en Corse pour y colmater les fissures qu'a laissées son vieux dans les affaires de famille[6]. Il dit à ses frelots et à ses frangines de pas se faire de mouron, qu'ils seront tous princes, princesses ou même rois très bientôt[7].

De retour sur le continent, il trouve la Révolution géniale ! Les tentatives de justice, d'honnêteté, de grandeur et de liberté

4. C'est pour cette raison qu'il le fera roi d'Espagne plus tard !

5. On n'est pas sûr depuis qu'il ait très bien compris ce qu'il lisait.

6. Il avait vendu toutes ses vieilles chèvres pour se payer de jeunes bergères.

7. Ils sont écroulés de rire, les frangins !

le font goder un max. Il renversa vite la vapeur *because*, dit-il, les regrettables « dérapages » de la Terreur [1] !

En 1792, il va se châtaigner en Corse contre un dénommé Paoli. Ce dissident à la mie de pain a la sale habitude de dire à qui veut l'entendre que « la Corse est aux Corses et que les Français lui filent de l'urticaire » ! Napo (qui pense exactement la même chose) se fait néanmoins nommer « lieutenant de la garde nationale » et, au nom de la patrie française, morfle sa première avoine à la citadelle d'Ajaccio. Il est obligé de calter à toute pompe vers le continent avec sa famille au complet, car Paoli et les « libérateurs de la Corse » leur collent au train jusqu'au bateau qu'ils prennent sans billet. Malgré cette bonne déculottée, le lieutenant Bonaparte est cependant nommé commandant de l'artillerie à Toulon, où les Rosbifs veulent absolument imposer la panse de brebis farcie à la place de la bouillabaisse. Son chef de bataillon s'appelle Dugommier. Il est tout de suite bluffé par Bonap. Ce dernier, montant illico en première ligne, va fricasser la tronche des Angliches à grands coups de sabre dans les naseaux, sans s'arrêter de manger du chocolat.

Bref, le 18 décembre, il va sous la tente trouver Dugommier qui était sur le tapis en train de jouer de la clarinette à moustache à sa femme de chambre. Il en reste sur le fion quand Napo lui dit : « Vous pouvez aller au pieu, vous serez plus à l'aise, on vient de prendre Toulon. » Là, il a fait très fort, le Corsico ! Le lendemain, il est nommé général de brigade et il tombe amoureux de Désirée Clary [2]. Il passe une nuit de rêve dans les bras noueux de Désirée, lui déclare qu'il l'aimera toujours et la quitte définitivement le lendemain matin. Barras le convoque alors pour fraiser la hure aux royalistes de vendémiaire, le 5 octobre 1795. Il devient vite Superman, n'arrêtant pas ici ou là de mater des émeutes et de

1. Il avait déjà le sens du mot juste !

2. Même étant jeune, on ne peut guère dire que Napo était un sex-symbol. Il avait le teint jaune, les pieds plats, une brioche de dindonneau, des lèvres de lézard et des yeux globuleux. La mèche en croissant islamique qu'il avait sur le front donnait pas pour autant l'envie aux gonzesses de lui faire la danse du ventre.

savater le pétrus de tous ceux qui font des misères à cette pauvre Convention. Barras est catapulté directeur et Bonap se retrouve « commandant en chef de l'armée de l'intérieur ». Il n'a que vingt-six piges. Il file définitivement la migraine aux Jacobins en bouclant leur célèbre club et en les priant d'aller jouer dehors.

C'est alors que le palpitant de notre futur empereur connaît le plus formidable big bang de son existence. Il rencontre une splendide créole du nom de Joséphine de Beauharnais, qui le fait aussitôt grimper au lustre dans le salon de Mme Tallien. Cette superbe pétroleuse, née Tascher de la Pagerie, n'est autre que la veuve de l'ancien président de l'Assemblée constituante qui s'était fait décoller le caberlot pendant la Terreur. Napo va tout faire pour la consoler.

Joséphine (sûrement un peu craintive) faisait souvent dégainer de jeunes et fringants colonels, qui n'hésitaient pas une seconde à lui confier leur épée en main propre et en état de marche.

Barras lui avait même fait visiter son alcôve un soir de grande détresse morale, et elle avait reconnu elle-même que, quelque part, ça lui avait fait beaucoup de bien (3). Napo, fébrile comme un ver de terre dans un bocal de piranhas, lui demande néanmoins sa main et elle lui abandonne tout le reste, car elle ne faisait jamais les choses à moitié.

Le 19 mars 1796, Joséphine devient la citoyenne Bonaparte.

Napo, lui, est nommé général en chef de l'armée d'Italie, ce qui leur assure déjà une bonne petite retraite. Après avoir fait toutes les emplettes nécessaires pour rendre sa polka heureuse (il lui avait payé les derniers gadgets du Salon des arts ménagers !), il décarre à bride abattue vers les Alpes du Sud, où les Piémontais et les Autrichiens ont la prétention de nous chouraver nos champs de tomates. Avec son pote Carnot, il met sur pied un « plan de guerre » qui, logiquement, doit scier le cul de ces malappris. La décoction qu'ils ont dégustée, les Piémontais !... Arcole, Lodi, Rivoli, pour ne citer que les plus célèbres, on en a encore des traces jusque dans nos certificats d'études. Malheureusement pour Napo, Joséphine, restée à la maison, avait contracté une conjonc-

3. Elle n'a jamais précisé où.

tivite à l'œil gauche à force de faire des œillades aux sémillants officiers. Refusant de rejoindre son bonhomme en Italie sous prétexte qu'elle a horreur des gnocchis au parmesan, c'est contrainte par Barras lui-même (qui savait causer aux gonzesses) qu'elle ira le rejoindre. Elle se fait tout de même accompagner par son jules du moment, un certain lieutenant Charles, que Napo cherche partout pour lui faire becqueter son bicorne. Pas mesquine pour deux ronds, la belle Josée les contentera tous les deux à tour de rôle[1]. Non content d'être une pointure militaire de première bourre, Napo ramène des tonnes de grisbi d'Italie qu'il distribue généreusement au Directoire. Il pique également dans les territoires occupés un max d'œuvres d'art, de tableaux et de sculptures, qui vont beurrer le Louvre pour les petits écoliers de l'an 2000. Il reçoit tant d'ambassadeurs, signe tant de traités (Campoformio en 1797), qu'il devient pratiquement le taulier d'une République cisalpine[2]. Le gouvernement, qui rit jaune, voit déjà se pointer le futur empereur sur les traces du petit général[3].

L'État, qui au bout de quelque temps n'eut plus un flèche dans les coffiots, commençait à l'avoir à la caille.

Le Napo, qui n'avait pas que du tapioca dans la coloquinte, gambergea que c'était le moment de faire des conquêtes. Il décida dès lors de balancer de temps en temps quelques phrases historiques, histoire de laisser quelques traces dans les manuels scolaires. Il déclara d'abord : « Les grands noms ne se font qu'en Orient. » Et il se fit donc suer le burnous pour aligner sa gloire sur celle d'Alexandre et de Mahomet. Rien que ça. Plus tard, le 21 juillet 1798, il cria à ses grivetons débarqués sur la terre d'Égypte : « Soldats, songez que du haut de ces pyramides quarante siècles vous contemplent ! » Après cette forte pensée, il regagna sa tente où on l'allongea pour lui mettre des compresses sur le front.

1. Malgré quelques petits défauts, Joséphine était la générosité personnifiée.

2. Il écrivait tous les jours à Joséphine en lui demandant si elle lui était fidèle. Elle lui répondait que oui, bien sûr, quelle question !

3. Il avait déjà les crocs qui rayaient le parquet.

Il décarra ensuite en juillet 1799 et fila une tourlousine à l'armée turque dans la bataille d'Aboukir. Pendant que les trente-deux Turcs survivants préparaient le méchoui, Kléber disait à Bonaparte, en le « saisissant au milieu du corps » : « Général, vous êtes grand comme le monde ! » L'autre, modestement, n'eut pas le courage de le contredire. Napo, qui avait cependant paumé tous ses bateaux dans la rade d'Aboukir, décide d'aller à pince se farcir la Syrie où les keftas étaient, paraît-il, de première bourre. Il prend la pâtée à Saint-Jean-d'Acre et gamberge qu'il se vengera des Rosbifs en Europe, surtout à cause du couscous au piment qui lui fout de formidables secousses dans la tuyauterie. Et puis, il pensait à Joséphine, imaginant les galipettes de son petit oiseau des îles sans défense, toujours prête à se laisser enjamber par ces petits lieutenants planqués auxquels elle ne savait pas dire non (4). Ah ! Il dérouillait sec, le Napo, intérieurement. Son palpitant saignait à gros bouillons à ces seules évocations douloureuses. Il était courageux, certes, autoritaire, il allait devenir un vrai despote, il le sentait bien, mais il était cocu. Général, mais cocu ! Pour se consoler, il mangeait de plus en plus de chocolat. Il devenait aussi hélas de plus en plus maniaco-dépressif et il se grattait l'abdomen en permanence dès qu'il avait dépassé les trois tablettes. Il débarque à Fréjus le 8 octobre 1799 avec des boutons partout. Arrivé à la capitale, c'est pas la joie. Il mitonne ce qu'on appellera « le coup de Brumaire » après avoir été menacé de mort par les Cinq-Cents, qui dénoncent les « visées d'un nouveau Cromwell ». Napo, le trouillomètre à zéro, devient « livide, maladroit, au bord de l'évanouissement » ! Le vainqueur d'Arcole avait soudain les flubes (5).

Sans l'intervention de son frelot Lucien (président du Conseil des Cinq-Cents), il aurait eu très chaud aux plumes.

---

4. Chaque fois que la belle Josée faisait une partie de jambes en l'air, on entendait résonner l'élastique de sa culotte dans tout le pays. Le pauvre Napo, bien sûr, était vite mis au parfum par les amis qui lui voulaient du bien.

5. Hormis devant Joséphine en train de le tromper dans son propre lit, il fut rarement aussi désarçonné !

Sieyès et Roger Ducos lui filent aussi un sérieux coup de paluche. Il se retrouve bientôt Premier consul avec tous les pouvoirs en pogne, un pistolet tout neuf et un vélo à sa disposition vingt-quatre heures sur vingt-quatre[1].

À partir de là, il va se poiler comme un petit fou. Il redresse la mornifle qui se casse la gueule, il construit des digues, il aide les ploucs à planter des vignes, les industriels à rouler en Rolls, et il dessine lui-même les fringues de ces braves grognards qui savent si bien se faire charcuter pour lui. Le pays devient « calme et prospère ». Ça va pas durer. Napo va filer une dérouillée aux Autrichiens à Marengo, juste pour leur piquer leur fameuse recette de veau Marengo que sa mère Letizia pas plus que Joséphine n'ont jamais su réussir. Pour oublier sa ravageuse de bonne femme qui file toujours de grands coups de canif dans le contrat[2], le 27 mars 1802, il signe la paix d'Amiens. Il y est dit que, désormais, les Français et les Rosbifs vont pouvoir enfin se rouler des patins[3] ! Il obtient la pacification de ces teigneux de Vendéens et amnistie les prisonniers royalistes pour qu'ils puissent librement recommencer à brimer leurs domestiques. Il libère aussi les curés réfractaires qui finiront, hélas, un jour, par interdire le mariage entre hommes et même les préservatifs recommandés par *Que choisir*. Il est tellement bien désormais avec les radis noirs qu'il va finir par signer un concordat avec le pape Pie VII le 16 juillet 1801. Du fameux Code Napoléon vont naître la Banque de France, le franc, les préfets, et tout un tas de calamités du même tonneau. Bref, après s'être fait bombarder « président de la République italienne » en 1802, et vu qu'on recommence déjà à se fraiser la gueule avec les Rosbifs, Napo demande carrément les pleins pouvoirs[4] !

1. Ça n'a l'air de rien, mais ça force le respect.

2. Elle lui en fait voir des vertes et des café au lait, sa créole.
On comprend après ça que Napoléon ait laissé à Savorgnan de Brazza et à Abraham Lincoln le soin d'abolir l'esclavage !

3. Ceci n'est qu'une image, bien sûr, car les Rosbifs n'auraient jamais accepté ça à cause de l'ail !

4. C'est normal, il voulait obtenir au bureau ce qu'il n'avait pas à la maison. Faut le comprendre, cet homme !

Le 18 mai 1804, il se fait nommer empereur des Français et offre le soir même à Joséphine un double cornet de glace à la vanille de chez Bertillon. Pas plus tard que le 2 décembre 1804, aura lieu le sacre de Napoléon Ier et de l'impératrice Joséphine, plus connue par les connaisseurs sous le nom de « Saute-au-paf ».

Napo, pas rancunier, prenant la couronne impériale des mains du pape lors de la cérémonie, la pose lui-même sur la calebasse de Joséphine agenouillée[5]. Il met ainsi les points sur les *i* à ce vieux schnoque de Pie VII en lui montrant que pour l'autorité il attend pas après Dieu et que c'est sa pomme qui décide. À partir de là, il fait de plus en plus de tabac partout où il passe[6]. Le 26 mai 1805, il se fait proclamer roi d'Italie. Ça mange pas de pain. L'Europe monarchique, qui commence à glaglater devant la bonne santé hégémonique de la France, se coalise contre Napo qui finira bien sûr dans la cata ! En attendant la Bérézina, entre 1805 et 1810, il va se farcir Austerlitz, Iéna, Friedland, etc., bref, il se débrouille pour trouver des blases d'avenues pas trop tartes qui partiront toutes d'une grande place à Paris où on fera un jour l'arrivée du Tour de France. Bien qu'il ait le chou qui fume[7], il en fait croquer aussi à ses frelots qu'il n'oublie pas. La famille corse, c'est sacré ! Il file le royaume de Naples à Joseph et celui de Hollande à Louis[8]. Il mitonne après ça un petit blocus contre les Rosbifs (en 1806), puis, histoire de finir le tour de la place de l'Étoile, il va retrousser Eylau et Friedland. Comme il lui reste des frangins qui pointent au chômedu, il pose Jérôme sur le trône de Westphalie et Joseph (qui pouvait plus saquer les pâtes à la napolitaine !) sur celui d'Espagne. À ce moment-là, le pouvoir du petit bedonnant Napo est quasiment totalitaire. Il veut tellement cloquer son tarin par-

5. Il lui fallait au moins un sacre (ou un jules) pour qu'elle s'agenouille, mémère !

6. Étonnée et pantelante devant les succès de son lardon, Letizia, sa maman, répétait inlassablement : « Pourvou qu'ça doure, pourvou qu'ça doure !... » Hélas pour lui, ça ne doura pas.

7. Il prétendait qu'il pouvait faire sept choses à la fois. Joséphine savait parfaitement qu'il avait déjà du mal à en finir une !

8. Ses frangins aussi adoraient jouer aux soldats !

tout que la déconfiote ne tarde guère. Il morfle d'abord une bonne raclée en Espagne, où cinquante mille grognards ont dégusté en même temps une indigestion fatale de paella aux pruneaux de mousquetons[1].

Au retour, il ne fait même pas de scène à Joséphine. N'empêche qu'il est encore l'empereur (« Pourvou qu'ça doure ! ») de cent trente départements de Hambourg à Rome. Il est donc plus qu'urgent que Dieu ait un fils pour succéder à Dieu !

Comme il sait à présent que la môme Joséphine est plus stérile qu'une banane flambée, Marie Walewska, avec qui il fricotait déjà en Pologne, lui moule un chiard (Alexandre) en 1810[2]. Il divorce donc de sa chère et inoubliable Joséphine pour épouser... Vous n'y êtes pas du tout, non... La Marie, il en veut déjà plus. Quitte à replonger dans le marida, autant coucher UTILE ! Et les alliances politiques, c'est pas fait pour les clebs. Après avoir envisagé de s'entifler avec la sœur du tsar Alexandre Ier, il épouse finalement Marie-Louise d'Autriche, dite « Petits nibards », en avril 1810. Il ne fera ce marida « politique et de raison » que pour « épouser un ventre », dira-t-il. Qu'en termes galants...

Le 20 mars 1811, Marie-Louise lui pond un petit gluant, le roi de Rome. Napo alors a atteint le haut du mât. Désormais « ça va plou dourer » ! Il ne peut que se casser la margoulette. Il prend des bides partout. Le plus grand sans doute (avec Waterloo !) c'est, bien sûr, sa retraite de Russie[3]. Là, il a carrément le moral dans les chaussettes[4], mais il s'en sort bien encore une fois. Après

1. Là, il y eut beaucoup d'estropiés, de violées, de blessés gémissants prêts à se déguiser en cadavres. Presque autant que plus tard à Waterloo où pourtant Grouchy avait mis le paquet. Napoléon prit très mal la chose. Il reconnut honnêtement lui-même : « Je ne comprends pas ce qu'on a pu branler ! » Comme quoi, les grands eux-mêmes ont parfois des problèmes métaphysiques complexes.

2. Il était parfois cachottier pour certaines choses...

3. Certes, à Waterloo, il rasait les murs à la sortie. D'après les survivants, il roulait pas vraiment des mécaniques. Au fait, y a-t-il eu vraiment des survivants ?

4. Il est d'ailleurs le seul à qui il reste des chaussettes.

tout, ses soldats n'ont pas eu de bol, ça arrive ! C'est tout de même ce bon Napo qui inventa la Légion d'honneur à partir d'un fait amusant. S'étant fait jucher sur les endosses de quatre braves grognards qui durent lui faire traverser la Bérézina charriant des glaçons, il les récompensa de lui avoir conservé les pinceaux au sec en leur accordant un petit ruban rouge tout bête, qu'il baptisa la « Légion d'honneur ». Comme après cet exploit glorieux on avait dû les amputer des jambes, il leur agrafa le petit machin au revers de la vareuse en leur disant solennellement à chacun : « Soldat, tu es un brave. » Ce qui était très beau, car le soldat restait décoré et brave dans toute sa partie supérieure. Tout le reste est blanc-bleu avec tout ce que je vous ai déjà raconté. C'est tellement la cagade, pour lui, qu'en 1814 il abdique et va cultiver son carré de légumes dans l'île d'Elbe. Puis, bien sûr, il met les adjas, vu que cet îlot était bien trop calme pour cécolle. Il débarque donc à Golfe-Juan, et c'est les Cent-Jours. Il aurait mieux fait de rester à l'île d'Elbe au milieu de ses carottes.

Car, tête baissée, après les Cent-Jours, il fonce sur Waterloo, et chacun sait à quel point il y perdit alors tous ses légumes[5].

---

5. Bien entendu, c'est apparemment la faute à Grouchy si ce pauvre Napo a paumé la bataille de Waterloo. Notre honneur de patriotes en a aussi pris un vieux coup, reconnaissons-le. Mais depuis près de deux siècles, on nous cache la vérité sur cet affront que nous infligèrent les Rosbifs. La voici enfin, cette terrible vérité. Grouchy, sur ordre de son patron bien-aimé Napoléon, s'absenta PRÈS D'UNE HEURE, et cela même dès le début de la fameuse bataille. Le pauvre et dévoué maréchal de France courait dans tous les sens, ce matin-là, pour trouver une pharmacie ouverte. Napoléon, se sentant fautif devant l'histoire, n'avoua jamais que C'ÉTAIT LUI qui l'avait envoyé acheter un laxatif chez le coupe-chiasse, parce qu'il était encore une fois constipé pour avoir TROP MANGÉ DE CHOCOLAT ! Eh oui ! Pendant ce temps, bien sûr, et à cause de ce malencontreux dérangement intestinal, les dix mille soldats de Grouchy, qui composaient l'aile gauche de ces glorieuses troupes, se firent massacrer. Et cela, bien sûr, sans lever le petit doigt, puisqu'ils ATTENDAIENT LEUR CHEF ! Bien entendu, quand Grouchy revint avec ses dragées Fuca, la constipation de Napo fut vaincue, certes, mais son armée l'était aussi. Il fallait que cela fût dit.

À la suite de ces fâcheux événements qui le laissèrent plus déprimé qu'un diabétique devant un plat de crêpes Suzette, il abdique une deuxième fois en faveur de son petit salé et s'octroie aussi sec une double ration de chocolat.

« Le bonhomme, dit l'histoire, avait conscience de son rôle d'oppresseur. » Il était sans doute lucide quelquefois, puisqu'il disait : « Quand je mourrai, l'univers entier fera un grand OUF ! »

En attendant, exilé, il se retrouva gardien de phare à Sainte-Hélène. Certains soirs, envahi soudain par la mélancolie, il contemplait la mer, le menton reposant dans le creux de sa main. Il songeait : « C'est vrai que j'en ai fait ratatiner un sacré pacson !... » Ce qui ne l'empêchait pas, tout seul à table, anéanti par la tristesse, de reprendre trois fois du homard.

attila

(395-453)

Attila était hun, il faut bien commencer un jour. Non seulement il fut hun, mais il tenait à le rester. À preuve : à la première occasion, cependant que son frère (avec qui il partageait la royauté) cherchait à quatre pattes des gastéropodes dodus pour les accommoder avec un beurre à l'ail, il le transperça entre les omoplates. Sa grande épée en acier inox resta fichée en terre, épinglant tel un papillon son malheureux frelot qui avait toute l'allure d'un mort pour quelqu'un qui connaissait la partie. En tout cas, s'il ne l'était pas, c'était bien imité, car on ne le revit plus jamais le samedi soir taper le carton à l'estaminet du Beau Danube bleu, repaire des Huns et des autres ! Attila, qui était tout petit, n'avait qu'une idée en tête : il voulait faire peur à tout le monde. Aussi, afin de réveiller les gènes schizophréniques qui sommeillaient dans le cerveau des masses laborieuses, il se fit appeler désormais le « Fléau de Dieu ». Il acheta une entrecôte, la mit bien à plat sous la selle de son cheval, puis incendia, pilla les villages et viola beaucoup de gens qui ne lui avaient pas été présentés. Il terrorisa les foules, jusqu'à ce que son entrecôte fût cuite à point. Au début, sous son règne, Attila appelait la Hongrie, la Pannonie. Il avait ses lubies. La Pannonie, il trouvait que ça faisait bien. Sur sa carte, il avait fait marquer : « Monsieur Attila – Chef suprême de la Pannonie ». Effectivement, ça avait de la gueule. Entre la Caspienne et le Rhin, entre deux parties de pêche au lancer, il avait soumis les Ostrogoths, les Gépides et les Alains[(1)]. À vrai dire, ce petit cachottier rêvait de faire carrément modifier un jour sa carte de visite[(2)]. Il garderait toujours « Monsieur Attila », bien sûr, mais en dessous il ferait mettre : « Chef suprême et incontesté de l'Orient et de l'Occident ». Auprès des gonzesses, je vous dis pas l'effet !

En 441, la récolte du houblon s'avéra excellente. Attila, de bonne humeur, envahit l'empire d'Orient. Vu que tout lui réus-

1. Quand ils voyaient sa tête, les gens se soumettaient volontiers.

2. Prévoyant, le bougre, il n'en avait fait d'abord tirer que cinq cents.

sissait[3], il s'apprêtait à attaquer Constantinople pour arrondir un peu ses fins de mois.

L'empereur d'Orient, averti par ses espions, lui propose alors une montagne d'or pour qu'il aille plutôt ailleurs continuer de faire ses saletés. Il est vrai, du reste, que lorsque Attila saccageait un pays, il laissait un désordre indescriptible. Ça tombait bien pour Attila, qui commençait à être à court d'entrecôtes et qui s'était rabattu sur le filet, hélas moins goûteux à son avis. Il enfouilla donc les cinq cents kilos de lingots d'or et les enterra au pied d'un chêne en prévision des mauvais jours. Il envahit ensuite la Gaule, en 451. C'était un guerrier avant tout, de tempérament très actif. Il ne pouvait pas rester sans rien faire. Il pille un peu Metz, viole quelques nanas et repart avec le butin habituel, quelques chevaux, quelques esclaves, bref, la routine. On ne sait pourquoi, il épargne Paris. Enfin si, on croit savoir. Il y aurait eu un miracle. Parfaitement. On le devait à Geneviève, la sainte bien connue qui lui serait apparue et qui lui aurait dit : « Mon Titi (diminutif affectueux d'Attila), ne va pas m'esquinter Paris, parce que c'est mon fief, j'y tiens. D'abord, parce que les Parigots sont des mecs aux œufs, ensuite parce qu'ils vont y bâtir une crèche qui va s'appeler Notre-Dame. Au cas où tu serais pas au courant, c'est là que je vais habiter. Alors, va jouer ailleurs, c'est pas la place qui manque. »

Il y avait justement – ailleurs – ce petit général romain, Aetius, qui, avec l'armée de Wisigoths du roi Théodoric, commençait à lui échauffer les moustaches.

Dans un premier temps, ça marcha comme sur des roulettes. Il étripa un nombre respectable d'ennemis et en garda quelques centaines prisonniers, histoire de rigoler un bon coup. Attila, dont on connaît plutôt mal la réputation de farceur, laissait ses prisonniers romains sans becqueter dans une cellule en suspendant des pizzas toutes chaudes au-dessus de leur tête. La tronche qu'ils faisaient au bout de quelques jours ! Il était plié de rire.

3. C'était le champion de l'omelette norvégienne. Il n'en ratait jamais une !

Hormis ces petites plaisanteries bien innocentes, il fit tout de même son travail de conquérant avec la plus grande conscience professionnelle. Il pilla, viola, incendia, saccagea tout jusqu'à Orléans. Là, il fut obligé de tourner bride, ayant bu au goulot cent centilitres de vinaigre du pays qu'il avait pris pour du Château-Latour. Affaibli, il fut taillé en pièces en Champagne dans les champs Catalauniques de Châlons-sur-Marne et raccompagné à la frontière par cette brute d'Aetius à grands coups de bouteille de dom-pérignon sur le pif. Ce qui, désormais, à la place du « Fléau de Dieu », lui valut le surnom de « Tronche plate ». Attila déclara un jour devant les médias atterrés que partout où il passait, l'herbe ne repousserait plus… Nous tenons à préciser, cependant, que des millions de tondeuses à gazon ont été vendues dans le secteur depuis ces tragiques événements. Il est permis d'en déduire qu'Attila, comme tous les dictateurs du reste, était un chouïa mégalo sur les bords, pour employer une triviale expression typique de la décadence du XXe siècle.

En l'an 452, Attila fit de nouveaux massacres en Italie du Nord et perdit à pile ou face dans sa résolution d'attaquer Rome[1]. Il réclama ensuite la main de Honoria, qui avait des mensurations quasi époustouflantes, et aussi une façon bien à elle de réussir la choucroute au gewurztraminer.

Malgré une année idyllique avec Honoria, une entente parfaite à la maison, jamais une plainte des voisins, il mourut brusquement en l'an 453. Le médecin légiste diagnostiqua un « arrêt du cœur ». Comme le fit remarquer plus tard la bonne Honoria, ce diagnostic hâtif paraît tout à fait nazebroque. « C'est du bidon, fit-elle observer, laconique, il n'avait pas de cœur. » Après tout, elle devait bien être au courant !

1. En fait, il n'avait plus du tout envie d'attaquer qui que ce soit. Il venait de tomber amoureux et, à la vérité, la façon qu'il avait de becqueter son entrecôte comme une compresse lui plaisait plus tellement.

REMERCIEMENTS

Merci à Ninik Sinet qui passa tant d'heures à la Bibliothèque nationale à traquer les dates, les vices et les vertus de ces grandes pointures.

Merci au *Dictionnaire d'histoire de France* (Perrin) qui me fut aussi souvent bien utile.

Merci également à mes sources supplémentaires :
– L'*Encyclopædia Universalis*
– *Le Dictionnaire encyclopédique* (Larousse)
– L'*Histoire de France* de M. Touchatout
– Pierre Miquel, *Les Guerres de Religion*
– Will Cuppy, *Grandeur et décadence d'un peu tout le monde*
– André Castelot, *La Reine Margot*
– Charles Rozan, *Petites ignorances historiques et littéraires*

GALERIE DE PORTRAITS

SOUS SON ROYAL ET AMPLE COSTARD, LOUIS LE SEIZIÈME – MALGRÉ LUI – PLANQUAIT SA LIME, SON TOURNEVIS, SON PETIT ÉTAU ET SA BURETTE AVEC LESQUELS IL RÉPARAIT TOUTES LES SERRURES DÉGLINGUÉES DU CHÂTEAU.

TOUTES LES COURTISANES EN AVAIENT AU MOINS UNE !

D'après **Antoine-François Callet**,
Louis XVI, revêtu du grand costume royal.

Il sentait bon le sable chaud des plages du Pas-de-Calais d'où il ramenait souvent des palourdes et des filles de pêcheur. Il aimait tant humecter ses abattis dans le potage verdâtre de la mer du Nord que ses poteaux le surnommèrent Godefroy de Bouillon, puis Boubou le Croisé. Il était dévot, courageux et vaillant. Il pouvait taper des heures sur la tête d'un infidèle sans jamais se plaindre. Il ne connaissait pas la fatigue.

D'après Émile Signole,
Godefroy de Bouillon, duc de Basse-Lorraine.

Armand Jean du Plessis, cardinal de Richelieu, dit Riri pour sa bonne, était le plus génial de tous les faux derches que la Terre ait connus. Il avait le pied droit dans la noblesse, l'autre dans la bourgeoisie, là où ça porte bonheur.

D'après Philippe de Champaigne,
Cardinal de Richelieu.

Le petit Louis n'avait que douze piges lorsque l'info tomba : « Fiston, ça y est, tu es roi. » C'est sa maman Blanche de Castille qui lui dit : « Ton papa Louis qui n'a pas respecté la priorité vient de se viander dans un platane et le voilà soudain plus mort qu'un regard d'académicien. » Aussitôt Loulou, que cela peina beaucoup, balança une rafale de prières de compétition pour assurer le salut de l'âme paternelle et… il devint Saint !

D'après Domínikos Theotokópoulos, dit El Greco,
Saint Louis, roi de France, et un page.

HENRI IV POUVAIT PASSER AISÉMENT DIX-HUIT HEURES D'AFFILÉE SUR SON CHEVAL SANS EN DESCENDRE POUR ALLER S'ACHETER DES CLOPES. L'ENNUI, C'EST QU'IL FAISAIT LA MÊME CHOSE AVEC SES MAÎTRESSES QUI PARTAIENT LE PLUS SOUVENT EN QUÊTE DE JULES PLUS REPOSANTS.

D'après **Frans Pourbus**,
Henri IV en armure et portant le collier de l'ordre du Saint-Esprit.

LOUIS XV ADORAIT, DANS L'ORDRE... LE CAFÉ ET LES FEMMES. PUISQUE CE SONT LES FEMMES QUI LUI FAISAIENT LE CAFÉ. IL DÉCOUVRIT CEPENDANT TRÈS VITE QUE LA TEMPÉRATURE D'UNE FEMME POUVAIT AVOISINER CELLE D'UN ESPRESSO.

D'après Maurice Quentin de La Tour,
Portrait de Louis XV en buste.

NAPOLÉON ÉTAIT RÊVEUR ET TACITURNE. LE REGARD PERÇANT SOUS UN FRONT SOUCIEUX ÉTAIT TOUJOURS BRAQUÉ VERS UNE LIGNE D'HORIZON IMAGINAIRE. CE QUI LUI DONNAIT UN AIR INTELLIGENT ET AUTORITAIRE. SES POTES S'APERÇURENT VITE QUE LORSQU'IL DEMANDAIT DES TOMATES FARCIES À LA CANTOCHE Y AVAIT PAS INTÉRÊT À LUI PASSER LES ARTICHAUTS !

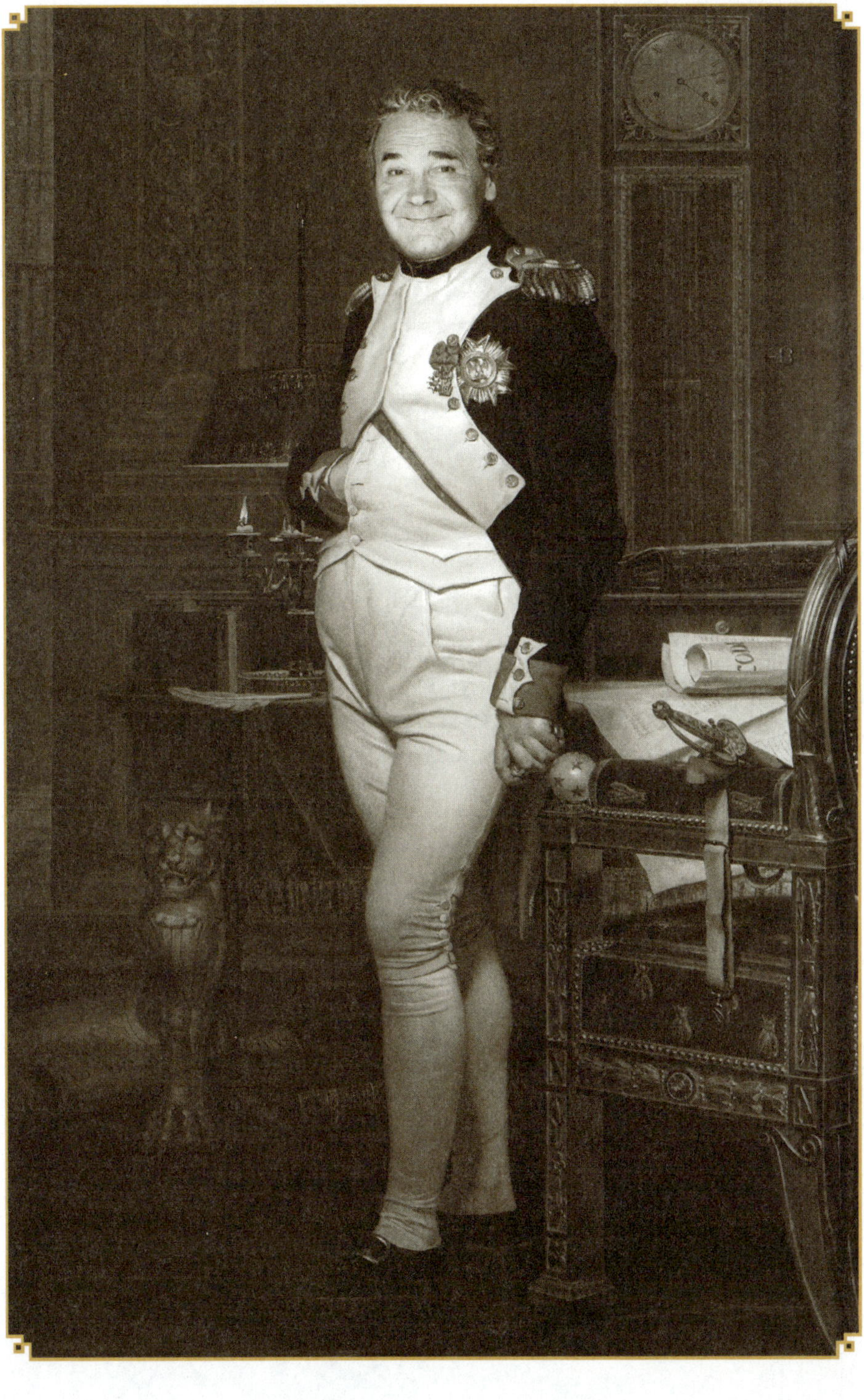

D'après **Jacques-Louis David**,
L'Empereur Napoléon dans son bureau aux Tuileries.

Bien qu'il n'aimât pas tuer, César Borgia était dit-on un remarquable chef de guerre. Il ne fut jamais vraiment un sanguinaire, il ne tuait que lorsqu'il ne pouvait pas faire autrement. Comme vous et moi.

D'après Dosso Dossi,
César Borgia.

Le plus mythique de nos rois surnommé « Loulou le Grand » fut Louis XIV lui-même. C'est Pierre Porte, son valet de chambre, qui lui apprit à lacer ses godasses et à lire tous les matins la bible et le Kâma-Sûtra. Il pigea tout tout de suite. Mazarin s'en aperçut lorsque Loulou lui dit un jour au petit déj' : « Alors, si j'ai bien compris, gouverner, c'est pas de la tarte ? »

D'après **Claude Lefèbvre**,
Louis XIV, roi de France et de Navarre.

MIXTE
Papier issu de
sources responsables
FSC® C003309

Les papiers utilisés dans cet ouvrage
sont issus de forêts responsablement gérées.

Achevé d'imprimer en octobre 2015
chez La Tipografica Varese Srl
Dépôt légal : novembre 2015
N° d'édition : 3635
ISBN : 978-2-7491-3635-6